语文教师的八节必修课

刘祥 ⊙ 著

湖南人民出版社·长沙

图书在版编目（CIP）数据

语文教师的八节必修课 / 刘祥著. —长沙：湖南人民出版社，2022.8
ISBN 978−7−5561−2886−0

Ⅰ．①语⋯　Ⅱ．①刘⋯　Ⅲ．①语文课—中小学—教学参考资料　Ⅳ．①G633.303

中国版本图书馆CIP数据核字（2022）第031938号

语文教师的八节必修课
YUWEN JIAOSHI DE BA JIE BIXIU KE

著　　者：刘　祥
出版统筹：陈　实
监　　制：傅钦伟
责任编辑：田　野　姚忠林
产品经理：邓煦婷
责任校对：陈卫平
封面设计：许婷怡

出版发行：湖南人民出版社［http://www.hnppp.com］
地　　址：长沙市营盘东路3号　　邮　　编：410005　　电　　话：0731-82683357

印　　刷：长沙市雅捷印务有限公司
版　　次：2022年8月第1版　　　　　　　　印　　次：2022年8月第1次印刷
开　　本：880 mm×1230 mm　1/32　　　印　　张：11.125
字　　数：190千字
书　　号：ISBN 978-7-5561-2886-0
定　　价：52.00元

营销电话：0731-82683348（如发现印装质量问题请与出版社调换）

一路修炼做"明师"

从教三十五年，经历过数轮课程改革，探索过多种教学技法，留下深刻印象的却只有十节课。这十节课，见证着我在语文教学道路上摸爬滚打的修炼经历，代表着不同时期的我对语文的不同理解。概括而言，可归结为一路修炼做"明师"。"明师"，明白教学应有之道的老师而已。

第一节留下深刻印象的探索课，是1994年的县优质竞赛课。

我把课文中需要研究的若干问题，设计成一个个简答题，写在一张张小纸条上。每张纸条只写一个题目，题目后面附有相应的分值。授课时，我先用话语刺激授课班级的学生，激发起这所乡镇初中学生的好胜心，然后让他们以既有的四个学习大组为四个团队，每个大组内，以前后桌的四人为一个学习小组，每个小组抽两张纸条，四人合作，从课文中寻找到这两个问题的答案，然后依次上讲台讲解这两个题目。每次讲解，都立刻打出相应的分数。最终以各大组的分数总和，决定本次学习竞赛的名次。我规定，各学习小组内的问题回答如果出现了错误，同小组的其他成员可以进行校正发言，同一大组的其他成员，也可以进行校正发言。

那节课成了整个竞赛课活动中最轻松、最热闹的一节课。担任评委的教研室主任对我说，"你的课已完全有资格参加省市的教学竞赛"。他们的肯定，让我对这样的教学模式有了更大的自信，由此也开启了随后多年的"好玩式"语文的探索。

第二节留下深刻印象的课，是2002年的国家级示范高中验收汇报课。

我先是安排学生自由美读课文，然后提名诵读，再示范朗读，用多遍诵读，培养学生的语感和美感。随后，我组织学生针对该课文中的内容，自由发表观点，可以谈对一个句子的理解，也可以谈对某一段落的赏析，还可以谈对某个问题的思考与探究。在学生们自由交流后，我又针对几个难点问题进行了深度的解析。最后，我将余秋雨的短文《坦然看生活》引入课堂，我的配乐朗诵，给教室中的所有人带去了美的享受。我要求学生比较两篇短文的异同，从人生观、价值观的层面，为学生搭建起一个美好且高尚的精神平台。

那节课下课后，我便离开图书馆，赶到另一个教室去上课。学校的教学副校长，在上课中途把我叫出教室，告诉我这节课上得很成功，验收专家很满意。副校长还说："专家们要你的授课教案，特别是要你拓展的那篇散文，你把这两样东西交给我，让专家们带走。"

我知道我这节课能够成功，因为为了这样的一节课，我随时都在准备着。

第三节产生重要影响的课，是讲授《一个人的遭遇》的一堂家常课。该课的课堂实录后来发表于2006年第17期的《人民教育》。

我以比较中外战争文学的差异性切入，让学生们一开始就明白，真实的战争是非常残酷的。然后便将大量的时间放到作品的细细品读上，让学生通过一个又一个的细节探究，感悟现实主义文学作品的特有风格。

　　这节课，我舍弃了大量的文本拓展，转而采用绘制"情感变化曲线图"和"细节再现"等方法，引领学生进行文本细读。为了突出普通人在战争中的命运，我要求学生依照故事情节的发展，整理出"我"所遭遇的主要事件以及"我"的情感变化，用曲线图的形式，标注出"我"的人生起伏。为了使学生更好地体味主人公面对亲人生命消失的大弹坑时的独特心理，我要求学生用电影手法，把"我"在弹坑前的动作神态展示出来。整节课，我只在引导学生赏析文章开始部分的"习惯"一词时，引入了茨威格的小说《象棋的故事》，区分肉体折磨和精神折磨的差异。

　　我把这节课的实录寄给《人民教育》后，责任编辑赖配根先生在电话中和我聊了半个多小时，对如何在语文教学中培养学生的人文素养、如何使语文和生命教育建立有效连接等问题进行了深入探讨。经此一课，我主动修正了以往的"深度语文"观，不再借助大量的拓展性资料来丰富课堂的思维深度，而是将视角转向文本，回归到文本的细读品鉴中。现在，在我倡导的"三度"语文教学主张中，"拓展语文的深度"已极少进行文本资料的多向拓展，大多立足于文本内在价值的深度挖掘。

　　第四节留下深刻印象的课，是校内公开课，教《春江花月夜》一诗。

　　我把这堂课定位为美文美教。整节课，从诗意渲染导入，以六轮诵读推动课堂的发展。

第一轮是静读涵泳，目的是借助诵读，从整体上感受诗歌的优美意境。之所以要不出声吟咏，是因为这样可以给学生想象的时间和空间。学生在读到某些需要停下来玩味的句子时，就可以将思绪放开去。等联想和想象结束后，再回到下面内容的吟咏中来。

第二轮是轻声吟诵，建立在第一次无声吟咏的意境感知基础上。在无声的吟咏之后，安排了学生的思考与交流活动。这样，借助同学间的相互启迪，学生对内容与情感的理解感知有了一定的提升。在这个基础上，再进行诵读，就需要通过节奏、语气、语调等诵读环节，来呈现诗歌的音韵之美。

第三轮是提名朗诵，是为了给予必要的朗诵指导。当然，诵读能力指导的方式很多，有的老师喜欢在学生朗读后直接进行点评，有的老师则喜欢让同学进行点评。我觉得，这两种方法虽然都可以直接将朗诵知识传达给学生们，但对诵读的个体而言，则是一种打击，是有伤自信心的。所以，我只是安排朗诵，而并不进行点评。但不点评，不代表学生就判断不出好坏来。一个同学站起来为大家朗诵了，其他同学自然就要将这个同学的处理和自己心目中的处理进行比较。在比较中，他们自然就获得了一定的诵读知识。

第四轮是自由吟诵，是对第三轮的必要补充。在一位同学展示之后，其他同学自然可以从他的朗诵中学习到一定的处理技巧，也可以从他这吸取一定的经验教训。

这轮吟咏之后，我安排了对诗歌主要意象、主要情感、线索、结构等的简约介绍。这些介绍，属于教学活动中不得不关注的知识要点。毕竟《春江花月夜》无论多美，置身于语文课堂上，便总要被附着上一点语文的色彩。

第五轮是自由选择诵读，是为了进行一定的联想与想象能力训练。诗歌的词汇总是有限的，无穷的意境，都存在于具体意象之外的联想与想象之中。而这联想与想象的内容，很大程度上是只可意会而无法言传的。我安排这个环节，就是想训练一下学生的书面表达能力，检测学生对作品的整体感受力与理解力。

最后一个环节，我安排了我的示范朗诵。这是一种"激趣"，是希望通过我的朗诵，一方面给学生以必要的朗诵指导，另一方面，帮助学生进一步理解领悟诗歌的意境、思想与情感。

这一节课的教学，我彻底舍弃了对文本意义的深度挖掘，完全走"美的情感熏陶"路径。上完课后，挺兴奋，但也有一些遗憾。最大的遗憾，就是总觉得未能真正走进文本的内核。

这节课的课堂实录后来发表于2007年第5期的《中学语文教学》，引起过一阶段的争论。有人认为，这样的课把语文的美全部释放出来了。也有人认为，美则美矣，但缺乏对诗歌具体内容的逐句赏析。各种不同的声音，我都乐于接受，因为我只是借助这一节课，进行一种有益的教学探索。我从未愚妄到自以为自己的课已达到完美无缺的程度。

第五节对我的教学生涯构成重要影响的课，是2010年8月我在贵阳教的《登高》一课。

这是人民教育出版社组织的一次全国性课改总结反思活动，即第四届"人教杯"中学语文课程改革十年教育论坛暨教学观摩研讨会。全国课改领导小组的若干位专家、人民教育出版社中学语文编辑室的若干位编辑、各省市自治区的二十余位省语文教研员，以及全国各地的数百位县市教研员和语文骨干教师，都睁大了双眼，注视着课堂上展示出的各种优点与各种缺点。

这节课，我在校内已试教过两遍，效果很好。整节课依照我的"五走进"结构层层推进，既始终扣住了诗歌本身，又将作者以及知识分子的责任意识提炼了出来。我还发挥我的朗诵优势，用配乐朗诵营造出一个课堂高潮。

然而，在前往贵阳的列车上，我突然产生一种强烈的冲动，想要彻底撇开已经成型的教学模式，以更有挑战性的词语替换诗句赏读。我想，既然我将诗歌鉴赏的核心目标确立为语言赏析，为什么不抓住这七言律诗的八个具体诗句，通过压缩词汇和扩展词汇两种变式，让学生在对比中品味每一个七言句的独特魅力？

于是，伴随着列车上的各种声响，我重新设计《登高》的教学环节。我保留了原设计中的导入语，用少年杜甫的杰出成就和老年杜甫的穷困潦倒形成对比，将诗歌中的"艰难苦恨"落到实处，确立沉郁悲凉的情感基调。我先是组织学生逐联赏读，然后每一联减去两个字，让学生对比其表达效果。该环节教学任务完成后，我又将每一联扩展为十一个字，再组织学生品读表达效果上的差异。这样的一减一增，让诗歌中的每一个词，都具有了独特的内涵与情感。

此外，我还引导学生重点抓词语中隐藏的各种信息。比如，首句的"风急"，为什么不是"风疾"？"天高"的背后，隐藏了哪些意义？次句的"鸟飞回"，是一只鸟，两三只鸟，还是一群鸟？我用这样的问题来拓展课堂的深度，希望学生们从中感悟出语言的魅力，希望让语言在语文课堂上活起来。当然，很多问题，无法形成统一的认知，更不必强求统一的认知。

在"走进文化"环节，我用课文内容设计了一个上联，要求学生对出下联。我的上联是"落木无边，登高难释家国恨"，预设的下联是"长江不尽，赋诗且抒山河情"。实际授课中，学生们呈现出的下联各式各样，通过讨论，我们最终选择了"长江不尽，望远不解心中愁"作为下联写到了黑板上。对对联的活动，我在课堂上常用。我认为，这种活动，既有利于培养学生的归纳概括能力，又有利于训练学生的遣词造句能力。小小的对联，很见语言的功力。

这节课的结尾，我设计了一个语言训练活动：给杜甫登高处撰写一则解说词。这一招，是我在20世纪90年代从一位名师的示范课上学来的。

这节课的实际效果差强人意。不足之处在于，临时借班授课，学情把握不准，前面的教学内容推进得较为吃力，整节课呈现出前松后紧的欠缺。课改专家们点评该课时，也针对如何更好地落实诗歌鉴赏的知识，如何更好地捕捉意象、意境提出了批评意见。我对这样的意见坦然接纳。我之所以要做这样的探索，就是要让专家们为我的课堂号号脉，让我发现自己的缺陷。

这一节课后，我在诗歌教学上转变了一些观念，开始更多关注具体的意象、意境。我想把《春江花月夜》教学中确立的那种情感体验，同具体的意象、意境结合得更紧密些，让所有的情感都能够在诗歌本身落地生根。

第六节体现我的教学观变化的课，是2011年11月在浙江金华教的《荷塘月色》一课。

我选《荷塘月色》作为教学文本，是一种情结在"作祟"。

1994年，我就读华东师大中文系函授班时，几位同学一起研究《荷塘月色》的教学设计，讨论了若干天，也没形成一个看起来稍显舒服的教学方案。此后的若干年，每次教《荷塘月色》，也都只是围绕着"月光下的荷塘"和"荷塘上的月光"这两个支撑点转圈子。我把网络上能够读到的《荷塘月色》的教案和课堂实录读遍了，依旧没有找到让我怦然心动的精彩案例。

能否把这篇传统课文上好，我不知道。但我知道，要教出语文课的精彩，首先要读出文本中隐藏着的精彩。所以，备课时我只是将这篇早已烂熟于胸的课文，继续翻来覆去地阅读。终于，几个关键词从文字深处浮了出来。我觉得我已找到了上好这篇课文的最佳抓手。

我抓住的第一个词，并不存在于课文中。这个词是"白日"。既然课文把月下的荷塘写得那么美，那么，白日里的荷塘，又该是一幅什么样的景致呢？

这个问题，看似与第四段文字的欣赏没有必然关联，但我认为，只有抓住了这一对比，才能更准确地品味出月下荷塘的特有韵味，也才能更深刻地感悟作者寄寓在月下荷塘中的那种独特的情感。从文本阅读的角度而言，这样的问题，打破了学生的常态化思维模式，在看似无疑的地方，挖掘出了可以走向文本深度的疑难点。在实际教学中，学生们对这一问题也很有兴趣。

教学中的第二个关键词，是"总该"。《荷塘月色》的开头处，朱自清看似随意地写了一句："在这满月的光里，总该另有一番样子吧。"我认为，这句话大有深意。我设计了这样的问题："天天走过的路，朱自清闭着眼也应该能够行走。路边荷塘中会有什么样的景象，他心中自然清清楚楚。朱自清为什么会认为月光下的荷塘，'总该另有一番样子'呢？他希望这月下的荷塘是什么样呢？如何理解'总该'这个词语？其中凝聚了什么样的情感？"

这个问题，我用了数分钟的时间组织探究。在学生充分发言的基础上，我做了这样一个小结：

是的，"总该"说明以往多是不如意的，眼下依旧不如意，即使是希望中的事物，也并无多少实现的可能。我们说，这次期中考试，我总该考班级第一名吧，这是一种希望，但没有把握。由此我们可以想到，朱自清所希望"总该另有一番样子"的荷塘，和现实中的荷塘，其实并非同一个荷塘。朱自清先生在文章中描绘的荷塘，和他心目中渴望拥有的荷塘，有一个很大的落差。这个落差，正是他难以在荷塘中获取真正宁静的根本原因。

当我们把这"总该"的意义落到实处后，对"荷塘"的理解，也就走出了表象，走进了意义内核。

第三个词，是"自由"。朱自清说："一个人在这苍茫的月下，什么都可以想，什么都可以不想，便觉是个自由的人。"我由这句话挖掘出的问题就是，这"自由"到底是真自由，还是伪自由，身为读者的我们，应该如何看待这"自由"。这个问题，学生自学时应该不会特别关注，我将它拎出来，目的是通过探究，让学生品味出自由后面隐藏的，恰恰是极端的不自由。当然，这样的不自由，可以是政治的不自由、精神的不自由、灵魂的不自由，或者是伦理的不自由。

第四个词，是"有趣"。主要是组织学生探究"趣"的内涵。趣在何处呢？一是因为嬉戏的热闹，二是因为热闹中隐藏着的"风流"。在此风流中，青年男女们可以不拘礼法地表露自己的爱情，可以敞开心扉地接纳渴望获取的美好情感。人与人之间，该笑则笑，该哭就哭，无须掩饰，无须表演。这些，都是现实中的朱自清心向往之，却无法变成现实的事。这个词，对理解朱自清的内心情感，非常重要。

第五个词，是"采莲人"。欣赏这个意象时，我侧重于引导学生把握其象征意义。我在问题小结时告诉学生，课文中的采莲人，其实是一种消逝的符号。这个符号，记录着生命应有的希望与活力，展示着人与人之间应有的纯真与友善。这样的采莲人，纤手所触的，早已不是鲜嫩的莲蓬，而是蓬勃向上的生命态势，是超脱于平庸琐屑尘世纠葛的精神花蕊。与这样的人为伍，生活才具有切实的意义，内心才能保持长久的平和。遗憾的是，这样的采莲人，朱自清先生自己做不得，他的妻子也做不得。采莲人只能作为一种美好而消逝了的符号，用来标注一段曾经的美好。

这节展示课，获得了很高的评价。至此，我的文学作品教学，才真正走出了浮于文字之上的缺憾。

第七节值得追忆的课，是2013年夏天在福建上的《装在套子里的人》的示范课。这节课，可以看作我的课程意识全面回归的实验精品。

教这节课时，我只准备了一个问题：《装在套子里的人》的单元教学目标。剩余的，全部交给课堂，交给学生。我不再关注精彩的预设，也不再追求问题的精巧和课堂的鲜活灵动，而是把全部注意力集中到学生的已知与未知上。我根据学生的既有知识经验和学习潜能，在他们思考探究的基础上，适时提出新的思考，帮助他们始终围绕语文课程开展学习探究活动。

这节课由学生在预习中获取的认知经验切入。作为独立的短篇小说，《装在套子里的人》在小说的各要素上都有着十分丰富的教学资源。但这些资源不可能全部转化为本课时的学习目标，所以我必须对来自学生的各种信息，进行不着痕迹的取舍。我只用了7分钟时间，便组织学生梳理了整个故事情节，粗线条认知了作品中的人物，也对社会环境做了初步的探究。随后用了10分钟时间，针对预习中未理解的问题进行收集整理。我把这些问题中属于旧知识的内容，一边整理一边快速分析解决。再把学生提出的问题中不属于语文学习范畴的内容直接搁置，只留下既切合本单元的学习目标，又确实属于文本解读中的重难点问题，交给学生进行合作探究。如此，一篇数千字的课文，真正需要研究的问题，便不再是铺天盖地，而是脉络清晰，指向明确。

学生们需要探讨的问题，集中在下面几个点上：

1. 别里科夫为什么要把自己装在套子里？他的套子可以区分为几种类型？

2. 别里科夫的套子到底是什么？

3. 文章为何要花费那么长的篇幅去写别里科夫的恋爱悲剧，这样写的目的是什么？

4. 文章题目是"装在套子里的人"，那么，是谁把谁装在了套子里？

5. 作者创作这篇文章，想告诉我们的到底是什么？

6. 文学作品浩如烟海，教材的编者为什么要把这篇文章编入教材呢？

整节课剩余的时间，绝大多数围绕着这几个问题的探究而展开。这些问题，每一个都无法从文本中轻易获取必要的信息，都需要反复咀嚼，仔细斟酌推敲，然后才能形成自己的见解。特别是后三个问题，已将文本解读提升到了文化认知、作者意义探究和编者意图领悟的高度。

第四个问题的提出以及探究，是课堂的亮点。这个问题，是在我的暗示下，由学生提出来的。我在要求学生研究课文题目时，提醒他们要注意动词"装"的主体和客体。因为，这个问题，对于全方位认知文本的深刻意义，至关重要。

是谁把谁装在了套子里？学生们开动了脑筋，很快找出了六个答案：

其一，别里科夫将自己的各种物品装在了套子里。

其二，别里科夫将自己的思想和情感装在了套子里。

其三，别里科夫把小城的人们装在了套子里。

其四，小城的人们，也试图把别里科夫装进情感的套子里。

其五，小城的人们，将自己的思想和情感装进了套子里。

其六，小城的人们，将自己的过去、现在和未来，装进了套子里。

当学生们能够从课文中读出小城人自己把自己装进了套子里这一观点时，他们对文本的理解，便进入了文本的内核意义中。

第六个问题，是作为总结反思而提出的。这是我直接提出的一个问题，目的在于帮助学生建立应有的语文课程观。因为是临时借班授课，我希望告诉学生们，学语文不能只满足于知道每篇课文写了什么，这太肤浅。真正的语文学习，必须思考作者为什么要创作该文本，也必须思考编者为什么要选编该文本。只有大脑中存有这样的意识，面对每一篇课文时，才知道该关注一些什么样的信息。

这一节课，尽管没有进行拓展迁移，也没有游戏、诵读、对对联，但学生的思维始终处于高度的兴奋中。下课后，学生们久久不愿离去，一个个同我道再见。我知道，他们因为认同了这节课，顺带也就认同了我这个语文教师。

这节课，开启了我的语文教学全面回归课程的大门。此后的两年，我在广东、广西、浙江、江苏等地陆续上了数节公开课，都不再做精心的课前预设。只侧重于从学生的预习中发现问题，组织探究。课程，成了我语文教学的第一关注对象。

第八节让我长时间思考的探究课，是2015年5月的江苏省"教学新时空"的网络公开课，我讲授的是《一滴眼泪换一滴水》。这节课由省教研室负责录制，面向全省直播。

这节课的教学思路，稍异于之前《装在套子里的人》一文的教学。因为，课文最大的难点在于雨果的浪漫主义创作风格。如果不对这个问题进行必要的介绍，学生就无法合理地认知文本内容。

依照我的"五走进"的课堂结构形式，本课时的教学，将在"走进文化"中对雨果的浪漫主义创作风格进行简要的介绍，还将对吉卜赛民族的性格特点进行一定量的拓展。为了更好地从课程的角度理解文本，我还希望通过转化故事叙述角度的方式，让学生们在换位思考中，更全面地感受文本内容。而在预想的课堂总结阶段，我还希望针对人性的善恶等问题，作一个稍显思考深度的总结陈词。有了这些内容，这节课将既有思想的深度，又有课堂的温度，还有课程的宽度。这将是对我的"三度"语文观的极好诠释。

直播过程中，开头十分顺利，学生们提出的问题很有深度，对文本的理解也很到位。但随着问题探究的逐渐深入，课堂开始朝非我预期的方向发展了——学生们的思考越来越深刻，发表见解的热情越来越高涨，争先恐后地举手要求发言。

我开始面临一种选择。如果继续让学生们讨论下去，后面的教学内容就注定没有时间进行。那些可能出现的精彩，将无法展示给全省的师生，而且，整节课的教学环节将不够完整，这个显见的瑕疵，会让很多人失望，也会为很多人提供批评的事实依据。但是，学生才是课堂的主体，他们对文本的理解与探究，才是语文学习的真正价值所在。倘若我只为了自己的课堂环节的完整，为了期待中的精彩，就强行终止原本可以更好展开的合作探究活动，那我岂不是太煞风景，太以自我为中心了吗？

我不再关注各教学流程的时间分配，完全听任学生们自由表达。当然，在所有可能跑偏的地方，我都及时出手，将问题拉回到课程主线上。如此，临近下课时，我只将教学内容推进到"走进文化"环节。我把课堂的最后5分钟，交给了浪漫主义风格和吉卜赛民族特征两个拓展内容，引导学生思考探究了一个预习时没有关注的问题：如果将艾丝美拉达换成一个当地姑娘，是否可以？这个问题，牵涉到两种文化的冲突，又和中世纪欧洲的神权统治的政治大背景密切相关。如果时间充裕，本可以放开谈一谈。遗憾的是，在这节课上，只能蜻蜓点水，一带而过。至于转化故事叙述视角，只能留作课外的作业。

在直播的说课环节，我对这节课的遗憾进行了解释。其实，我是想说服自己，在语文教学过程中，语文教师的名誉根本没有任何价值。任何一节语文课，都只是为了借助教师的引领，让学生走进文本的意义与价值中，获取必要的知识与能力，汲取必要的精神营养，陶冶应有的情操。绝不是为了展示语文教师的个性与才情，绝不是为了借学生的表现来烘托教师的光彩形象。

我不知道这样的思考是否正确。在目前的认知范围内，我接受这样的语文教学观。我越来越坚信，语文教学，永远都只是在路上。既然还要不停地行走，那就要有勇气承受各种风雨。

第九、第十两节课，非我本人讲授，而是我深度参与的两节竞赛课。两节课的授课时间分别为2019年和2020年。2019年10月，我的徒弟参加市里的教学竞赛，讲授蔡元培先生的《就任北京大学校长之演说》。我建议其广泛收集学生自主学习中的认知困惑，由此而形成有梯度的教学任务。她听从了我的建议，舍弃了课文中通过自主学习能够解决的各种问题，只集中力量引导学生深耕文本。那节课，学生思考积极，文本解读透彻，但最终只是获得了二等奖。评委会在最终点评时认为，新一轮课程改革必须以"情境"和"任务"来推动课堂教学，而这节课只有"任务"没有"情境"，未能引导学生在特定的情境中自主探究相关问题。

2020年秋，还是这个徒弟参加省里的教学竞赛，这次讲授的是一首外国诗歌。徒弟吸取了上次竞赛的教训，花费了很大的精力设计诗歌学习的"情境"。很遗憾的是，这次依旧是获得了二等奖。评委会认为，其课堂教学情境设计得不够自然，轻视了对文本本身的鉴赏品味。据说，获得一等奖的作品中，若干节课并未设计"情境"。

徒弟的两次失利给我带来了很大的触动，我开始反思此轮课改中的若干问题，并努力寻求破解之道。以此为新的开端，我用半年多时间系统性研究部编版高中语文必修教材的课程编排体系，最终创作出《高中语文新课创意解读与教学设计》。在这部作品中，我立足于"真实情境"和"驱动型任务"，对19篇新增课文进行了解读和教学设计，在我的理解力能够达到的程度，为这些课文的教学寻找最合理的路径和方法。

上述十节课，代表着我在不同时期、不同教学认知状态下对语文学科教学的理解。当我回望这些课案时，一方面为这一路修行一路歌的前行姿态而欣慰，另一方面也为永恒的不成熟而羞愧。这十节课，以追求课堂的热闹开始，经由追求语文的美感、语文的深度、语文的温度、语文的宽度等思维站点，走向课程意识，走向真正的学生主体价值认知，走向核心素养、任务群教学、整本书阅读、跨媒介阅读与交流，以及主题性学习活动。

站在今天的认知平台上，我不再热衷于课堂的出彩，不再试图用教师的思考深度取代学生的自主探究。我已然乐意让学生充分表达与表现，已然乐意接受各种可能的失败。我认为，唯有让学生真正成为学习的主角，唯有让每一节语文课，都在课程目标的引领下，朝服务于学生的终身发展的方向全面推进，才是应有的语文教学。

本书探究的"语文教师的八节必修课"，正是基于这一路走来的多种探索。行走即修行，唯有持之以恒地修炼语文学科教学的各项内功，我们的语文课才能回归其学科的真实属性，语文教师才能真正成为"语文"这一学科的讲授者。此种本性上的归附，将使围绕着"语文"而展开的一切对话，拥有相同的平台。

让语文成为语文，是我现阶段语文教学的最高追求。

前路依旧漫漫，也许，在未来的岁月中，我还会花费大量的精力琢磨各种类型的课例。我知道，无论我再怎么折腾，我对语文教学的热爱都不会减损，我对课堂的探究热情也不会减损。

因为，我是一名语文教师，我是一位语文人。

是为序。

2021年4月，于古镇真州

目录

第一章

必修课：
建构宏观认知

优秀的语文教师，不但需要拥有丰厚的学科本体性知识、扎实的教育学知识、相对广博的自然科学知识与人文科学知识，而且需要对三教九流的各类技艺略知皮毛。

但这并不等于说，语文教师必须成为"胸有万千丘壑"的大学问家。事实上，绝大多数情况下，语文教师在教学中需要传递给学生的各类知识，大多可以在授课前的备课阶段，借助必要的媒介（工具书、网络、同行）而临时获得。无法临时获取的，是相对虚空的经验、能力与感悟。面对一篇课文，优秀的语文教师总是能够依托自身的经验、能力与感悟，在较短的时间内设计出一套行之有效的教学流程，引领着学生在轻松愉快的学习氛围中完成预定的学习任务。平庸的语文教师则总是把原本有滋有味的文本宰割得支离破碎，让师生均处于疲乏倦怠的学习状态中。

此种与教师的教学水平紧密关联的经验、能力与感悟，组合成语文教师应有学养的核心内容。语文教师应有学养的建构过程，即其教学认知经验、教学实践技能和有关教学的各类精思妙悟的形成、发展与臻于成熟的过程，而非相关知识信息的积累过程。教师在日常的阅读与实践中获取的一切知识信息，倘若不能转化为必要的认知经验、教学能力和教学感悟，便无法汇集为理想的教学素养，无法催生出润泽学生生命的教育情怀。

但是，并非所有的认知经验都能转化为教育教学和学生生命成长的正能量。构成教学素养的各类认知经验，必然是符合教育教学规律、切合学生身心发展需求的有益经验。那些以牺牲学生的休息时间和兴趣爱好为前提的应试经验，只能构成学习与成长的双重伤害，无法打造生命的芳草地和思想的百花园。基于这样的理解，则在语文教师应有学养的建构过程中，所有的认知经验都必须来自理性的教学实践，来自专业阅读中的获取。倘若只依赖语文教师自身的摸索，依赖个体的主观直觉，便容易出现偏差。

　　比如，教任意一篇课文时，依照课文的课程属性和学生的理解力而确立教学内容，组织教学活动，其形成的经验即为有益经验。"我想这样教"或者"网上的教案就是这样设计的"，其形成的经验便属无益经验。无益经验营造非健康的学习文化，不利于学科课程的有效建构和学生学习能力的养成。

　　语文教师的教学实践能力是推动语文教学朝理性方向迈进的关键。此种能力，并非体现为教师自身的文本解读能力或者答疑解难的能力，而是体现为立足具体教学情境"因材施教"的能力。优秀的语文教师，总是善于利用自身的这种能力，为课堂教学活动创设有效的学习情境，最大限度地激活学生的学习思维，让主动学习成为现实。课堂中呈现出的主动思考、主动发现、积极对话、快乐收获，融合成有温度的、良性的学习文化。

第一节

语文教学中的六大顽疾

2017年的课程改革大幕开启时，我在网络上"听"到这样一种呼声："新课程并不等于新教法。"发出此种声音之人，其本心或许是想警示老师们不要在课堂上瞎折腾，应该始终坚守那些已经被多年的教学实践验证为有效的传统教学法。然而，此种"好心"极容易形成误导，似乎课程的变革只关乎教学内容，与教学技法并无关联。这显然有违课程既是跑道也是跑步本身的"后现代"课程主张。

退一步而言，就算教法可以延续，也只应该延续能够顺应时代发展需要和学生身心成长需要的教学技法。那些虽流传甚广却问题多多的教学法，即使没有遇上课程改革，也应该尽快从日常教学中剥离出去。因为，教学中的问题始终如传染性极强的病毒，只要它存在于课堂上，学生的精神便难以健康。

下面，我将以中学语文教学中普遍存在的六大顽疾为例，重点解析当下语文教学中必须改变的某些错误认知与错误行为，希望能引起读者朋友的关注。

顽疾之一：课程缺位

缺乏课程意识的语文教师，往往视教材中的每一篇课文均为超越于语文课程之外的独立存在，不关注或者极少关注此课文和彼课文间内在知识的衔接与相互支撑，亦不在意每一篇具体课文在教材中应该承载的学习任务。此类语文教师在引导学生学习某一篇课文时，多是依照自身的阅读体验"自由"确立教学目标、教学重难点，再据此组织课堂教学活动。这，便构成了语文教学中的课程缺位。

比如，讲授朱自清的散文名篇《荷塘月色》时，如果不顾及其所在单元的学习任务，不顾及学生的具体学情和学习需要，则授课教师完全可以将其视作探究朱自清特定时间内思想与情感状态的用件，只围绕"这几天心里颇不宁静"这一句话而展开多层面的考证。但果真这样处理这篇课文，便是将高中语文教学拉入了考据学的小胡同。因为，无论是过去的人教版教材、苏教版教材，还是当下的部编版教材，选用《荷塘月色》作课文，看中的都是其独特的景物描绘手法、虚实结合的写作技巧和融情于景的表达特色。这些，既可以给学生用作阅读鉴赏的载体，又可以给学生用作写作的典范。

课程缺位对语文教学的最大伤害，在于教学内容的"去语文化"。缺乏课程意识的语文教师，教爱情主题的课文，便引导学生探讨爱情；教亲情主题的课文，又引导学生研究亲情。当这些研究不是指向语言的运用、文本的鉴赏、写作技法的探究，而只是从道德伦理的角度引导学生如何正确对待爱情与亲情时，语文便不再成为语文。

一位名师讲授杨绛的《老王》这篇课文时，45分钟的一节课，30分钟用来引导学生赏读"那是一个幸运的人对一个不幸者的愧怍"这一句话。这句话在全文中属于点睛之笔，其重要性不言而喻。但从中学生语文学习的视角而言，舍弃文本的选材组材特点，舍弃文本中的细节描写等信息而只研究至今无定论的一个句子的内涵，显然也是未能把《老王》的课程价值落到实际教学活动中。

值得警醒的是，绝大多数名师的公开课，为了获取"意料之外"的教学效果，往往会故意舍弃一篇课文的预设课程价值而另辟蹊径。这样的公开课，虽能最大限度地展示授课者的文本解读能力，但绝不意味着其教学内容和教学方法符合语文课程建设的实际需要。这一点，下面的"顽疾之四"将变换角度展开具体分析。

顽疾之二：目标虚空

课程缺位，必然带来教学目标的虚空。

语文教学中的目标虚空，主要体现为知识与技能的碎片化。

建立在既定课程任务之上的分课时教学，虽然每一节课的教学目标都只有有限的三五个，但各节课的目标汇集在一起，则应该形成一条相对完善的知识链与技能链。而在现实的语文教学环境中，太多的语文课缺乏对目标体系的系统性思考与探究，只依照文本内容或教师喜好随心所欲地确立课时教学目标，致使每一节课都"自立山头"，各自为政。这样的语文课，虽有具体的目标，但目标零碎，缺乏针对性。

目标虚空其次体现为目标设定的"假、大、空"。

假，指向教学目标的学科属性。学习《中国石拱桥》这篇课文时，把学习目标确立为"了解中国石拱桥的建筑特点和悠久历史"，就属于"假"目标。该目标与语文学习无关。从语文能力养成的角度而言，"运用关键词筛选的方法，从课文中准确提炼出中国石拱桥的建筑特点"，才是语文教学应该落实的能力目标。

大，指向教学目标的可操作性。学习《春江花月夜》这篇课文时，把教学目标确立为"将众多与长江相关的诗句分类，并赏析感悟不同类别诗歌所代表的诗人的不同意识"，而不是从文本的具体信息出发，引导学生"对《春江花月夜》中的意象与情感进行分类，赏析不同意象、不同景色中呈现出的不同情感和不同意识"。前者这样的"大"目标，虽然看起来很有价值，但是在实际教学中则多只表现为蜻蜓点水式的一带而过，知识储备不足的学生根本无法完成学习任务。

空，指向学生的真实成长需要。依旧以《春江花月夜》的教学为例，把教学目标确立为"书写长江，认识长江在中国人心中的地位，建立对祖国大好河山的赞美和热爱之情"，然后围绕该目标组织小组合作探究和成果交流展示，最后教师做总结归纳。这样的语文课初看时热热闹闹，细品时与《春江花月夜》这一文本关联度极低，学生即使不学《春江花月夜》这篇课文，也完全可以完成这一教学目标下的相关学习任务。如此，该学习目标便无法真正在学生的生命成长中发挥积极作用。

顽疾之三：问题零散

上一轮课程改革已大体上清除了教学中的教师满堂灌行为，取而代之的是基于问题探究的学生自主学习与合作交流。然而，为数不少的语文教师未能确立基于课程目标的主问题意识，很少在备课中精心预设推动整节课学习思维发展的核心问题，而是依照课文中的相关信息，设计若干则旨在回答"写了什么""是什么"的浅层问题。这样的课，属于跟着文本跑。

比如，一位教师在讲授《记梁任公先生的一次演讲》这篇课文时，45分钟的一节课中，就设计了如下10个问题：

1. 快速浏览课文，找出这次演讲的时间、地点、内容、听众。

2. 这次演讲中的哪些事情给作者留下了深刻的印象？

3. 作者用了哪个词来概括老师的演讲特点？

4. 既然标题是记一次演讲，按理说应该着重写演讲本身的动人点，但文中却花了很多的笔墨来写出场、开场白这样一些演讲者的情况，这是为什么？

5. 从文中的细节描写中，我们能读出一位怎样的梁任公？请任选一个细节进行分析。

6. 这样的梁任公，作者给出了怎样的评价？

7. 谁能用简单的语言概括出《箜篌引》的主要内容？

8. 《箜篌引》中这个渡河的白首狂夫，不顾妻子的阻拦强行渡河，不顾前方死亡的威胁坚持渡河，从中你能看出怎样的悲剧价值？

9. 白首狂夫为什么不顾死亡的威胁、不顾妻子的阻拦，非要渡河呢？

10. 梁任公的热心肠，热在哪里？

这10个问题，大体上依照课文的写作顺序一步步往下延展。倘若对其进行归类，可以发现：问题1、2、6属于简单的信息筛选，问题3、5、7、10属于归纳提炼，问题4、8、9属于分析和探究。这些问题对于理解这篇文章固然具有一定的价值，但过于零碎，且缺乏思维挑战性，大多可以在自主学习中通过对文本的认真阅读而获取答案。即使是属于分析和探究的三个问题，学生也能够借助手中的教辅资料寻找到所谓的标准答案。

更重要的是，这些问题全部建立在对文本意义的筛选、提炼与分析之上，价值只在于引导学生了解这篇课文的内容，了解梁任公这个人物。这便属于典型的"教课文"，而不是"用课文教"。

如果"用课文教"，则这篇《记梁任公先生的一次演讲》只需关注这样一些信息：

1. 将课文"写了什么"前置到学生的课前预习环节，课堂上重点研究"怎么样写""为什么写"以及"这样写好不好"。

2. 限定字数，准确概述课文的主要内容，训练学生的归纳提炼能力和语言表达能力。

3. 确立教学主问题为"作为著名政治家和学问家，梁启超有很多值得纪念的事迹。本文为什么只写了这次演讲中的若干细节"。

上述三点，第一点侧重于训练学生的自主学习能力，第二点侧重于训练信息筛选、归纳提炼和口头精准表达的能力，第三点作为整节课的主问题，串联起"写了什么（略）""为什么写（详）""怎么样写（详）""为什么学（略）"等若干细节性问题。其中，"怎么样写"和"为什么学"指向的正是一篇课文的课程价值。

在相当数量的公开课上，授课教师习惯于用无数个问题"激活"课堂，却不是"激活"思维。课堂上有问有答，争先恐后，既显得热闹，也有利于展示教师自身的风采才华，但这样的教学需要警惕，毕竟，学习的真正主人是学生。让学生进入真正的思考，收获真正的语文能力，是语文教学的要旨。

顽疾之四：主体迷失

当下，各种类型的教学观摩活动几乎呈泛滥之势。极少数当红名师有时一周之内往往要在全国各地开设数节示范课。然而，这些本该成为普通一线教师教学样本的示范课，绝大多数时候却只是表演给台下数百或者上千的语文同行观赏的个人才艺秀，而不是真正引导学生学习语文。

例如，某期刊选登一节省级优质课竞赛一等奖的课例时，附带刊载了该授课人的教学感思。此感思的第一句话是："上完这堂课，许多老师跟我说，我从来没有想过这样去教《祝福》，很新颖独特，你是怎么想到的？"很显然，该授课人对自己的教学设计也感到很满意，甚至很得意。

然而，转换一下思路，就会发现这句话背后隐藏着一个重要问题：令许多老师想不到的教学设计就是符合学生学习需要的教学设计，就能够把《祝福》这篇课文中应该引导学生思考探究的问题凸显出来吗？老师们一遍或者数遍讲授《祝福》这篇课文时，只要是认真备课，就都会关注该课文的相关教学目标和重难点，却"从来没有想过这样去教"，这只能说明，这种全新的教学设计或者是果真找到了牵一发而带动全篇的最佳切入点，具有"意料之外，情理之中"的特质；或者是剑走偏锋，舍弃了《祝福》这篇课文在常规教学中应该关注的重难点，而是选择了一个不被他人重视的内容去精雕细琢。

近些年，语文圈内"诞生"了不少节"从来没有想过这样去教"的公开课，这些课也确实能让听课的教师耳目一新，因为几十年来没有人这样教过，也没有人这样思考过。然而，这样的"新"对于学生而言却并不具备太大的价值，毕竟，学生是第一次学习这篇课文，无论语文教师怎样去教，只要能够从寻常的文字中引导学生分析探究出新的认知，则学生们获得的就都是"新"的感受。

倘若无人听课，语文教师大多能够依照应有的课程目标设计教学重难点和教学流程；一旦有人听课，尤其是大型公开课，则必然要想着"出新"。如何"出新"呢？先看网络上或各种书刊中已有的教学设计，然后尽量避开和他人的相同之处，绞尽脑汁去寻找一个超出所有人意料的突破口。于是乎，十位名师教《老王》，便折腾出十种"从来没有想过这样去教"的教学设计。作为课文的《老王》，承载的课程目标是固定的，十种教学设计，都能把课程目标确立的重难点落实到位吗？果真如此的话，就不会有十种不同的教学设计了。

顽疾之五：学考脱节

超过半数的高中学校，在期中、期末两次考试之外，还会安排多校联考、学情监测考、月考等阶段性检测考试。按理说，既然是阶段性检测，便应该重点检测特定时间段内学生对所学知识的掌握情况。然而，很多学校为了"让学生尽早熟悉高考"，也为了"更为全面地检测学生的学业水平"，不管什么形式的考试，一律采用高考命题模式，形成了"学的不考，考的没学"的怪现象。

比如，部编版高中语文必修上册第一单元"青春的价值"中收录的课文，《沁园春·长沙》属于古体诗歌，《立在地球边上放号》《红烛》《峨日朵雪峰之侧》属于现代诗歌，《致云雀》属于外国诗歌，《百合花》《哦，香雪》属于当代小说。教师在引导学生学习本单元的各篇课文时，无论是否具备课程意识、是否在教学过程中设置了精准的教学目标，都只会把教学重心落到对这些诗歌或小说的鉴赏品读之上。就算是围绕"如何体现青春的价值"这一写作目标组织教学，也只能是研究如何运用诗歌（主要是现代诗歌）或小说的方式来抒写青春的梦想、困顿、探索与追求，不会跳出所有的课文，引导学生用议论文的方式评述青春。

荒诞的是，旨在检测该单元学习质量的考试卷，却极少会将现代诗歌的阅读鉴赏作为重点题型。从互联网上可以搜索到的试卷看，服务于该单元的大多数试卷中，文言文阅读、古典诗歌阅读、散文（或小说）阅读、论述类文本阅读应有尽有，唯独没有现代诗歌阅读的题目。学生在这一单元中学习的内容，能够转化为考试卷上的信息，往往只是一道文学常识选择题。

学、考脱节带来的，当然是语文教学的混乱。当学生经历了几次这样的考试之后，便会发现一个真相：如果只从应试需要出发，语文课文大多没有存在价值。除了有限的几篇文言文还偶尔会成为考试卷上的翻译题，其余课文根本没有学习的必要。不如从高一开始就直接采用知识点复习的方式，把语文课变成考题研究课，反而能够避免学、考脱节的病症。

然而，只教考试的语文，还能催生文学与文化的种子吗？当学生不再愿意潜入文字的湖泊中涵泳咀嚼，不再愿意通过一篇篇课文的学习慢慢培养出细腻而独特的语感，不再愿意在和一个个作者的对话中发现美好、感悟崇高时，就算语文能考出很高的分数，除了充当敲门砖，还能有什么价值？我们常说教育是"慢"的艺术。教育的"慢"体现在考试中，就应该是在非毕业学年远离大而全的高考命题模式，实现教学内容和阶段性检测的同步。

顽疾之六：写作无序

很长时间以来，中学语文缺乏一套知识体系完善的写作教材。为数不少的学校，两周一次的作文完全跟着感觉走，既和该阶段学习的课文缺乏呼应，也不能彼此间形成有效的写作知识链。这样的写作训练，看起来热热闹闹，实际上冷冷清清。热闹的是形式，冷清的是内容。

依旧以部编版高中语文必修上册第一单元"青春的价值"为例。学生学习了这个单元后，最应该开展的写作训练，当然是诗歌创作。课后的"单元学习任务"又确实设计了这样一道写作题目："青春之美，在人的一生中是不可复现的。结合本单元诗作和能引发你思考的其他作品，发挥想象写一首诗，抒写你的青春岁月，给未来留下珍贵的记忆。注意借鉴本单元学过的诗歌写作艺术，包括意象选择、语言锤炼等。汇总所有同学的诗作，全班合作编一本诗集作为青春的纪念。"

然而，因为当下高考坚守了数十年的"诗歌除外"的文体"歧视"，致使诗歌创作成了写作"无人区"。如此，该单元的写作训练，便只剩了"青春的价值"这一主题。

如果只是以"青春的价值"为话题而自由写作，则就算限制了

"诗歌除外",学生们也可以用多种文体来表达对"青春"的赞美与思考。然而,高中一年级的写作偏偏又被限定为记叙文。如此,奇怪的事情便发生了:虽然整个单元学习的是现代诗歌和小说,主题是"青春的价值",但写作训练的是记叙文。

事实上,能够围绕"青春"这一主题来命制记叙文的题目,多少还和学习内容沾了点边。更多的时候,语文教师们更习惯于从某个模考试卷中挑选一个与上一年度高考命题相似的作文题,然后组织学生用两节课时间现场写作。此种写作,大多数时候大多数学生无法从近阶段的学习内容中获取模仿借鉴的范例,只能依靠日常的积累或者干脆依靠胡乱编造而谋篇布局,写出来的文章质量可想而知。

如果有这样的有心人,在语文教师中调查一下,看大多数人对起始年级和毕业年级作文题目命制的认知有何差异,我想,结果一定不容乐观。就我的观察而言,语文教师们习惯于关注的,是命题形式与中、高考作文题之间的相似度,而不是作文命题和单元学习内容以及学段之间的课程关联。中学作文,无论是初中作文还是高中作文,均展现的是无差别级的写作。三个年级的作文题目往往可以通用。这一点在高中阶段表现尤其突出。

上述六方面的病症,虽已引起越来越多的语文同行的重视,但要彻底诊疗这些顽疾,还需要走一段很长的教改之路。好在新的课程改革再一次启动,身为语文教师,我们不但要关注课程的变革,而且要善于研究新教法,努力让每一节课都能真正成为学生成长中不可或缺的营养源。

第二节

追寻适应时代的语文课堂

尽管翻转课堂、慕课、反慕课、私博课、微课程等信息技术条件下的教学变革已成一部分勇立教改潮头者的探索热点，但在市级以下地区的基础教育阶段的语文课堂上，为数甚多的教师依旧"坚守"或者"传承"着数十年如一贯的"古董级"教学技法，在讲台上说着和三四十年前的教师相同的话，组织着和三四十年前相同的课堂活动，依凭着"任凭风浪起，稳坐钓鱼台"的"定力"，日复一日吟唱着过去的歌谣，并且乐此不疲。

这样的感触，源于2018年参与的一场"同课异构"微型课教学竞赛。赛课的六位年轻教师，在面对朱自清的《春》时，无一例外地抓住文本"盼春—绘春—赞春"的结构，引导学生品读"春草图""春花图""春风图""春雨图""迎春图"，认知文段中的修辞手法，赏鉴个别词句的精妙意蕴，同时辅之以一定量的诵读指导。如果要概括六位教师的教学差异，也只是体现为有的教师先从"赞春"的三个句子切入，逆向提炼出文本中的五幅图景；有的教师则完全依照文本的顺序逐段梳理。

听这六节微型课时，我有一种时空错乱的感觉。1985年时，我大学即将毕业，在一所重点中学实习，讲授的第一篇课文就是《春》。那时，我全无教学经验，完全是模仿黄岳洲先生主编的《中学语文教案》上的课堂设计。那本书上的教学设计，和正在听着的这六节课，竟然只存在极少的变化。

20世纪80年代时，教师和学生能够接触到的外界信息极为有限，"自主，合作，探究"的意识亦未形成，课堂上由教师牵引学生走进文本，被动感知文本内容，属于特定时代中不得已而为之的行为。三十多年后的当下，互联网带来的翻天覆地的变化已最大限度地改变着各行各业的存在状态，学生们只要愿意，便可借助手机或者手中的教辅资料，轻而易举地获得一篇课文的各种解读、各种教学设计、各种问题与答案。在这样的教学情境下，学生们怎么还能够对教师告知的那些显性信息产生兴趣？故而，当下的语文教学，多已沦落为与学生的成长需求无关的语文教师的自娱自乐。

此种教学病态，必然需要疗救。疗救的方法，就是顺应社会的发展趋势，立足语文学科的课程建设需要，把学习的主动权还给学生。具体而言，就是要做好下述三方面的功课。

一、强化课程意识，以"能力养成"为教学着力点

语文学科的学习能力，笼统而言，指向听、说、读、写四个方面。将此四个方面细化到教学的各内容与各环节，则又可以区分为识记、理解、分析综合、鉴赏评价、表达应用和探究六大类型。每一种能力的养成，都必须建立在学生主动获取信息、主动思考探究的基础之上。课堂教学中的一切活动，均应服务于此。

当下基础教育阶段的语文教学活动中，绝大多数教师都不能

将学生主动获取信息和主动思考探究放在能力养成的首要位置。太多的语文课，从教师备课到教学流程设计，从课堂活动到课后巩固复习，都依旧由教师把持着绝对的话语权。不但教什么、怎样教、为什么教由教师说了算，就算是课余时间的消化巩固，也由教师决定。教师用大量的课后练习把学生自主理解、吸收的时间完全挤占，让学生根本无暇完成知识信息的自我消化。

语文教师擅长教什么呢？相当数量的教师，擅长跟着文本内容跑，充当作者的传声筒。无论面对什么样的文本，总是带领着学生从第一段读到最后一段，把每一段的主要内容提炼出来，再进行一定量的"讨论"，便算是完成了学习任务。课文以爱情为主题，便致力于培养学生的正确爱情观；课文以生命为主题，又致力于培养学生的正确生命观；课文以亲情为主题，则又想方设法刺激学生的情感，让学生在痛哭流涕中忏悔自身的种种过错……这样的语文课，往往看起来很热闹、很好看、很享受，却与语文课程没有太大的关系。

语文教师擅长怎么样教呢？多数语文教师善于引领学生梳理文本结构，分析文本中的修辞手法以及精妙语段。文本结构梳理当然是必要的教学内容，只是，此种梳理倘若只是为了知晓课文写了什么，且这样的"知晓"还是由教师直接告知学生，而非学生在自主研读中主动获取，这样的结构梳理便毫无价值。同样的道理，文本中的修辞手法和精妙词句赏析，也应该建立在学生自主发现的前提下，如若依旧由教师直接告知，便也丧失了应有的教学价值。毕竟，在语文课堂上需要养成的学习技能，不是被动接受中的信息获取，而是主动思考与探究中的觉解。

至于为什么教，理由简单而充分：考试需要。一张考试卷中，能够拉开分数差距的主要是选择题和默写题。阅读题和写作固然在试卷中占据最重要的地位，但大家都缺乏此方面的能力，便也就半斤八两一个样，既犯不着花大力气训练，也找不到解决问题的应有抓手。唯有选择题和默写题，考点清晰，且无需多高明的解题技能，课堂上听教师讲，课后依照教师的要求做大量的练习，便可战而胜之。

这当然不是和现代社会发展相适应的语文学科教学。在当下的学习情境中，这些信息根本无需教师苦口婆心地告知，只要把课堂的主动权还给学生，便可以在极短时间内从教辅资料或互联网上获取。学生真正需要的，是与文本的对话，是与作者的对话，是从他人的文字中汲取自身成长必须拥有的各种养分。要达成这样的目标，就需要真正的语文课，需要建立在语文课程和具体学情基础上的语文课，需要切合时代特征的语文课。

有几个问题，值得语文教师在每一节课前认真思考：学生为什么要学习这篇课文？如果不学习，会在哪些方面形成知识缺陷和能力缺陷？教师在这节课中想要告诉学生的，他们真的不了解？教师认为属于教学重点和教学难点的内容，学生真的存在认知障碍？这篇课文中，哪些内容是学生可以通过自学而理解的，又有哪些内容是必须借助教师的引领才能在合作探究中理解的？能够时刻思考这几个问题的语文教师，才会将学生的学习需要放在最重要的位置，才会从学情出发组织课堂活动。这样的语文教学，才指向课程，指向能力养成。

将上述思考带入《春》的课堂中，便会发现，"盼春—绘春—

赞春"的结构和"春草图"等五幅图景的提炼，绝非学生学习这篇课文的价值指向。这些内容，习惯于借助资料预习课文的学生，课前就能够掌握。学生无法在自主学习中发现并探究的，是这样的一些问题：

1."赞春"部分的三句话，分别对应了课文中的哪些内容？作者为何强调"生长着""笑着，走着""领着我们上前去"？

2.作者为什么如此喜爱春天呢，就因为春天很美吗？在美之外，春天还具有哪些值得我们喜爱的特征？

3.为什么这篇课文读起来很优美、很舒服？如何才能写出辽阔地域上的一个季节的特征与美？

4.作者在这篇文章中隐藏了什么样的人生密码？

5."春雨图"的意境与情感，和其他图景似乎存在较大的差别。作者为什么要这样安排？"春雨图"中隐藏着的又是什么？

…………

倘若教师在课前主动征求学生的预习困惑，一定会发现，还有很多并不在教学计划中的问题，都切切实实地存在于学生的大脑中。这些问题，教辅资料中查不到，网络文章中也鲜有探讨。组织学生对这样的问题进行思考与探究，才是抓住了真正的学习难点，才能满足学生对该篇课文的学习需要。学生们在思考与探究中形成的能力，才是真正的学习能力。

二、活用资源信息，以"自主发现"为教学突破口

语文教学无法脱离时代背景而静止存在。

活在当下，则每一位语文教师对当下的教学时代背景都不陌

生。只是，很多人持有无视的态度，不愿意将"互联网＋"和语文课堂建立关联。

但教师的备课却又离不开互联网。相当数量的语文教师，面对一篇等待讲授的课文时，最先想到的往往不是反复阅读文本，和文本进行深度对话，而是从网络上找一个"精彩"的教案和课件，将其"复制"成自己的精彩课堂。

这便形成了一种思维悖论。既然教师能够从网络上找到此种"精彩"，学生何尝就找不到？学生和教师拥有完全相同的教学资源时，教师的价值又如何体现？

当然，总会有一部分学生"懒得"上网寻找这些"公开的秘密"。这类"懒汉"的数量众寡，完全取决于语文教师的"勤劳"程度。如果语文教师过于"勤劳"，把可以交给学生完成的学习任务，全部由自己包办代替，那么学生们自然乐意于做一名"忠实的听众"。面对这样的学生，语文教师是轻松的。因为，大脑中藏着的那点儿陈货，还有"客户"当作宝贝。

但此种"勤劳"却恰恰构成了"互联网＋"背景下语文教学的最大懒惰。从学生成长的视角看，它剥夺了学生主动参与学习资源建设的权利，限制了学生利用互联网获取各种信息的自主学习能力；从教师教学的视角看，它将教学的重心，封闭在静态化的知识获取状态中，导致课堂活动无法朝能力生成的方向健康发展。更重要的是，它阻隔了学生与高速变化的社会文化之间的有效关联。

故而，在"互联网＋"背景下的语文教学活动中，语文教师要善于以"自主发现"为教学突破口，把信息检索权还给学生。当然，此种"还权"，并非教师便成了甩手掌柜，听任学生在海量信息中乱冲乱撞。语文教师的责任，是为学生规划信息检索的必要路径，预设信息检索的关键性元素，帮助学生快捷地完成相关的学习任务。为了高效率地完成这份责任，语文教师需要领先一步，备好这个信息检索课。

哪些信息的检索，属于需要学生自主完成的学习任务呢？

课文相关的背景知识。包含特定时代的整体性价值观，特定时代的政治环境与人文环境，与文章相关联的重要历史事件等。

作者的人生际遇。包含作者的人生观，宗教信仰，教育背景，文学主张，生活经历等。

课文整体性赏析资料。包含专业性鉴赏辞典中的解读，当代教学名家的解读等。其中需特别关注不同观念的交锋。

课文中相关疑难问题的解读资料。包含对自主预习中发现的学习难点的检索，对整体性赏析资料中未能透彻分析的重点句段赏读的检索等。

课文相关的辅助性知识信息。包含对课文中援引资料的解读，对其他解读性资料中提及的相关史料的整理等。

此五项学习任务，需作为必须完成的预习作业而强制性布置。语文教师检测学生完成此预习作业的方法，就是课堂活动中的成果展示、自主交流。学生一旦将这五项任务不打折扣地完成了，则其对需要学习的课文，便拥有了与教师大体相同的阅读资源。而比占有资源更重要的是，此检索过程也是学生自主发现、自主学习的过程。

三、重构教学理念，以"成长需要"为教学总目标

当我们做学生时，什么样的语文课才能满足我们的成长需要？

时间过于久远，只依稀记得，高一时的语文教师善于诵读文言文，无论多枯燥的文言课文，经他以吟唱的方式呈现出来，便立刻成了招人喜爱的锦绣文章。从那时开始，我便不再惧怕文言文。

高二换了语文教师，终日里分析课文的段落大意、主题思想和写作特点，语文变得毫无趣味，于是，语文课便成了神游八极的娱乐场。几乎每一节语文课，我都消耗在阅读课外文学作品上。学生时代的我，显然不需要机械说教的语文。

以自身的学习诉求推知当下学生的学习诉求，固然存在着一定量的认知强加，但也不会有太大的偏差。年轻的生命，总是乐意于追求新奇有趣、能够激发好奇心和战胜欲的事物，也总是对僵化教条、缺乏思维挑战性的事物不屑一顾。差别只在于，和我读中学的20世纪70年代末和80年代初的学习环境相比，现在的中学生实在是拥有了太过丰富的信息资源和太过广阔的文化视野，他们的成长需要，更不会停留在静态知识的简单告知上，只能落实在动态化的、充满挑战性的思维活动中。

在"互联网＋"的文化背景下，什么样的语文活动，才能满足学生的成长需要？

最浅层级的语文活动，是在自主阅读中发现问题，然后借助互联网阅读相关资料，尝试着解决自己发现的问题。

稍高一个层级的语文活动，是在自主阅读中发现了问题之后，又在解决问题的过程中发现了新的问题，然后将这样的问题带入课

堂中，与同学对话，与教师对话，寻找探究问题的思维突破口。

再高一个层级的语文活动，是由需要学习的文本中提炼出值得深度探究的核心问题，然后分工协作进行多方面的资料收集，然后在课堂上进行汇总交流，并在此基础上形成超越于文本表层意义的新的认知。

更高一个层级的语文活动，是利用网络平台进行即时互动交流。任何人皆可在平台上呈现问题，任何人皆可针对此问题进行阐释，质疑和批判。当然，要将这样的语文活动落实到市级以下基础教育阶段学校的教学实际中，就需要解除对手机的严格控制，允许学生在课堂上利用智能手机作为辅助学习的工具。

当然还会有更高层级的语文活动。即打破现有的教材体例，充分利用网络资源开展群文阅读、主题阅读或者整本书阅读。此种阅读以鉴赏和探究为能力要求，以较长时间内的自主研读、资料搜集、小论文撰写为学习形态。此种类型的语文活动，在现有考试制度下，暂时还缺乏实现的现实基础。只有考评机制出现了重大改革，此种课堂活动才能成为语文教学的常态。现代西方国家的母语课教学，采用的就多是此种活动形式。

这些类型的语文活动中，学生无法充当坐在教室里鼓掌的看客。所有的问题都需要自己解决，所有的机会都需要自己争取。如此，学习才能真正成为学生自己的事情。在当下的教学情境中，尽管语文教师喊破了喉咙，反复申明学习是学生自己的事，但总无法给学生以真正的触动。究其原因，责任还是在于教师自身。教师在日常教学中不想方设法让学生主动思考、积极探究，而是把所有知识都毫无保留地告诉他，不管他是否需要，是否消化得了。这样的填鸭式教学，怎么会让学生真正觉得学习是他自己的事呢？

但学生终究需要成长，需要从课堂上获得服务于终身发展需要的成长元素。在当下这个信息高度发达的时代，这样的价值诉求更具紧迫性和现实性。"教育要面向现代化，面向世界，面向未来"，具体到语文课堂上的"面向"，就是要让课堂适应时代的发展。

第三节

"互联网＋"背景下的语文教学策略

将"互联网＋"引入语文教学，是信息化时代无法避开的一个教学课题。在"互联网＋"的教学背景下，传统的知识型语文教学形式，必然无法满足学生的多方面成长诉求。甚而至于，学生利用网络获取的知识信息，已在很大范围内超越了语文教师。

面对这样的挑战，语文教师该如何变革自身的课堂，才能将语文教学和"互联网＋"进行巧妙的"深度融合"，进而创设出新的、能够满足学生多方面成长需要的"发展生态"？又该如何在变革中守住语文教学的根，不为"互联网＋"无限丰富的内容所困扰而迷失在信息技术的丛林中？这是每一个语文教师都不得不思考的现实问题。

一、把学习主动权还给学生

在"互联网＋"背景下的语文课堂教学，该如何组织呢？

在不改变现有的班级授课制的教学环境中，"互联网＋"背景下的语文课堂教学，依旧需要遵循语文学科教学的既有规律，合理组织教学流程。不同于传统课堂之处在于，大量的知识信息来自学生的成果展示，而不是来自教师的传授。

在"互联网＋"的背景下，语文教学应以明确课时活动内容为起点。教师授课之初，需先明确本课时的主要研讨任务，确保课堂的一切活动，能始终紧扣课时目标而展开。

教学的主体内容，应为预习成果的交流与研讨。该部分的教学，需依循传统课堂的认知顺序而展开，先侧重于探究课文"写了什么""怎么样写"，再探究"为什么写"。其中，"写了什么"先归结已知信息，再探究重难点内容；"怎么样写"侧重于素材选择、结构安排、语言运用等方面的鉴赏；"为什么写"突出作者的价值诉求、特定时期的心态历程和社会背景。三个环节中，每一个环节，都应由一两位学生担任主要汇报人，其他学生对其汇报成果可作补充，也可作质疑批评。主要汇报人既需要陈述由预习而获取的相关信息，又要结合这些信息，发表自身的独立见解。

作为课堂的必要延伸，上述三个环节的教学任务完成后，还需对课文或互联网上的相关鉴赏评价材料作批判性分析。该环节的主题为"这样写好不好，还可以怎样写"。此环节应由教师主持，尽可能多地安排学生发言。学生的发言，可以先从他人的分析评价开始，然后陈述自身观点。也可以只陈述自身观点。发言结束后，允许不同意见者做反向批评。为了提高课堂教学效率，不再安排被批评者做现场反驳。其他持相同观念者，可代为反驳。被批评者的观点如何呈现呢？留给课外。被批评者可以在课外撰写反驳性的小论文，发布到指定的网络空间中，进行课后的观点交锋。

上述各环节的教学任务结束后，教师需走上前台，针对学生的交流内容做概括与点评。教师有责任纠正过于偏颇的言论。纠正的标准，是应有的价值观。教师还需要针对课文中的核心学习任务做强化性拓展延伸训练，要能够从学生已经解决的问题中，生成出新的、出乎学生意料的深层次问题。如此，才能把学习进一步引向深入。

围绕着教师提出的新问题，课堂还需作深层次的对话。此种对话，采用"两步走"战术：第一步先由学生依照预习和交流中的收获作自主思考，然后对话交流（含生生对话、师生对话）；第二步为网络检索，查看该问题的相关资料，鉴别各种信息的价值，并在此基础上形成自身的见解。

课堂教学的最后一个环节，依旧是作业布置。在"互联网＋"背景下的语文作业，除了前面部分提到的预习作业之外，也需要有一定量的巩固性作业。与传统课堂的巩固性作业不同的是，在"互联网＋"背景下的巩固性作业，应更多突出思维能力的综合性训练。比如，用小论文写作取代选择题、简答题；用论坛读帖、跟帖的多元互动，取代个体性的、静态化的书面答案。

这样的语文教学，主动权基本还给了学生。

二、把作业评价权还给学生

"互联网＋"背景下的作业，将充分利用网络信息平台的公开性、及时性等特征，以网络主题页面文字交流的形式出现。

"互联网＋"背景下的语文作业，除去至关重要的预习作业之外，还可以区分为巩固性作业、成果展示型作业、学生个体主页连续性随笔等类型。

预习作业属于学习之初的自主性任务，以学生个体的阅读能力、辨别能力、归纳能力、表述能力为训练重点。此类作业的检查与评价，已在课堂活动中完成。

巩固性作业属于学习之后的自主性任务。巩固性作业中，基础知识、基本技能的检测，可由语文教师制作成网络知识竞赛题，采用积分闯关制的形式，由学生自主完成。语文教师可借鉴驾校考试中的"驾考宝典"的试题呈现形式命制此类作业。综合能力训练类的作业，以小论文为主，侧重于对课文学习中的重难点问题进行更深层次的剖析。该作业需指定时间发至班级语文学科的作业主页面上。其他学生要每次挑选3～5位同学的作业跟帖点评，每次挑选的同学应不相同，直至点评完全班同学后，再进入下一轮的跟帖点评。语文教师则需至少阅读作业总量的三分之一以上的小论文，并跟帖点评。基本上需做到每三次作业中，全班所有同学都能得到一次教师的点评。被点评的学生，如果有不同意见，还可以跟帖解释，形成新一轮的自主探究。

成果展示型作业，为学有兴趣者的"加餐"。此类作业，不作硬性规定，以影响带动为主。作业同样发布于班级语文学科主页的固定板块上，重在展示学生中的优秀小论文、优秀作文、诗歌、随笔等。语文教师需规定学生的阅读量，至少每生每周需阅读5篇以上的此类型作业，并对阅读内容做出应答，跟帖发表阅读感悟。

学生个体主页连续性随笔应成为语文教师重点关注的一份课外作业。对于学生的终身发展需要而言，最重要的一种能力，是理性思维。随笔，正是养成此种能力的最佳抓手。要想写得好，必须思考得详尽周到。写，是为了更好地促进思考。在传统型语文教学活动中，也强调学生的随笔写作，但那种形式的写作，读者只有教师和写作者两个人，无法激发写作者的写作热情。"互联网＋"背景下的随笔写作，每一篇都可以放到网络平台上，供所有愿意阅读的人阅读。这其中，读者便不只是教师和写作者两个人，甚至不止是本班、本校的同学。读者面扩大了，写作态度便容易得到端正，写作热情也容易被激发。

这份作业，教师无需太多干涉，但须大胆地将管理权还给学生。教师作为课堂教学的一分子，可以对优秀的随笔跟帖评价。此评价，当以鼓励为主。教师还可以在阅读到优秀的随笔作品后，在全班范围内进行推介，亦可将其推荐给相关报刊的编辑。随笔的主人，也可以邀请同学、老师、家长、朋友参阅自己的主题帖，就自己的文字进行赏析点评。

这样的作业，积累到一定程度后，语文教师还需要做另一件更有意义的事：结集出版。出版的方式多种多样，一种方式，是引导每一名学生，将自己的随笔、小论文进行编排，制作成电子书，存入班级的云信息库；另一种是与家长合作，将这些文字依照统一的排版格式打印出来，并装订成册，放入班级图书柜，供学生们长久阅读；三是选择优秀的作品，与出版社合作，正式出版发行。

三、"互联网＋"与教师位置

上述各种构想，当然需要建立在学生广泛接触互联网的教学情境之下。这样的构想，在少部分学校已经成为现实。更多的学校，在可见的时间内，也将很快成为现实。

"互联网＋"给语文教学带来的，绝不只是教学资源、教学活动形式的变革。更大程度上，"互联网＋"是一把高高扬起的时代大锤，正在彻底砸烂传统教学模式下以知识传授为核心的一切教学活动形态。其对语文教师产生的最直接影响是，无限丰富的网络资源为学生提供了众多的可选择、可比较的"语文教师"。与那些优秀的语文教师的网络公开课相比，一线普通教师在课堂上稍有懈怠，便会在比较中"颜面尽扫"。语文教师的学术权威性，在"互联网＋"背景下也将消解殆尽。这样的变革，将逼迫着语文教师不得不改变自身的课堂教学模式，不得不加快自身的知识更新步伐。

在"互联网＋"的背景下，语文教师的位置将出现这样一些变化：

1. 语文教师不再是知识权威，而是与学生相同的学习者。

2. 教学的主阵地不再是讲台，而是无限丰富的网络。

3. 一切教学活动，不再指向知识的识记，而是指向运用知识解决相关问题的能力。

4. 教师只是作业评价的参与者，不再是终极评价者。

5. 教师的服务性角色将更加凸显，专业引领将逐步变更为专业扶持。

一方面，上述变化，注定了语文教师将告别传统课堂教学模式下长久积淀的各种经验，转而成为不得不进行海量阅读、理性辨识、深入思考探究的终身学习者。这样的学习，甚至在一定程度上颠覆了语文教师自身的知识结构形态。那些已然融入生命中的语文本体性知识，将不再成为学习的第一主角。语文教师在学科知识、教育科学知识、文学知识、哲学历史学等相关知识之外，还不得不接触大量的网络信息知识。语文教师将在教学工作中被逼成为互联网运用的行家里手。

另一方面的巨大变化，将是教学理念、教育思维的根本性转变。"互联网＋"背景下的语文教学，能力养成的价值，已然远远高于知识积淀。语文教师预设课堂活动时，不但需要准备学生的各项活动，还要准备这些活动中可能会出现的各种问题，并形成自身的应对策略，确保各项活动均能很好地服务于学生的能力提升。

更考验语文教师的，还将是"互联网＋"背景下的语文，如何依旧保持语文的学科本色。在缤纷多彩的形式背后，语文教师还需要守住语文学科传承优秀文化、滋养学生生命的教学任务。此种"守住"，不是抗拒，而是顺应，是以课堂的变化顺应"互联网＋"带来的变化。为了这样的顺应，语文教师需要适时调整自身的位置，放弃必然需要放弃的旧经验、老做法，建设必然需要建设的新经验、新能力。

在"互联网＋"的背景下，语文教师的教学之路，注定充满无限的未知和无限的精彩。

第四节

课程：走向语文教学理性的必由之桥

在《语文科课程论基础》一书中，王荣生教授指出："笼而统之的'文学'是没有的，笼而统之的'语文科'恐怕也是没有的。存在着的，是一种一种具体形态的语文课程，是一种一种具体形态的语文教材，是一种一种具体形态的语文教学。"①以这段文字为参照，至少可知晓一个基本性事实：在语文学科的学习活动中，语文课程、语文教材和语文教学属于既有联系又各自独立的三种学习元素，三者不可混同。其中，语文课程指向语文学科宏观性质的价值与目标，语文教材是用以达成语文课程价值与目标的载体，语文教学是用以落实语文课程价值与目标的方法与过程。

依照上述分析，似可将语文学科定义为以满足学生的当下语文学习需要和终身发展需要为价值取向和目标定位、以特定的语文教材为学习载体、借助适宜的语文教学技法和学习活动，全面落实语文核心素养的一门独立学科。倘若此定义能够成立，则语文学习的最终落脚点，必然不是语文教材和语文教学，而是借助语文教材

---

① 王荣生. 语文科课程论基础 [M]. 北京：教育科学出版社，2014：13.

这一载体和语文教学这一方法与过程，引导学生从语文教材以及相关语文活动中汲取丰厚的语文养分，最大限度地落实语文课程价值与目标。此种认知，转化为具体的语文教材观和具体的语文教学行为，便是常规意义上的"用教材教"。"用教材教"本质在于视教材为知识、能力、情感等教学元素的物质化载体，通过精心创设的语文教学活动，理解并吸纳这些知识、能力与情感，使其成为生命成长的必要养分。

在现实的语文教学中，为数众多的语文教师未能正确区分语文课程与语文教材的关系，误将语文教材等同于语文课程，以"教教材"取代了"用教材教"。此种错误认知的最大问题在于：面对语文教材中的任意一篇课文时，均不能依照课程目标体系和课程知识体系的内在逻辑合理取舍教学内容，而是试图引导学生解决课文中的所有问题，或是依照教师的个人喜好而随心所欲地选取教学内容、确立教学重难点。此种行为，显然缺乏应有的语文教学理性。

立足于语文课程的价值取向与目标定位的语文教学，该如何处理课程、教材、教学三方面的关系呢？需重点关注下述三方面的问题。

一、以目标选内容，建构合理有序的知识体系

课程是什么？传统的定义中，课程被很多专家定义为"跑道"。但在《后现代课程观》中，美国教育学者小威廉姆·E.多尔则提出了"课程不再是跑道，而成为跑的过程自身"[①]的观点。此

① 小威廉姆·E.多尔.后现代课程观 [M].北京：教育科学出版社，2000：IV.

种定义，显然赋予了课程以动态化、立体化的特性。谁在跑呢？当然是课程的学习者，以学生为主，教师亦不能置身事外。教师本质上也是课程的学习者，教师备课的过程其实就是对文本、对课程目标进行深度学习、消化、吸收的过程。在师生同"跑"的课程学习活动中，就语文学科的学习而言，"问题"与"对话"是学习的两大抓手，教材是学习得以实现的物质载体。语文教师在教学中组织学生围绕特定的课程目标任务而探究语文教材中的相关课文，从特定的学习载体中汲取必要的成长养分。这样的学习行为，其实亦是语文课程的重要构成。

审视课程的定义，其价值在于进一步理顺课程目标、学习内容和教学方法的内在逻辑。打个比方，如果我们把语文教学视作一条奔流不息的河，教材便是河中具体的水，课程则是这条河的堤岸。堤岸限制着河的流淌方向，影响着河的流淌速度，同时也保障了河的绵延千里而不断绝。

缺乏课程观的语文教师，在教学中最容易出现的教学偏差，是依据教学内容确定学习目标，而不是依托课程目标取舍教学内容。比如，一位老师在教朱自清的《荷塘月色》时，整节课只围绕着"这几天心里颇不宁静"这一个句子展开各种活动。教师先后引入了朱自清在同一时期创作的若干篇文章，引导学生进行"群文阅读"。这样的语文教学显然无视了《荷塘月色》这一课文应该承载的语文课程元素。因为，《荷塘月色》中的"这几天心里颇不宁静"只是文章的写作缘起，与文章的内容并无太大关联。就算在一节课的学习中教师能够引领学生获得了某种结论，这样的考据本身也只能够作为一种推测，不能用作《荷塘月色》中情感认知的客观标准。更重要的是，《荷塘月色》这篇课文的最大化课程价值，绝非培养学生的考据能力。倘若学生学完了《荷塘月色》，不了解写景状物的相关技法，不懂得景物与情感的关联，不知晓荷塘、月色和江南的文学关联，便算不得完成了应有的课程任务。

由此个例可知，基于课程观的语文教学行为，其着力点必须指向任意一个独立文本在整个课程体系中应该承载的课程元素。未被纳入课程与教材中的文本，与已经被编排到特定教材特定学习单元中的文本，存在着巨大的差异。这就如同一个人，不属于任何组织时，可以呈现各种品格；一旦进入了某个组织，成为某一岗位中的某一分子，便必须忠实履行其职业使命，不能随意张扬其自由人的个性。

将上述比喻回归到教师教学行为中，便是强调教师个体作为自由阅读者时，完全有理由对任意文本进行个性化的分析阐释，却不能在语文教学活动中用这样的个性阐释牵扯着学生学习语文课程。须知，无论是传统型的单篇课文教学，还是单元整合教学或群文阅读教学，提供给学生学习的文本，都是构成课程的必要元素。课程的价值，则在于拥有相对完善的体系。

也许有人会说，课程不也是人为制定的吗，为什么语文教师在课堂上的自由发挥、在文本教学内容取舍上的任意而为就不属于课程？此问题的焦点在于教学内容是否成体系。对于真正有思想有能力的语文教师而言，建构一套三年一贯制甚至六年一贯制的中学语文课程，使其能够更好地贴近真实的学习需要和成长需要，自然是一件无上的功德。实际情况是，或许有一部分语文教师热衷于依照自身的价值取向和情感偏好而选编出一套语文教材，却未必能够构建起真正的语文课程体系。从这一点而言，课程类似一套为青少年量身定做的营养套餐，规范着一年四季、一日三餐的热量和营养。教材则类似食材，海参、鲍鱼、熊掌、燕窝应有尽有，看起来无限丰富，终日食用却未必营养均衡。

二、以学情定学法，让学习在课堂上真正发生

即使是当下正在全面铺开的以任务群阅读教学为主要形式的最新版部编语文教材，其十八个学习任务群的文本构成也无法完全脱离文选式教材编排体例。如果我们把教材中的每一篇文章都视作一个独立存在的风景区，则当若干个"风景区"被教材编写者汇集为一个特定的学习任务群时，其构成的"风景区联盟"势必需要拥有一个被事先预设的上位性质的共性化主题，能够在一定的时空范围内统一成拥有共性化表达方式或共性化主题价值的统一体，而不是各唱各的调、各卖各的票。此种用以整合不同文本、使其拥有共同的学习任务的"神奇力量"，便是课程目标。课程目标的确立固然受特定的国家意识影响，更多却是为了适应青少年的身心发展规律，适应不同学段的具体学情。

对于缺乏课程意识的语文教师而言，单篇课文或"任务群"的教学价值定位，往往取决于教师自身的知识积淀与备课体验，而非取决于学生的学习需要。此类教师开展的日常教学活动，在教学目标的确立、教学内容的选择、教学方法的运用等方面的处理上，往往带有极其鲜明的个性化印痕。"教什么"大体上由教师在备课时预设，"学什么"的主动权也控制在教师手中。

此种形态下的语文教学，倘若只从教学活动中的信息容量、问

答数量、问题深度等角度评价，则只要授课教师自身拥有宽泛的阅读视野，且具有较强的课堂教学机智，便足以营造出一节"杂花生树，群莺乱飞"的"精彩"语文课。这样的课，也极容易获得大多数语文同人的认同甚至追捧。但若是以学生的自主思考发现和真实学习需要为评价角度，以教师对来自学生的阅读思考的整合能力、提炼能力、生成能力为观察点，便能够发现这样一个事实：大多数的语文课，只是教师一个人在展示自身的学养与才华，学生不过是配合教师"演示"其备课中发现与思考的内容。学生的学习思维，如半空中飞舞的风筝，全靠教师提供的"线"与"风"牵扯与扶持。线，指向教师个体的阅读体验；风，指向教师在个体阅读经验基础上预设的"问题"和创设的课堂学习情境。这样的语文课，缺乏真正的学习。而其根源，依旧在于语文教师的课程意识匮乏。

为了更好地探究"以学情定学法"的现实迫切性，且让我们共同研究一个教学案例：

某位小学语文教师在开设"父母的爱"这一群文阅读示范课时，为了体现"任务群"教学的特性，特意挑选了梁晓声的《慈母情深》、林夕的《母亲的存折》和毕淑敏的《孩子，我为什么打你》三个文本。老师将该任务群的核心任务确立为归纳探究"这三篇文章怎样表现母爱"。而在具体的教学设计中，教师先针对梁晓声的《慈母情深》预设了三个学习任务（①通过哪些事例表现母爱的？②找出表现母爱的关键句子，简单批注。③解读"我"被母爱感动的关键词），引导学生从文本中筛选信息，归纳概括。再以这三个问题为阅读指南，引导学生自主学习《母亲的存折》《孩子，我为什么打你》。当学生依照教师的要求完成三篇文章的学习任务后，教师又利用一个表格，引导学生分别从"命题特点""选材特点""写作特点"三个角度对课文内容进行归纳。

这样的目标定位和内容取舍，究其实质，不过是将原本三节课完成的三篇课文的学习任务，压缩到了一节课的教学容量中。从表面上看，教师似乎是在借助"群文"的内容差异和形式差异，引导学生完成"怎样表现母爱"这一写作学意义上的学习任务，实际上，"命题特点""选材特点""写作特点"这样的阅读着力点，即使是成年读者也不会刻意关注，更别说小学阶段的孩子。而课堂活动中最重要的三个问题，也只关注了单一文本中的零散信息的筛选，并未建立起"群文阅读"中的信息互补和意义融通。

此种问题的病因，在于贯穿整节课的教学主问题，完全来自教师的主观预设，而非来自合理的课程目标定位。这样的预设，甚至不是建立在教师个体的群文阅读感悟的基础之上，而是建立在刻板教条的传统型教学程式之上。为数众多的语文教师，自己几乎从来不会带着对"命题特点""选材特点""写作特点"的探究目的而自由地阅读，却又总是要求学生在阅读中归纳出这些莫名其妙的"特点"。这样的语文教学，哪里能够真正满足学生的阅读需要和成长需要？

学生们需要什么样的语文学习，或者说，建立在理性的课程观引领下的语文教学应该如何引导学生开展合理的语文学习呢？

依旧以《慈母情深》《母亲的存折》《孩子，我为什么打你》三篇文章的整体性阅读设计为例，下述问题似乎更贴近学生的阅读感受和审美体验：

1.三篇文章中的妈妈，你更喜欢哪一个？

2. 一位妈妈身上发生的故事，是否也会发生在另外两位妈妈身上？

3. 发生在三位妈妈身上的故事，在自己的妈妈身上是否也发生过？自己的妈妈更像其中的哪一位妈妈？

4. 读了这三篇文章后，我发现天下的妈妈都具有什么样的特点？

5. 在这三篇文章中，我还发现每一个妈妈都是独一无二的，比如……

6. 如果我将来做妈妈，就做一个这样的妈妈……

…………

这些问题，看似简单，实则已经将"命题特点""选材特点""写作特点"的探究全部涵盖其间。更为重要的是，这些问题没有"学术架子"，把教学目标藏在貌似随意的提问中，是小学生们能够思考并感悟到的，是切合小学生的情感发展需要与语言表达需要的，因而是切合学情的。有了这样的问题作引导，小学生们才会积极投入文本的阅读和思考中，学习才能够真正开始。而小学生们要想将上述问题清晰地表达出来，就必须对三篇文章的形象塑造、素材选用、情感表达等内容进行认真的阅读分析。当然，如果这些问题由教师引导学生在阅读中自主发现与思考，就更具语文教学的课程价值了。

三、以课程促发展，把"人"的旗帜立于教学主阵地

曾有人戏谑地说，课程是个筐，啥都可以装。这话既正确，又完全错误。说其正确，在于课程确实具有某些方面的不确定性，比

如作为其载体而出现的教材，就经历了若干次的调整变化。说其完全错误，在于课程的根本属性极少变化，总是指向学生的当下成长需要和终身发展需要。从这一点而言，语文课程的终极价值，必然在于满足学生的多方面发展诉求，在于将"人"的旗帜高扬在教育教学的主阵地上。

当下的语文教学行为中，指向"应试需要"的成分往往多于指向"人的需要"的内容。比如教学一篇或者若干篇古诗文时，教师的教学关注点既不在于日常学习中的"语言建构与运用""思维发展与提升"，也不在于培养学生"审美鉴赏与创造"能力，更不关注古诗文中的"文化传承与理解"，而是热衷于依照考点将古诗文拆解成一道道题目，从解题思路和答题技巧上反复训练。这样的语文教学，功利心过重，既愧对传统文化中的精神瑰宝，也愧对学生的成长需要和这些古诗文的课程价值。

建立在特定的课程观和学生的终身发展观的基础之上的古诗文教学，会如何设计课堂教学活动呢？

最理想的方法，是将教师在备课中的发现和思考，同学生在自主阅读中的发现和思考相结合，在此基础上生成能够学习的问题或见解。这类问题或见解，应拥有时间、空间、情感、认知发展等方面的统整性，能置身于相对宏阔的视域下进行综合性研究。

比如，当我们需要学习苏轼的《赤壁赋》或者《念奴娇·赤壁怀古》《定风波·莫听穿林打叶声》时，一种方法是依照既定的教材编写体例，将《赤壁赋》或者《念奴娇·赤壁怀古》《定风波·莫听穿林打叶声》与同一单元内的其他课文结合在一起，依照教材编写者预设的课程知识体系进行单篇文本的赏析理解。另一种方法是将《念奴娇·赤壁怀古》《卜算子·黄州定慧院寓居作》《西江月·黄州中秋》《临江仙》《定风波·莫听穿林打叶声》《赤壁赋》组合为特定的学习任务群供学生研读。在课程任务的界定上，首先需要落实的，是理顺该组诗文的创作时间、创作地点和创作意图；其次是依据获知的相关信息，探究不同作品中的不同心境呈现和情感诉求；再次是将这些各不相同的心境与情感诉求连成一个整体，探究其发展变化的轨迹；最后是以这条轨迹为线索，再拓展至其他的作品。当学生们能够在自主研修和合作探究中完成上述学习任务后，黄州时期的苏轼，便成为一个扎根学生心灵的立体形象，而学生的自主学习能力也得到了提升。

在教学课时相对充裕的前提下，这样的教学安排还可以拓展至更为广阔的时空背景。比如可以将"乌台诗案"前的一些作品，如《临江仙·送钱穆父》《望江南·超然台作》《水调歌头·明月几时有》《江城子·密州出猎》《江城子·乙卯正月二十日夜记梦》纳入课程，引领学生认知"诗酒趁年华"的潇洒而多情的苏子瞻。再将黄州之后的一些作品，如《行香子·清夜无尘》《减字木兰花·己卯儋耳春词》《自题金山画像》等引入课程，帮助学生理解"心似已灰之木，身如不系之舟"的落魄而倔强的东坡居士。学生们在这些诗文的总体性阅读中发现与思考而获得的感悟，在任意一个文本中都无法完整地容纳。此种来自特定任务群的整体性认知，便构成了更高层次的拓展性课程资源。此种拓展性课程，属于既定语文课程的丰富与完善，并非另起炉灶的重新建构。

这样的语文学习活动，显然无法在一节课的时间内完成，也不可能只限制在课堂教学的时间内完成。课堂的价值，只在于形成一个小"雪球"，然后将其置入文本的浩瀚雪原中，由学生在自主研修和合作探究中将其滚成越来越大的"雪球"。而当学习由课内走向课外之后，教师的影响力便会不断削弱，学生的发现与思考就会成为学习的主要形态。如此，学习的价值才能得到真正的体现，"人"的旗帜才能真正高扬于课堂。

当然，学生绝不可能未经训练便掌握此种拓展性课程的学习技法。教师在教学活动中的价值，就在于为学生做好示范，把任务群阅读的相关技巧传递给学生。既是做示范，便存在着理解力的问题。教师的示范，必须建立在学生现有理解力的基础上，切不可参照教师自身能够达到的最高峰值，把完全属于个性化的解读强加给身心发展尚未完善的学生。那样，只能让学生成为学习活动中的鼓掌者，无法让他们成为真正的阅读者和思考者。

第二章

必修课:
知晓备课秘密

备课，本质上属于一种对话。

谁跟谁对话呢？

从最浅层面上看，当然是教师和具体的教学文本进行对话。教师要把相关的知识传递给学生，就必须熟悉教学文本的内容，从"是什么""为什么""怎么样"三个角度钻研教学文本，把握文本材料的内在知识结构特征，感知文本材料中有利于学生身心发展的各种知识、技能、方法、情感、态度、价值观等元素。为了达成这样的教学目标，教师就必须认真研读教学文本，必须把教学文本视作一个可以并值得对话的独立主体，用自己的心去与之交谈。教师需要不断地向教学文本提问，需要俯下身子耐心倾听文本材料中的一切诉说，需要反复斟酌不同类型文本的个性特点，并依照这些特点推知其喜好与价值。如此，备课才能收获应有的成效，才能为构建高效课堂服务。

从稍深层面上看，备课又该是教师、教学文本和教材编者间的对话。只有三者能够进行"到位"的对话，教学文本的课程价值才能得到真正的激活，语文学科教学才能建立自身的应有体系，教师劳动才能逐步走出"少慢差费"的怪圈。当然，我所强调的"到位"，指的是教师备课时心中必须具有课程意识，要能够把貌似独立存在的一篇篇具体课文，纳入成体系的教材中，并依照一定的课程目标，赋予这些文本具体的教学使命。倘若教师不满意教材编写者选编的文本，或者不满意教材编写者所确立的学段目标、单元目标与课时目标，则又需要自己重构教材，使自身成为教材开发者。

从更深层面上看，备课又是教师借助教学文本、教材编者（包括对教材资源进行二次开发的教师自身）的桥梁作用而与学生展开的对话。学生是学习的主体，教师的一切教学行为，都需要以服务学生的成长需要为目标。教师备课，其实就是为学生的成长而准备精神食粮。学生喜欢吃什么、应该吃什么、应该如何吃，这三点都需要在备课中得到很好的落实。只有对这三点了然于心，教师在备课中精心设计的各种方法、各种问题、各种流程，才能和学生的成长需求建立起必然的关联。

从本质层面上看，备课则是一场由教师主持的有关知识与技能、成长与生命的大讨论。在这场讨论中，文本的作者用具体的文字阐述他对世界与人生的个性化认知；教材的编者（包括对教材资源进行二次开发的教师自身）用精心构建的单元结构体系对作者意义进行取舍重构；学生以个性化的知识经验与人生经验，消化接纳来自作者与编者的各种意义，同时也不可避免地舍弃相当数量的作者与编者意义。这三者往往各说各话，互不包容。而教师，就必须以足够丰富的智慧，将三者协调到同一个对话情境中，让他们形成情感共振。教师要善于从作者意义与编者意义中提炼出最具价值的话题，使它们和学生的内在需求形成碰撞。还要善于把各种问题具体化、情境化、趣味化、体系化，使之不但成为学生健康成长的必需，而且成为教师自身持久发展的必需。

第一节

如何确立教学内容

备课的关注点，无外乎"教什么"和"怎么教"。

对学科教学而言，"教什么"强化的是目标、任务与内容，"怎么教"突出的是理念、技法和手段，二者并非同一层面的并列概念。理论上，前者决定后者，后者服务于前者。

一、语文学科独有的"教什么"问题

实际上，一门经历了数十年时光锤炼的学科课程，其内在的一整套知识体系已然相对完整。在此体系内，绝大多数知识都是依照由浅入深的渐进性原则组合而成的。通常情况下，对高一层级知识的学习，必然以对低层级知识的掌握为基础。这种顺应了学生身心发展规律和认知结构特点的知识体系的建构，对中小学教学而言，其最大价值，就是以严谨的课程目标的方式，规范了不同学段、不同年级、不同单元的教学侧重点，从而使学科教学得以合理高效地展开。

这种已经形成了既有体系的课程目标，在语文之外的其他学科教学中，多能得到很好的落实。这些学科的教师基本无须考虑"教

什么"，因为其课程目标始终处于十分显性的状态，任何一位合格的教师，只要自动依照教材编者确立的课程目标，组织起有效的教学活动，便能够很好地完成自身的教学。所以，对这些学科的教师而言，"怎么教"自然也就成了教师的主要任务。"怎么教"的核心，就在于运用最理想的教学手段高效落实"教什么"这一课程目标。

语文教材的"文选"式结构，模糊了语文课程的体系特征，使得语文学科在"教什么"这一课程目标上出现了许多非规范化的误读。尽管被选入教材的各篇选文，在成为学生学习知识的必要载体时，已经被教材编订者附加了某些指定的课程目标，但因为这些选文意义的多元性，很多时候，教师常常忘却了这些选文作为教材的特殊属性，而误将它们视作独立存在的文本。于是，教学中便常出现课程目标的"跑题"，体现为对同一年级同一单元的同一篇课文，不同的教师能够演绎出若干种毫不相干的教学目标。

这些由同一篇课文而演绎出若干迥异教学目标的课案，初看起来往往都十分精彩，但将之纳入课程体系中思考时，却又很容易发现其中的"非课程性曲解"。比如对鲁迅先生经典小说《祝福》的教学，有的教师是组织学生看一遍电影，然后组织一场讨论，便算完成了文本教学任务；有的教师是采用法庭审判的形式，以"祥林嫂到底被谁谋害"为主线，用推理审案的方式组织教学活动；有的教师采用逐段分析法，跟着鲁迅先生的叙述从头到尾梳理一遍课文；有的教师把"祥林嫂的眼睛"作为授课主线，只把围绕眼睛的相关文字拎出来解读赏析。四种教学设计，在课程目标上极少交叉，不但在"教什么"上缺乏共通之处，在"怎么教"上也呈现出巨大的差异。

这种仅在语文学科教学中才会出现的怪现象，正是语文学科教学缺乏课程意识的典型表现。形成此类怪现象的根本原因，在于相当一部分语文教师，都只是对《祝福》这一文学作品进行教学，而不是对《祝福》这一课文进行教学。语文教师没能清醒地意识到，作为课文的《祝福》在语文教材体系中所应该承担的课程内容，或许只是极为有限的某一个知识点、一种价值观。只有围绕该知识点、价值观展开的教学活动，才是有效的语文教学活动。

这种课程目标意识的缺位，直接导致了语文学科教学的极度混乱。若干年来，尽管有无数语文教师在"怎么教"方面进行了卓有成效的探究，形成了众多的风格流派，却因为都只是在手段上下功夫，未能将目光放到更远的目标上，结果也就始终无法改变语文教学"少慢差费"的尴尬处境。

因此，对于语文这一课程目标并非显性的学科来说，"教什么"的价值，远远高于"怎么教"。"怎么教"只关联着事倍功半还是事半功倍的效果问题，终究还是围绕着该做的事情在做。"教什么"却关系着整个活动是否跑题、有无意义。比如，教《我的叔叔于勒》这篇课文时，不能根据单元知识结构的要求去组织学习作品塑造人物形象的方法，不能通过教学帮助学生正确理解作品中环境描写对人物心理呈现的重要价值，却将全部精力投放到对所谓"资本主义社会人与人之间赤裸裸金钱关系"的批评中，对于这样的课堂，"怎么教"研究得再透彻，也还是耕了政治学科的田，为别人做了嫁衣。属于自己语文学科教学的任务，几乎没有涉及。眼下，很多人常说的要把语文学科课当作语文来教，就是这个道理。

需要强调的是，语文学科的"教什么"，绝不是授课者在灵机一动中做出的教学内容的取舍，而是文本走进教材后被编者附加上的特殊意义的呈现。也就是说，一个文本的教学，倘若不能依照整个课程体系的建设目标去分解其教学任务，则无论课堂活动如何出彩，也算不得真正落实了"教什么"的课程价值。举一个例子：如果我在2017年之后教《荷塘月色》这篇课文时，依旧引导学生鉴赏"白天荷塘""总该""江南"等关键词，而不是基于新一轮课程改革的任务群阅读理念，将《荷塘月色》《故都的秋》置入特定的学习情境之中，依托具体的驱动型任务探究隐藏在文字背后的审美情趣和文化内涵，尽管我依旧能将课上得很精彩，但在"教什么"上已明显跑题。必须明白，这一轮课程改革的关注点已明显超越于具体的教材，走向了任务群阅读教学、整本书阅读教学、跨媒介阅读与交流，以及"家乡文化活动""信息时代的语文生活"等主题性学习活动。

二、同一文本"教什么"示例四则

为了更直观地陈述问题，我以《师说》这篇课文在不同时期（或不同教材）的教学目标设计为例，解析同一个文本在不同的课程体系中教学内容取舍的差异。

示例1：

【知识与能力】

①了解有关"说"的文体知识，了解古文特点及韩愈在文学史上的地位。

②指导学生通过翻译课文，掌握、积累文言实虚词以及词语的

特殊用法、特殊文言句式。

③了解文中所采用的论证结构，学习正反对比的论证方法。

【过程与方法】

①通过阅读和翻译课文，积累文言知识。

②教师点拨，学生自主探究，学习借鉴本文正反对比的论证方法。

③分析文章的整体思路，引导学生背诵全文。

【情感态度与价值观】

点燃学生继承中华民族传统美德的热情，古为今用，树立尊师重教的思想，培养谦虚好学的风气。

由案例中的三维目标可知，该设计应出现于上一轮课程改革之后。将"说"的文体知识作为第一学习目标，这样的目标定位是否准确合理呢？查阅苏教版和人教版初中教材目录，可以发现两套教材中均收录了《马说》《爱莲说》和《捕蛇者说》。也就是说，"说"这种文体，学生初中时已经在不同学段中接触过三次，它作为一种文体所涉及的相关知识，应该在第一次教该文体时，便作为教学目标得到过强化训练。其后两次学习同文体课文时，便无须再将它当作学习目标，只需适当复习即可。如果到了高中一年级，教师还将"说"这一文体当作重要的学习目标来对待，显然不合情理。此种目标界定上的错误，来自典型的单文本教学思维。教师在备课时，只把该课文看作一个独立的文本，未能将它纳入十二年一贯制的语文学习体系中。

从文言虚实词积累这一教学目标来看，设计者只是笼统强调积累文言虚实词，却并不设定特定的积累对象，便难以在具体教学活动中落实该目标。目标不具体，就难免眉毛胡子一把抓，学习负担便会人为加重，重难点也难以落实到位。

此外，该教学设计考虑到了"正反对比的论证方法"这一知识目标，强调了"背诵全文"的能力目标，这样的目标定位是否合理呢？这就需要将具体的教学目标，纳入教材的单元目标、学段目标中进行考量。苏教版教材本单元的主题是"获取教养的途径"，高中一年级的写作训练重点又是复杂记叙文，"正反对比的论证方法"与这二者均无必然关联。故而，此知识目标，在教苏教版教材时便属可有可无。可以在遇到该知识点时引领学生适当了解，也可以直接舍弃，留下时间探究本课时应该完成的学习任务。

将该目标置放到人教版的教材中，这个目标就和单元目标相一致了。因为在人教版高中语文必修三第三单元的学习目标中，编者明确规定了"可以借鉴古人议论的艺术，学会清晰有力地表达思想和见解"。此外，单元目标还强调："阅读时要多琢磨文章立论的方法，注意其严密周详的论证逻辑，以及由此产生的说服力量。"教人教版教材，就必须把"正反对比的论证方法"作为教学重点。

至于"背诵全文"，本就算不得教学目标，不过是一道课后作业。要使背诵也成为一种能力目标，就需要教师在背诵技巧的点拨与训练上多做探究。比如，可以引导学生通过关键词提取的方法速背课文，也可以通过论证结构分析的手法速背课文。教师对方法的预设与归纳，才是教学的目标所在。

此则教学设计将情感目标确立为"树立尊师重教的思想，培养谦虚好学的风气"，属于典型的空话、套话。这两方面内容均非语文学科的教学任务，也都缺少能够达成目标的具体策略。将这样的内容写进教学目标，只是为了三维目标的完整性，并非为了教学内容的完整性。更重要的是，这两点与单元主题均未能建立直接的联系。

通过这样的逐条分析，便能够发现，在这则教学目标中，除了"学习借鉴本文正反对比的论证方法"可用于人教版《师说》的教学外，其余6条教学目标均无法对教学活动构成积极影响。目标不能清晰地服务于"教什么"，自然也就缺乏具体的教学价值。

示例2：

【**语言建构与运用**】

掌握文中重要的实词、虚词、句式等文言知识；背诵全文。

【**思维发展与提升**】

理解韩愈所确立的"师"的概念、择师标准、从师之道及当时社会的不良风气。

【**审美鉴赏与创造**】

理解文中所采用的论证结构，学习正反对比论证的论证方法。

【**文化传承与理解**】

联系社会背景，探究作者的观点在当时的社会意义及在今天的借鉴作用；点燃学生继承中华民族传统美德的热情，古为今用，树立尊师重教的思想，培养谦虚好学的风气。

此种目标表述法，属于典型的"新瓶装旧酒"。初看时，四大核心素养全部在场，似乎很切合《普通高中语文课程标准（2017年版）》的课改精神；细读其具体内容却会发现和示例1并无差别。且不论"过程与方法"是否等同于"思维发展与提升"，"情感态度与价值观"是否等同于"文化传承与理解"，单看其预设的具体教学任务，也和部编版高中语文必修（上册）第六单元"学习之道"预置的任务存在较大差距。该单元的核心任务在于"通过梳理、探究和反思，形成正确的学习观，改进学习方法，提高学习能力。要准确把握作者的观点和态度，关注作者思考问题的角度，学习他们有针对性地表达观点的方法；学会发现问题，从合适的角度以恰当的方式阐述自己的看法"。课后的"学习提示"也只强调"熟读这两篇文章"，"找出文中谈学习的名句，推敲句子的含义"，把握"文章关于学习的主要观点"，"联系作者的思想主张和写作背景来理解文章的观点，分析作者提出观点的依据"。至于文言虚实词的积累和课文的背诵，教材只强调连词"而"的多种语义关系和背诵《师说》的第1段。

将示例1、示例2设定的目标、任务和内容，与部编版教材预置的目标、任务和内容进行比对分析，可发现2017年以来的新一轮课程改革在"教什么"这一问题上已出现较大转变。教学的着力点已不再是教材中蕴含的具体的知识，而是基于学科特征和文本特性的学科核心素养，是"阅读与鉴赏、表达与交流、梳理与探究等语文学习活动"。必须注意，教学着力点决定着教材的教学内容，当教学着力点已经转变为"关注作者思考问题的角度，学习他们有针对性地表达观点的方法"时，"理解文中所采用的论证结构，学习正反对比论证的论证方法"就无须作为"教什么"的重点内容。

示例3：

【学习目标】

1. 诵读文本，梳理出荀子和韩愈论述学习之道的观点。

2. 结合文中例子，具体解说比喻论证、对比论证等论证方法的表达效果。

3.探究荀子和韩愈的学习观，结合倡导终身学习和个性化学习的时代背景，评价其现实意义。

此则学习目标的三项内容，整体上贴近《师说》在部编版教材中承载的教学任务，既关注了单元"学习之道"的主题，又关注了作品的现实意义，在一定程度上体现出此轮课程改革的精神。但该项设计的问题也很明显，其预设的三项目标中，目标1缺乏思维含量，两分钟时间即可完成。目标3也容易脱离文本信息而空谈意义。目标2侧重于写作学范围的研究，且"结合文中例子，具体解说比喻论证、对比论证等论证方法的表达效果"，也与"关注作者思考问题的角度，学习他们有针对性地表达观点的方法"的任务指向存在较大差别。这三项目标，在实际教学活动中很难支撑起一节目标明晰、任务具体、内容完整且有厚度的语文课。

示例4：

【基础目标】

①"师""道""传"等文言实词，"其""也"等文言虚词。

②阐明观点的几个句子的背诵默写。

【核心目标】

①通过身份置换，进入文本情境之中，体察作者的独特情感。

②辨析"师"的类别指向及其真实意义。

③探究文本的作者意义、编者意义与读者意义。

【拓展性目标】

①联系现实，分析今天的"师"与今天的"生"。

②资料拓展：知识分子的特征、使命与担当。

该片段选自我2011年的教学设计，目标指向苏教版高中语文必修一第二专题"获取教养的途径"。

我所预设的7个教学目标，均围绕"获取教养的途径"这一主题而展开。备课时，通过与文本的反复对话，我提炼出了"知识分子的责任感与使命感"这一人文价值观，将其确立为帮助学生获取教养的重要途径。此外，我还试图通过身份置换的方法来创设情境，帮助学生更好地走进作者。我希望学生能够通过对作者意义的揣摩、编者意义的探究和读者意义的深入思考，建立起古今文化间的桥梁，让一千多年前的观点与见解和当下的社会现实联系起来，并以韩愈的观点为参照，探究学生自身存在的认知误区与缺陷。我的这种设想，虽然在此后的具体教学实践中未能全部贯彻，但总体上看，在上一轮的课程改革背景下，还是基本落实了《师说》在苏教版高中语文必修一"获取教养的途径"主题单元中所承载的课程目标、单元目标和课时目标。当然，如果用该教学构想来执教部编版教材中的《师说》，则其目标定位、任务设定和内容取舍便有违自2017年以来的课改精神，不切合《师说》在部编版教材中承载的课程任务。

第二节

如何设计教学流程

教师在备课中，通过对课文的作品意义、作者意义、编者意义和具体学情的综合思考，大体可以确立各具体课文的教学目标。这些教学目标，作用到教学内容上，便成为教师对课文内容进行合理取舍的课程依据。完成此项"备教学目标"的工作后，教师备课的重心，便需要转移到"备教学流程"这个更具实践意义的问题中来。教师需要精心准备贴近教学目标、贴近具体学情的课堂教学流程，从而使语文教学活动成为充满情趣、充满诗意、充满思维挑战力度、有益于生命健康成长的"主题对话"。

此种转变，迫使语文教师在备课时不得不将更多的精力投放到教学流程的设计、教学情境的创设和有效对话的预设上。语文教师必须在面对经过教学目标的取舍而剩余的有限教学内容时，能够如一个高明的导游，不但可以引领学生赏玩风景，而且可以让学生快乐地、主动地融入风景之中，把自己变成美丽的风景。

这时，摆在语文教师面前的，将是这样一些不得不深思熟虑的问题：为了在具体的教学活动中更好地落实课程目标，哪些"主题对话"需要在备课中精心预设？备课中的这些预设，又是否能够在课堂教学实践中有条不紊地落实下来？预设的内容，能否诱发出课堂的精彩生成？预设的背后，如何避免教师的强势引领，把学习的主动权还给学生？凡此种种，似乎都构成了教师备课的挑战。那么，如何应对这种挑战呢？

一、反复研读课文

要应对上述挑战，除了需要积累扎实的学科本体性知识、必要的语文教学法知识以及相关的社会文化等常识性知识外，还需要语文教师在备课中反复研读课文。教师只有静下心来把课文读透彻了，才能触摸到文字背后的真实心灵，才能和作者形成有效对话，才能在落实教学目标的同时，最大限度地发挥文本的教学与教育功能。可以说，反复研读课文，是语文教师在备课中落实"怎样教"的第一步。

曾听过一位语文名师介绍自己的备课经历，说是每接触一篇新课文时，他总要反反复复把课文读到百遍以上，一直到每一个字都在心灵中开花结果了，才放下手中的书本。而在设计教学流程时，又是反反复复地写成千上万的文字，直到找到自己最满意的方案，并让这方案在大脑中生根发芽了，才敢松一口气。这样的磨课，相信很少有语文教师能够做到。

这位名师的备课，让我想到了孔子。

在《史记·孔子世家》中，记载了这样一段故事：

孔子曾向师襄子学弹琴，学了一段时间，师襄子说："如今您已学会弹琴了，可以弹另一首曲子了。"孔子说："我还没有掌握弹琴的技法。"过了一段时间，师襄子说："您已经掌握了弹琴的技法了，可以弹另一首曲子了。"孔子说:"我还没有掌握乐曲的旨趣。"又过了一段时间,师襄子说:"您已经掌握了乐曲的旨趣,可以弹另一首曲子了。"孔子说:"我还没有弄清楚作者是一个怎样的人。"又过了一段时间,孔子陷入沉思,表现出志向高远的样子,眺望远方,说:"我大体明白作者的为人了。他面色较黑,身材高大,志向远广,使地方同归于一,除了周文王,谁还能作出这样的乐曲呢?"

如果将孔子学琴也看作一种特殊的备课,那么,孔子无疑深得备课的精要。孔子追求的,是不断深入的对话,是对话中的不断发现,他用这样的对话和发现,将阅读物的表象意义与隐语意义一点点挖掘出来,直至最终抵达了阅读物的内核,完成了别人无法完成的事儿。

二、预设教学情境

备课中的读深读透,赋予了语文教师深度把握文本内涵的能力。然而,仅有这样的能力,还不足以实现课堂的精彩。语文教师备课中的"深入",还必须借助"浅出"的方式,建立起学生和文本间的对话。语文教师必须在备课中积极创设真实的学习情境,将学生置入其中进行自主探究,让学生的生命在富有温度、广度、深度的学习活动中健康成长。这一点,在新一轮课程改革所倡导的"真实情境"和"任务驱动"的教学主张下显得更为重要。

新一轮课程改革在"怎么教"上带来的最大变化,在于将语文教师由单纯的知识传授者改变为情境设计者和任务策划者。语文教学的关注重点,不再是教师的教法运用和学生的理解接受能否高度吻合,也不再是教师的教学是否能够激发起学生对语文学科以至于语言文化的热爱之情，而是教师是否能够借助精心构建的学习情境和驱动型任务，让学生自主完成相应的学习任务。"怎么教"的真实身份，已然转变为"怎么学"，即如何让学习真正发生。

能够预设的教学情境总是无穷无尽的，只要用心，绝大多数语文教师，都能够在备课时预设出既生动有趣，又贴近教学目标的活动情境。

且看下面三个例子：

例1：《反对党八股》之"学科认知情境"

2020年，浙江省高考满分作文《生活在树上》在全国范围内引发轩然大波。一段时间内，不同的读者立足于不同的审美认知而纷纷发表观点，或高度褒扬作者的丰厚学养，或极力批判作者的"不说人话"，或抨击高考作文评价的扭曲变态。今天这节课，我们就用《反对党八股》充当解剖刀，解析这篇高考作文。

今天的学习有三项任务：1.列表提炼"党八股"的八条罪状、具体表现和危害性；2.以《反对党八股》为解剖刀，解析满分作文《生活在树上》；3.依托《反对党八股》的相关观点，修订"高考作文评分标准"。

预设的情境和任务，均围绕文本自主阅读而展开，每一项任务都必须依托文本细读而完成，必须运用具体的语文知识进行归纳、提炼和整理。

备课中应该如何构建学科认知情境呢？解决该问题的前提是要了解其概念属性。《普通高中语文课程标准（2017年版）》中，学科认知情境被阐释为"指向学生探究语文学科本体相关的问题，并在此过程中发展语文学科认知能力"。其中，"探究"指向具体的学习活动，"语文学科本体相关的问题"指向学习内容，"发展语文学科认知能力"指向学习目标。

依照此种阐释，学科认知情境可界定为"立足于语文学科应有的学习目标、学习内容，通过特定的学习活动，引导学生自主学习或合作探究相关的语文知识，培养语文学习的关键能力，全面落实核心素养"的学习活动场域。

在日常学习活动中，学科认知情境的创设强调以整个单元的结构化、任务化、动态化大情境为背景，追求课堂上的深度学习。上例以解析《生活在树上》这篇有争议的高考满分作文和修订高考作文评分标准为特定学习情境，并非引导学生了解该文和作文评分标准，而是以之为解剖对象，从《反对党八股》中寻找相关观点充当"手术刀"。

例2：《以工匠精神雕琢时代品质》之"社会生活情境"

多灾多难的2020年终于过去了。这一年间，中、美两个大国屡次过招，上演了一出又一出的制裁与反制裁的经济情景剧，其中，华为公司的芯片之痛最令人扼腕。今天这节课，我们将用《以工匠精神雕琢时代品质》充当听诊器，问诊当下中国的社会经济。

今天的学习有三项任务：1.寻找"芯片之痛"背后的工匠精神；2.立足时代品质，进一步丰富"工匠精神"的文化内涵；3.从观点确立、角度选择、行文逻辑等三个方面探究新闻评论的相关特点。

《以工匠精神雕琢时代品质》隶属于部编版高中语文必修上册第二单元，体裁为新闻评论。"单元学习任务"第二点第2项中，该课的学习任务被定义为"梳理《以工匠精神雕琢时代品质》一文中的思路，体会文章是怎样辩证地讨论有关'工匠精神'的话题的"。"单元学习任务"第二点第3项中，教材编写者又为该课确立了"思考《以工匠精神雕琢时代品质》在选择评论角度方面的特点，在此基础上，从本单元的人物通讯中任选一篇，基于其呈现的事实，考虑可以从哪些角度进行评论"的学习任务。

归结上述两项学习任务可知，《以工匠精神雕琢时代品质》虽为短文本，其学习任务却至少可分解为三点：梳理行文思路，剖析评论角度，学写新闻评论。课例中预设的社会生活情境下的三项任务，包含了课文的三项学习任务。可以说，对华为集团"芯片之痛"的深度解析，最终的学习目标恰恰是为了拉动《以工匠精神雕琢时代品质》的自主学习和深度探究。

例3：《插秧歌》之"个人体验情境"

阅读《插秧歌》时，有人读出的是田野劳作的艰辛，有人读出的是诗人对民生疾苦的深切同情，有人读出的是一家人齐心协力、分工合作的和睦，有人读出的是吃苦耐劳、勤奋乐观的精神。你在初读《插秧歌》后形成的阅读体验是什么，你又是依据诗歌中的哪些内容而形成的此种原初体验？

此情境旨在引导学生梳理初读体验并在交流中修正或完善该体验。情境中之所以要先列出几种不同的认知，一是为了帮助学生开启阅读思维，二是为了唤醒学生的认知体验，使其能够用相对整齐的语言整理自身的阅读成果。至于情境的最后一个问题，则将学习者的学习思维拉回到诗歌内容的深度品读之中。如此，学习者便将个人的体验、他人的体验和诗歌本身蕴含的精神品质联系在一起，不但要学习一首具体的诗歌，还要关注诗歌给阅读者带来的不同体验，进而思考并探究不同体验背后的认知差异。这样的过程，便是真正的学习。

再看一个例子。

初中阶段，教《皇帝的新装》这类童话故事时，复述故事情节是必不可少的教学环节。教师应该如何安排学生进行此项活动呢？备课时，如果只是考虑到需要复述，却未对复述故事的方法进行精心预设，该环节便会流于形式，无法更好地服务于语文学科教学。

一位老师在备课时构思了这样一组富有挑战性的思考题：

（1）你准备怎么复述这个故事？可以从哪些角度展开呢？

（2）如果你的听众是幼儿园的小朋友，你又会如何复述这个故事？

（3）如果听众换成父亲和母亲，又该如何复述？

（4）你能不能以那个说真话的孩子的口吻，转换为第一人称复述故事？

（5）你能不能以老大臣的身份，用第一人称复述这个故事？

（6）你能不能再用皇帝的身份，用第一人称复述这个故事？

这组追问，其实构成了一个综合性的学习情境。其中既需要个人体验的介入，又需要一定的社会生活经验的支撑，还需要相关的学科知识的合理运用。正因为有了这些追问，学习者才被带入特定的学习场域之中，渴望着通过阅读、思考和探究而破解谜团，形成学习过程中的多元对话。

类似的情境设计，备课时需要时刻留心。如果说上一轮课程改革时的备课尚需重点关注同一个问题如何提问最有价值，同一个问题组织什么样的活动最有利于学生的理解和接纳，什么样的知识应该由教师集中传授，什么样的知识又该放手交给学生自主学习、合作探究……这一轮的课程改革则必须将备课的重心转移到如何创设合理有效的学习情境、如何确立基于大单元课程价值的学习任务、如何围绕学习情境设定具体的驱动型任务等问题之上。这些问题，只有认真思考了，备课才称为真正意义的备"课"，而非简单意义的准备授课知识。

有人将语文教师区分为三种类型：三流教师教知识，二流教师教能力，一流教师教思想。这种区分中，教思想的教师，当然并不是就不教知识、不教能力，而是将知识与能力蕴含在细雨无声的教育中，让学生在接受文本内容熏陶感染的同时，自然而然地掌握了相关的知识，养成了相关的能力。我想，所谓的一流教师在备课时需要付出的努力，一定远远高于所谓的三流教师。他不但要备课文中的知识，还要备知识背后的能力，备课程背后的价值取舍，更要备课文中潜藏着的那些对生命健康成长具有积极推进作用的思想和智慧。为了这样的目标，他既要考虑从各个不同的角度巧妙设计教学流程，还要考虑文本之外的诸多因素，要能将一篇简单的课文，纳入宏大的文化背景下进行教学。

三、准备教学游戏

语文教师在设计教学流程时，还需注意一个十分重要的非知识性问题——教学活动的趣味性。爱玩是人的天性。在轻松愉悦的氛围中学习，无论是对知识的获取、能力的养成还是身心的发展都有积极作用。所以，语文教师还应该多备备"怎样快乐地学"。

有游戏的课堂，总能激发出不同寻常的学习情趣。当然，每一个游戏，都不能随意而为，而应根据学生的个性特征、根据文本教学的具体要求精心准备。比如，要引导学生学习一篇以"珍爱时间"为主题的课文，备课时，就可以从办公室墙壁上嘀嗒作响的时钟上找到灵感，并进而设计出这样的一个教学流程：

（1）导语："同学们，没有上课前，我想和大家一起做个简单的游戏测验，不知大家有没有兴趣啊？"

（2）教师鼓动："不是很好玩。不过，要是你用心去投入，也会很有趣味的。"

（3）活动开始："请戴手表的同学取下套在手腕上的手表，然后把手表贴在耳朵上，闭上眼睛静下心来听手表走动发出的嘀嗒声响；请没有戴表的同学，用右手的食指中指按住自己左腕上跳动的脉搏，同样闭上眼睛静下心来感受生命的搏动。时间是5分钟。"

（4）用心感受。

（5）交流思想。

我在依照此法授课时，特别留心了学生的神情变化。开始时，有的学生脸上挂着嬉笑的表情。随着时间的延续，他们的脸色越来越凝重，似乎有无数不可言传的感悟从四面八方汇集到他们年轻的大脑中，让他们沉静深思。也许从来没有哪一个5分钟有此刻这么漫长，漫长得好似经过了一段长途跋涉。当我宣布"时间到了"的时候，我听见教室中传出一声由很多声音汇聚而成的沉重的叹息。

当我让学生谈谈刚才这5分钟内的思想活动时，学生如此说：

我起先只是要完成老师布置的任务。但当我静下心来倾听手表发出的嘀嗒声响时，我开始感受到一种生命的流动。我感觉那每一次的嘀嗒，都是一种催促，催促着我要珍惜宝贵的时光，要奋发上进……

我静静地听着手表的嘀嗒声，感觉到时光流逝是那么的无情。它不会因为我们还有许多没有做的事情就停下来等候我们，也不会因为我们勤奋了就额外地多给予我们一些。于是，我想我们不能再浪费光阴了，因为人生短暂，而应该去实现的又实在是太多太多。

我用我的手指感受着我生命的搏动。我知道，是我的热血在鼓动着我的生命。这一刻，我感受到的是生命的可贵，是健康的珍贵，我想，我一定会好好对待生活、善待生命的。因为属于我们的生命只有一次。

…………

学生的发言，超出了我备课中预设的目标，让我的灵魂也得到了一次净化。我带着掩饰不住的兴奋，打开了书本……

一次展示课，给高三学生复习字形知识。面对这最为枯燥的学习内容，我在备课时便开动了脑筋，如何才能让高三的学生在轻松愉快的氛围中复习知识呢？我依旧采用了"游戏法"。且看一段体现我的备课精神的课堂实录：

走上讲台，我说："没有讲析正式内容前，我们先做个游戏。我请两位同学上台，在黑板上听写几个字词，不知有没有胆量比较大的，敢于当着这么多听课老师的面上台的勇士？"

两位一直很活泼的女生走上了讲台。

"第一个字：hóng。"我报出了要听写的字。

"什么，什么hóng啊？"两个人一头雾水，不知该写什么。

我又重复了一遍，并不把这个字组成词语，同时催促两个学生赶快书写。结果两个人一个写的是"洪"，另一个写的是"宏"。

"第二个字：huáng。"

两个人很快都在黑板上写出了"黄"。

"第三个字：lán。"

两人又都写出了"蓝"。

"好，就这三个字。请两位同学说说你们为什么要写这么三个字啊？特别是后面两个，为什么写成了一样的形体？"我刁难两位上台的同学。

"第一个字，因为你没有报出词语，所以，我不知道该写哪个hóng，就只有随便写了一个。第二个是huáng，和第一个联系起来，就知道你是要写颜色，所以就写了黄。第三个就更简单了。"一个同学这样给我解释。

"你能给我说说这次听写的感受吗？譬如老师应该如何报听写内容，平时运用汉字时应该注意什么内容等。"我对另外一个同学提出要求。

"我感觉汉字在使用时，必须要构成词语，才能准确表达意思。单个的音是无法表达清楚字意的。这就告诉我们，运用汉字和辨析汉字时，必须要把字放到词句中去掌握才行。"

"很好，两位同学说得很好。老师立刻改正错误，下面重新报几个词语来写，你们有没有信心写正确？"我用了点激将法。

"试试吧，应该没有问题的。"

我报了四个同学的姓名出来，他们的名字分别有"烨""琛""焯""鑫"四个字。

两位听写的女生很轻松地写好了四个姓名，但一个同学把"烨"写成了"晔"。

"你为什么要写成晔呢？"我问那位女同学。

"我并不知道他用的是哪一个字，因为我不知道他姓名的含义，只是依照自己的想象，感觉应该是这个字，所以就写了。"

　　"哦，你的意思是说，姓名要写正确，就必须要搞清楚意思啊。那咱们就请这四位同学给大家讲讲自己姓名的意思吧，怎么样？"我提出建议。

　　以上案例中的"游戏"对于落实课时教学目标和激发学生的学习兴趣，都具有积极的作用。这样的环节，固然可以在课堂上临时生成，但更应该在备课时就精心预设。

　　需要注意的是，备课过程中对游戏的设置，不是无原则的哗众取宠，而是要借助最好的手段来实现自己的教学目标。这种在课堂上能够带来快乐情绪的游戏，也必须要能直接服务于课堂教学，而不仅仅是营造氛围。

　　还有诸多的教学流程，可以通过备课时的精心构建而完成。在下面的章节中，将通过课堂教学中的实践案例来具体介绍。本节文字，只对备课意识进行粗线条的梳理。

第三节

如何建构合理的教学体系

最理想的语文课程,应由教材编写者负责建构全套的学科知识体系与能力训练体系。一线语文教师只需依照该体系所确立的课程目标、学段目标、单元目标和课时目标,对教材内容进行适当的取舍,按部就班地完成语文学科教学的体系化建构任务。在实际教学情境下,没有任何一套教材的编写者能够同时将汉语知识体系与学生能力训练体系有机融合至一篇篇课文之中,形成课文以及单元的层进式结构。

退而求其次,备课时需要关注的只能是大体合理的知识体系和能力体系。或依托各单元主题以及预设的学习任务,或重构文本单元,形成新的教学体系。前者以既有的教材为主,后者以教师的个性化思考和具体学情为主。

一、优秀语文教师如何确立课程教学体系

少数业已形成相对完备的教育教学思想、拥有相对丰富的课程开发经验、掌握相对完善的教育教学技法的优秀教师,其备课时对具体教学文本的各类目标的界定,往往超越于教材的编者意义之外

而自成体系。这些极具鲜明个性特征的"别无分店"的课程目标体系中，有些目标和教材的编者意义相同或相近，有些目标则远离教材的编者意义，少数目标甚至和教材的编者意义相悖。对于此类的"离经叛道"，只要其所做的探究不偏离育人的宗旨、不违背成长的规律、不导致知识的疏漏和能力的欠缺，则任何一位语文教师都应该以宽容之心、敬畏之情对待。

稍微熟悉当下语文教学领域的语文教师都知道，活跃于全国各地公开课舞台上的那些优秀语文教师，其课堂教学的最大特色，总是体现于教学目标的精当和教学方法的精致。他们的课，总能在意想不到的地方，以缤纷摇曳的姿态，将文本中那些貌似平淡无奇的内容推到学生和听课教师的面前。他们的教学设计，有时让我们拍案叫绝，有时让我们会心微笑，有时让我们眉头紧锁，也有时让我们摇头质疑。

由于无法对具体的某一位优秀教师的个性化课程目标体系进行长时间的、全方位的探究，本节文字便只能以他们的教学案例为切入点，推想其备课时的目标确立与过程预设。下面，我以史金霞老师的《荷塘月色》教学设计为例，逆推其备课时对于教学目标和教学流程的设计与安排。

史老师用了七个课时来教《荷塘月色》。教学流程大框架如下：

第一课时。先抽取8名学生分段朗读课文，每读毕一个段落，师生共同点评。随后教师范读，要求学生注意教师语速的变化、重音的处理、停顿的安排、音调的调整和全文感情表达的变化。诵读完成后，师生探讨此文的朗读，交流阅读感触。最后，小结并布置作业。

　　第二课时。先组织交流，谈阅读的个性化。教师强调，阅读是自己的事，要读得进去，读得出来；要见仁见智（举鲁迅谈读《红楼梦》为例：道学家看见淫，才子看见缠绵，革命家看见排满）；要敢于提出自己的看法和认识，要敢于提出异见，要敢于坚持自己认为有根据的道理，要凸显自己的个性和智慧，动自己的头脑，而不依赖他人；不要迷信书本，不要迷信权威，不要迷信老师，尤其是不要意图在教师那里找到唯一的标准答案，教师的观点只代表教师个人……再人人动笔，写《荷塘月色》的阅读感受。主要分析文中"我"的感情、感情的流程，写出学生自己的认识，写出这样的感受是怎么品读出来的。最后，布置本课时的作业，要求阅读读本上朱自清的散文《温州的踪迹》和《绿》，并且比较《绿》和《荷塘月色》在语言和感情方面的异同。

　　第三课时。主要任务是集中交流上节课学生分析《荷塘月色》感情变化的小论文。因时间所限，只选10篇有代表性的文章。交流时，要求学生用自己的耳朵听，和自己的观点对照，看看哪些可以借鉴。每读到一个同学，就请那个学生站起来向大家示意一下，读完之后，师生一起略做点评。

　　第四课时。先再读《荷塘月色》，然后重点分析《荷塘月色》的语言，让学生自己主动举手或者站起来说。限定交流时间20分钟。在学生交流的过程中，教师穿针引线，把通感、比喻、反衬以及叠字等本文主要的语言特色、表现手法都分析了出来。最后5分钟，总结讨论分析的主要内容，肯定学生的见识和胆量。然后跟学生谈心，谈关于竞争和锻炼的意识问题，指出人越开放，吸纳的越多，成长就越快，越能够超越自我。

第五、第六课时。这是两节连堂课，侧重进行《荷塘月色》的拓展阅读。拓展阅读的内容，一是余光中的《论朱自清的散文》，二是朱自清的散文13篇：《背影》、《春》、《匆匆》、《温州的踪迹》之《月朦胧，鸟朦胧，帘卷海棠红》、《绿》、《白水漈》和《生命的价格——七毛钱》、《冬天》、《儿女》、《给亡妇》、《桨声灯影里的秦淮河》、《我是扬州人》、《择偶记》。阅读的目的，在于组织研究暨辩论活动——是否赞同余光中对朱自清的批判，是否喜欢朱自清的散文。教师要求：

（1）下节晨读课举行"我看朱自清散文"的小组自由讨论活动，以宿舍为分组单位，宿舍长为组长，负责组织。晨读讨论中互相问难答疑，争取每个人初步得出自己的观点，你是否赞同余光中，赞同哪些，不赞同哪些。结合你所阅读的朱自清的文章，你如何评价其散文，你喜欢哪几篇，你不喜欢哪几篇，必须结合文本得出结论。

（2）讨论结束后，下一节课举行课堂小型辩论会，交流各组讨论成果。

（3）辩论会结束后，写研究论文，每个人将自己的认识总结成文，小组交流评议，每组推荐两篇本组最优秀的论文，交给老师，全班交流。时间为一周。

第七课时。这是《荷塘月色》的辩论课，汇报讨论交流的结果，安排每个宿舍持不同观点的学生，各选派一名代表到台前来陈述本组的主要见解，每人限时3分钟，之后，再自由辩论。

史金霞老师的这一教学设计，形成于2010年前后。如果站在当下的课程标准之下审视此设计，或许更容易被认同。但在十年前，这样的安排显然过于超前。史老师将这样的教学安排，称为"创造性地理解和使用教材"。她说："教师要结合自身的综合素养以及学生的认知水平，在通盘把握教材设置的基础上，自由而不任由，自主而非自专，引进活水，勾连拓展，大胆取舍，详略有度，弱水三千，取一瓢饮。从而，让有限的教学时间，发挥最大的教学效益，让有限的教学素材，变幻无穷的教学魅力。"

在十年前的教学情境下，很少有语文教师能够接受用七个课时教《荷塘月色》的做法。倘若从教材的编者意义看，史老师的教学设计，显然有悖于《荷塘月色》这篇课文的课时学习目标和单元学习目标。而她之所以这样做，原因在于她有自己的课程教学体系。她既敢于在这个文本上投入如此多的时间，也就敢于大胆舍弃一些在她看来没有教学价值的文本。她把那些被舍弃的文本中应该落实的课程目标和课时目标，挪移到《荷塘月色》这一个文本中，使其承担起了超越教材编者意义之外的更多意义。

明白了这些，再回过头来推想史老师备课时的教学目标和教学流程的设计，便可以发现，她除了立足于分析、理解、鉴赏、探究《荷塘月色》这个文本的内容，还着眼于培养学生的主动质疑精神、比较阅读能力、思辨能力、和作者对话能力、批判性阅读能力。要达成这么多的教学目标，单文本的《荷塘月色》内在张力明显不够，必须借助大量的拓展延伸，引入课文之外的诸多教学内容。这样的拓展延伸，其实就是重构教材，也就是当下的任务群教学。此种任务群既有利于文本教学价值的最大化，也有利于学生生命成长价值的最大化。

把史老师的这个设计复制到自己的课堂中去，是否可行呢？答案很肯定，必然失败！因为史老师有自己的教学体系，这个设计是她自身教学体系中的一个环节，和其他环节相辅相成，共同构建起具有史老师自身鲜明特色的个性化语文课程。生硬地将她的教学设计移植到自己的课堂中，便打乱了自身的教学体系，造成了学科知识结构的混乱。

类似于此的个性化教学案例，在当下的诸多教学著作中并不鲜见。它能够带给绝大多数一线教师的启迪在于备课中的一种积极思维——倘若有能力，应能够根据自身的学养和学生的具体学情，创造性地使用教材，形成自己的学科教学体系；如果能力不够，也可以在尊重既有教学体系的前提下，针对某些具体课文，适当调整课时目标，以期实现文本价值的最大化。

二、建立自己的语文课程教学体系

即使是现行的部编版教材，也未能形成科学合理的教学体系。既往的各套地方教材，更是大多只建构相对完整的主题单元，极少关注课文与课文之间、单元与单元之间、学期与学期之间的语文知识的内在逻辑关联，更缺乏完整规范的写作训练体系。面对这样的教材，教师备课便成了难题。不善于思考的教师，常常不顾教材内容的变化，或是以老教案应对新课程，或是从网络上检索出一份自认为精彩的教案直接"复制"到自己的课堂。善于思考的教师，又多困惑于主题单元选文的文体杂乱和难易度失衡，无法准确确立体系化的学段教学目标、单元教学目标和课时教学目标。

该如何面对当下的教材呢？这又涉及语文学科教学中的一个长

期争论不休的问题：教教材，还是用教材教。有些课文，富含各种语文学科的教学元素，从教材中随便选择几个段落，都能在知识积累、能力养成和情感熏陶等方面给予学生足够丰富的养分；有些课文，只为了表达一种观点，其内容一览无余，极少有值得品味鉴赏的语文元素。前一种课文，值得细嚼慢咽，可以用"教教材"的方法对待之；后一种课文，则只适宜于充当引子，或用以引出更有价值的拓展性材料，或用以充当能力训练的必要载体，引导学生由此及彼地完成相应的学习任务。

能够这样有目的地区分教材内容，便有了学科教学的体系意识。此种意识的确立，将引导语文教师真正走进文本材料的内在教学价值之中。对于语文学科教学价值相对匮乏的那一类课文，语文教师必须在备课中通过反复研读文本，从语言建构与运用、思维发展与提升、审美鉴赏与创造、文化传承与理解等四个方面，尽量挖掘出该教学文本的教学价值，然后抓住其中最具教学意义的那一部分生发开去，拓展进一些可以和课文内容相互补充的、更具语文学科教学价值的新材料，形成特定的学习任务群。如此，才能建立起课堂教学的理想体系。

下面这个教学设计，是我对主题单元中的浅文本进行目标重构和体系重建的尝试。

屠格涅夫的散文诗《呱……呱……》是一个相对简单的文本，这个文本，曾经作为教材，被编入高中语文课程中。这么一个简单的文本，怎么样才能上出语文课的精髓呢？仅仅拘泥在文本中来解读文本，无法带动学生真正走进文本的意义内核，更无法实现语文教学关注学生终身发展的终极目标。

这便需要重构其教学目标，将其纳入成体系的学段目标中，重新定位该文本的教学价值。为此，我在备课时给课堂设计了"走进文本—走进生活—走进文化—走进心灵"这样四个层进式的教学模块，希望借助这一设计，舍弃该文本的语文知识积累与语文能力培养的教学价值，专一挖掘该文本在弘扬生命力量方面的主题意义。

文本是课堂的依托。无论是把课文当作引子还是例子来使用，文本意义总是决定着课堂取舍的一个关键因素。所以，我的第一模块重点解决文本中的疑难问题。

散文诗《呱……呱……》主要是说作者早年因崇拜拜伦笔下的曼弗雷德而试图自杀时，忽然传来的婴儿的啼哭声使他警醒而放弃了自杀念头的故事。这是一个典型的关注生命的话题。依照教材编者的意图，这个主题单元的教学，就是要培养起学生对生命的珍爱之情。所以，备课时，我依照这个单元目标，预设了三个思考：①文中的"我"为什么要自杀，"我"是个什么样的人？②为什么"我"听见了婴儿的哭声后，就放弃了自杀的念头，婴儿的哭声有什么特别的地方？③读了这篇课文后，你有些什么样的想法？或者，你对课文内容有什么样的疑问？

这三个问题想达到的，就是让学生通过独立思考和合作探究，不仅可以实现对文本的深刻认知，理解作者的写作动机和写作手法，更可以使学生理解生命的可贵，明了生活的美好和生活的价值，知道即使是抱定了自杀信念的人，也会因为发现了生活的美好而放弃自杀的念头。

"走进生活"模块是"走进文本"的一个必然延续。这个环节，主要是借助多媒体介绍的方式，把现实生活中一些轻易放弃生命的故事告诉学生。目的是用这些血淋淋的惨案来引起学生的警觉，唤醒学生心目中对自己和他人生命的重视。我设计了这样一个过渡句，把课堂从文本赏析迁移到拓展环节中来：

"人生就是这样，总会在某些时刻，因为某些事情而消沉失落。当我们陷落其中时，总会心灰意冷无所适从，而一旦过了这个坎儿，回首时，我们会发现，其实一切不过是生命的点缀。但遗憾的是，总有人过不了这个坎儿，他们宁愿用结束生命的方式来避开这种失落……"

接下来，我又预设了一个博士生自杀的案例，然后展示国家心理卫生组织发布的我国自杀人口的数据统计资料。在此基础上，组织学生讨论这个案例和资料中隐含的深层问题。

跟着，我将出示从李镇西老师的《爱心与教育》中摘录下来的一份中学生的遗书，让学生体验一个优秀学生决定放弃自己生命时的独特心态。然后，再把网络上对博士生自杀后表示理解和尊重的讨论帖子展示给学生看。经过这几个铺垫后，便可以抛出这节课中要重点探讨的第一个问题："面对生活的坎坷，人，有没有虚掷自己生命的权利？"

当这个问题的讨论进行到一定阶段后，再提出另一个可以激发深度思考的问题，预设过渡句为："是啊，人并没有虚掷自己生命的权利，因为我们的生命中凝聚的，并不仅仅是我们自身的情感，它还包含了其他更为复杂的情感因素于其中，有亲情，有责任，有义务，有道义，所以，任何时候，我们都无权放弃自己的生命。但也有一些人，在遭遇某些坎坷时，放弃了生的权利，却在历史上留下了光辉的一笔。对此，我们又该怎么看呢？"我设置这个思考，是为了实现课堂从"走进生活"到"走进文化"的拓展。

随后，展示晚清时期陈天华投海自杀的故事，再组织学生探究陈天华的蹈海殉国中包孕的道义和生命的冲突问题。由此引出孟子的"生，我所欲也；义，亦我所欲也。二者不可得兼，舍生而取义者也。"

然后，抛出这节课上要探究的第二个重点问题："当生与义发生冲突时，我们是否有选择生的权利？"为了让这个问题探究得更深入，可以展示小学课文《"诺曼底"号遇难记》中船长放弃自己的生命拯救乘客的故事。我要求学生思考："如果你就是那船上的一个成年男子，面对沉船灾难，你会怎么做呢？"

这个问题讨论结束后，再抛出本课的第三个重点问题："如果面对的是一种责任，我们有没有选择生的权利呢？"这个问题提出后，先展示董存瑞炸碉堡和黄继光堵枪眼这两幅油画，后展示《江苏省消防管理条例》中关于火灾发生时调集消防队员和义务消防队员参加抢险救灾的条令，让学生思考讨论面对自身的责任，人有没有权利选择生命而不去完成责任的问题。

这样，在走进生活和走进文化的教学环节中，我为学生设计出了三种和生命相关的情境：一是个人生活上的坎坷，二是道义，三是责任。我的目的不在于让学生形成固定的认知，一定要在什么情况下采用什么样的方式来对待自己的生命。我只是想让学生知道，人，即使是结束自己的生命，也是有着不同的情况的。至于在某种情况下该如何面对生命进行选择，我相信，学生会在以后的人生路上自己去把握的。

第四个模块是"走进心灵"。这个模块设置的目的，就是要让学生理解生命的宝贵，激发起学生心灵深处对生命的珍爱。由《康熙大帝》的主题歌入手，突出"真想再活五百年"中的积极进取的人生价值取向的意义，然后要求学生用"生命是一种＿＿＿＿＿，它＿＿＿＿＿。面对这生命，我＿＿＿＿＿"的形式来造句。在学生完成了造句交流后，教师重复部分学生造句的内容，强调生命是一种责任、一种道义、一种态度等观点的价值。

在课程进入收尾阶段时，展示台湾9岁孩子周大观的一首小诗。在这首诗歌中，这个因癌症而被截去一只脚的孩子发出了"我还有一只脚，我要站在地球上""我还有一只脚，我要走遍美丽的世界"的生命最强音。我让全体学生朗诵这个孩子的诗歌，用这个孩子震撼人心的诗歌，来激发学生心灵深处的生命最强音。

这个设计，初看貌似中学道德与法治课，似乎没有多少语文课的内容。然而，仔细推究后便可发现，"走进文本"中的三个思考题，侧重的是培养学生的文本信息筛选能力和口语表达能力；"走进生活"中引进的两则案例，培养的是学生比较阅读的能力和概括归纳能力；"走进文化"中的故事、名言、油画和条例，将个体生命置放在两难境地中，有利于通过具体的情境，训练学生的逻辑思维能力；"走进心灵"中对歌词和诗歌的鉴赏、对填空内容的斟酌，又从读写两方面训练了学生紧扣课文内容进行拓展式比较阅读和依照具体情境拟写得体话语的能力。凡此种种能力，又有哪一种不是语文学科应该训练和养成的呢？

依照这样的构想，我后来用一节课时间，和学生一同走进了《呱……呱……》所搭建起的"生命"主题。这节课给学生带来的精神触动，与我教另一篇同主题课文《鸟啼》时无法相比。教《鸟啼》时，我基本上遵循了文本的课时目标，始终立足于文本细读而展开。

下面的这些文字，是学生学习《呱……呱……》后写在作业本上的：

今天的课，让我深有感触，对于生命，我有了更深的理解。我们有选择生的权利，但当义与生命相冲突时，人，更应该以义为重。尽管你还是有选择生的权利，但你会被世人唾弃，受良心谴责。

雨果笔下的哈尔威船长毅然选择了死，默默地沉入了大海；孟子提倡舍生取义。这些，历来品德高尚的人都能做到。历史上大部分的名人也能做到，正是因为他们能做到，所以他们才会成为名人。

相比之下，那些只以自己的生命为重的人，虽然选择生是出于对生命的珍爱，可是他背弃了道义，会受到他人的谴责与自己良心的谴责，会寝食难安的。

我不想做这样的人，我也决不会做这样的人。

（陶磊）

今天的课让我感动，让我的心灵为之震颤。看着一个个真实的案例，我差点掉下了眼泪。今天的课不只是一节语文课，它还让我重新认识了生命。

在生与死之间，我们有权利选择生存或死亡。在此之前，我能够理解那些自杀的人，因为我也曾厌世、心情郁闷。但从今天开始，我的想法改变了。生命只有一次，我们没有权利逃避在给予我们生命的同时所给予我们的责任。当你选择纵身一跃时，你是解脱了。你去追求你所认为是完美的生命。其实不然，你的生命并不完美，因为你丢失了你的责任与义务，你将巨大的创伤丢给了你的亲人与朋友。你为何不知，只要活着，一切都有希望。

在生与义之间，我们有权利选择生，也同样可以选择舍生取义。

（周蕾）

生命的长度对于每个人来说都是有限的，生老病死乃人之常情，这是人类无法违背的自然规律。但我们可以主宰生命的宽度和深度。生命的价值由你自己来决定，你选择什么样的方式来加宽生命的宽度和加大生命的深度，都是对生命的重视。

（蔡晓玲）

生命是那样的美好，我们无权裁决它的存与失。生命，我们每个人只有一次，我们无法延长它的长度，但我们可以拓宽它的宽度，挖掘它的深度，我们应该让生命活得更精彩多姿。

一个九岁的孩子，面对只有一只脚的情况，他并没有失去生活的信心，而是以更乐观的心态面对人生。在他的诗歌中，他写道"我还有一只脚，我要站在地球上""我还有一只脚，我要走遍美丽的世界"。面对生活的灾难，我们不能退缩，不能消极。我们要鼓起勇气。如果不能正确认识，我们就确实要读读普希金的《假如生活欺骗了你》了。

（何成月）

原本以为今天的课会是一节轻松活泼的课，可事实却令我惊讶，这竟然是一节令人无限感慨、无比压抑的一节课。看着那一个个生命的黯然飘落，我的心情无比沉重，眼泪在眼眶中打转。于是，我忍不住想写首小诗，送给如今已获"自由"的他们：

随想

人，本是一张纸

——脆弱，

人生，本是一缕炊烟

——飘荡；

人，本是一堵墙

——坚硬，

人生，本是一幅画

——绚烂。

人生总是矛盾的，

人生充满了喜怒哀乐，

人生充满了悲欢离合，

不只是你，

是我们——人类。

幼草遇着狂风，

它从不低头；

白杨树身处恶境，

它依然挺立；

蜡梅遇到凛冽，

它依旧不屈不挠；

……

纸破了，

那或许是画中的独韵；

烟散了，

等风停了，还是可以汇聚；

人啊，遭受挫折，心情郁闷，

等时间久了，心定了，一样可以平静。

不要选择最愚蠢的方式，

不要做出愚蠢的事情，

生命，多么珍贵的两个字，

不要狭隘地看待世界，

不要悲观地对待人生，

更不要轻易地抛弃生命。

生命只有一次，

而你战胜困难的日子

还有很多很多；

生命只有一次，

而你装点人生的机会

还有许多……

我亲爱的朋友

不要以为抛弃了生命

就等于获得了自由。

抛弃了生命，

你就是罪犯，

你犯了伤害罪。

不仅伤害了你自己，

还有爱你的人。

朋友，我深情地呼吁：

多一些开心，少一些烦恼；

多一些快乐，少一些悲伤；

多一些乐观，少一些悲痛；

多一些沉着，少一些冲动。

善待人生吧！珍惜生命吧！

用你智慧的双眼

看待明天

相信未来！

（冷园园）

第四节

如何让学习真正发生

　　有效的语文课堂教学活动，大体可以界定为三种不同的境界：知识在场、技能在场、生命在场。在这三种境界中，知识在场主要是指教师能够通过合理的课堂教学流程，组织高效的课堂教学活动，使语文课程目标内的各知识点清晰地呈现于学生的学习过程中；技能在场是指教师在教学过程中，能够在传授知识的同时，引领学生透过知识的表象，挖掘出知识背后蕴含着的普遍规律，进而将其提炼为一种解决同类问题的指导性技能；生命在场是指教师的教学活动，能够始终关注全体学生终身发展的需要；能够将全体学生的健康发展当作一切教学行为的中心任务；能够在教学活动中，让所有的生命都因为学习本身而激发出极大的热情、散发出极大的能量；能够让所有的学习者都在学习的过程中体会到成长的快乐、前行的愉悦。

　　在这三种境界中，知识在场的课堂教学，属于授人以鱼。单从中、高考应试角度来看，其教学效果通常并不逊色于技能在场和生命在场的课堂教学，有些时候，甚至因为其目标的单一与直接，反而更能在短时间内提高考试成绩。

技能在场的课堂教学，便是授人以渔。这样的课堂，教师的着眼点始终瞄准方法的引领和技能的培养。而这样的引领与培养，并不只是教师单边的灌输，而是师生在互动中水到渠成的归纳，是一种发现中的妙悟、思考中的省察、实践中的升华。

　　生命在场的课堂教学，当然不是仅仅指向课堂教学内容对生命的敬畏与尊重，而是指向教学活动中每一个学习个体的生命都呈现出一种昂扬向上的学习风貌，每一个学习个体的情感都沉浸在师生良好互动所营造出的知识氛围中，每一个学习个体的价值都张扬在既严谨细致又思维活跃的学习情境里。

　　在现实的教学环境中，许多教师显然并不看重所有个体生命在课堂教学中呈现出的生命态势。这种不看重，首先体现在课堂教学过程中，大多数教师只满足于通过对相关教学内容的条分缕析，将教材中的知识压缩成便于识记的条条框框，学生只处于看客的位置，消极被动地等候着教师的知识灌输；其次体现在一些课堂教学虽然组织了一定量的对话活动，但这些对话很多时候并不触及学生的灵魂，且不能兼顾到所有的学生；最后体现在课堂教学中半数以上的学生缺乏积极主动的探究精神，不能主动生成有价值的追问，不会发现教材内容之外的隐语意义。

　　应该说，正是这些缺失，影响着日常教学的高效性。要想让学习真正发生，让我们的语文教学内容真正成为滋润学生心灵的重要养分，成为构建学生健康成长的重要人文养料，教师就必须在教学中唤醒所有学习者的生命意识，让所有的生命都自在地活跃于课堂中。

一、为何课堂上生命不在场

我曾经在半个月内听了教研组内一位年轻教师的两节课。

第一次听这位老师的课，讲授的是老舍先生的散文《想北平》。这课原本就不太好上，因为老舍先生在文章中凝聚的那种独特情感，是我们眼下的学生所难把握的。面对这样的文章，按理说，教师应该想方设法创造教学情境，引导学生走入文章的语言环境中，品味、领悟老舍先生独特的风格，感受文字背后隐藏着的作者的鲜活生命。也可以组织学生和作者、文章进行对话，在对话中或是鉴赏文本，或是解构文本。

然而，我们的年轻教师，因为刚刚从高三下来带高一，唯恐自己的学生不能在日常阅读活动中瞄准高考，于是乎围绕着《想北平》而设计出这样的课堂教学流程：

（1）从复习旧课导入，安排学生给生字注音，再进行文学常识填空。

（2）在进入新课后，立刻利用多媒体课件，展示鉴赏散文语言的几种方法：分析写法，抓关键词，朗读吟诵，联系背景。

（3）从课文中挑选出几个典型的句子，运用多媒体课件上展示的方法来解剖例句，印证这种鉴赏方法的实际操作效果。

（4）学生速读课文，自己从课文中挑选一个最喜欢的句子，用上述方法进行鉴赏练习。

（5）小组交流心得体会，同时选定一个句子，进一步品味鉴赏，并尝试朗诵。

（6）班级交流，组织讨论。

（7）教师简析《想北平》的选材特点，然后归纳老舍散文的语言特点。

这样的教学设计，自然不缺乏知识与技能。只是，依照这样的设计而进行的教学活动，学生和课文间永远隔着一块透明的玻璃。表面上，课文和学生能够彼此相望，似乎相互了解；实际上，情感无法共振，思想难以交流。

第二次听这位老师的课，教的是韩少功的散文《我心归去》。这篇课文被苏教版教材的编者安排在"月是故乡明"的主题单元内，是借作者客居巴黎时的所见所思，表达出对故土的思念以及对故土文化的认同之情。与《想北平》相比，这篇课文中隐藏着的情感意识更为强烈。

这位教师在引领学生解题、阅读课文、探究细节后，又一次把鉴赏散文语言的方法引入课堂中。她在带领学生研究"异乡"生活和"故乡"生活的不同感受时，先是强化了比喻的辞格，后又举了《社戏》中的一个段落来作为佐证，然后便开始了对语言的鉴赏品味。和上一次授课一样，又是从课文中拎出了几个句子，然后指导学生分别从修辞手法、关键词、表达方式等方面提炼鉴赏的答案。

这位年轻教师的课堂设计，让我想到了平日里所听过的很多语文课。教文言文，就紧扣文言实词的解释、文言虚词的用法和全文的翻译死下功夫，而绝不顾及文章华美的语言、深邃的思想、丰富的情感；教古代诗歌，则仅仅把诗歌演变成一道诗歌鉴赏试题，让学生从思想内容、意境分析、语言特色上入手，用规定的字数完成鉴赏的文字，而不去组织必不可少的反复诵读与吟咏；教记叙文，则只落实信息筛选能力的训练，而不顾作者风格与文章特色，不积累必要的语言。如此等等，又有几节课能够称得上"让学习真正发生"呢？以这样的方式方法授课，则任何文本都不再是一个完美的生命体，而仅仅是有限知识点的累积与组合。在这样的授课思想指导下，则课堂上的所有活动，都成了功利目的明确的"抓分行动"。

长期以来，外界和语文界自身，对语文教学的"少慢差费"现象一直是攻击不断，然而，这样的现象却始终无法扭转。撇开应试教育大环境带来的种种不利因素不看，单从语文教师自身来研究，不是也可以发现很多问题吗？

首先，我们的语文课堂，目标定位总是过于功利。尽管我们在备课本上可以写出立足于学科核心素养的各种教学目标，而在实际教学活动中，我们所做的，基本上都是为了试卷服务、为了学生的分数服务、为了高考服务。很少有教师能积极主动地意识到，我们的语文课是在雕琢学生的灵魂，我们是在为学生心灵的健康成长服务。

其次，我们的语文课堂，总是在扼杀美好。那么多的优秀作品，我们无法把它们的美丽呈现出来，无法让作品中鲜活的生命、优美的景致、动人的情感走入学生的心灵。我们只是让它们变成一道道试题，然后转换成一个个具体的分数。

最后，我们的语文课堂，作者、文本、教师、学生不能成为心灵相通、情感相映的知己。我们的教师和学生，几乎从没有把文本、作者和作品中的人物看成鲜活的生命，从来没有想过要和它们建立起心灵上相知相亲的关系。我们用冷漠的眼神观察着它们，研究着如何把它们变成各种各样的、刁钻古怪的试题，让它们成为我们步入大学殿堂的一个阶梯。

这三方面的不足，如同三把锋利的刀刺伤了语文。面对支离破碎的语文，我们每一个语文教师，是否应该深刻反思一下自己的教学行为呢？

二、如何让学习真正发生

让学习真正发生的语文课堂，其实并没有多少诀窍。

1. 教师成为真正的学习者

教师的学习，既指向备课中的精心钻研教材、精心创设学习情境、精心策划教学流程、精心预设面向所有学生的各类任务，也指向教师为了上好一节课而做出的各种准备，比如对学科本体性知识的储备和更新，对教育教学专业性知识的接纳和运用，对各类通识性知识的涉猎和探究。语文教师只有成为一名真正的学习者，才能将自己的生命体验有效融入教材内容中，才能设计出关注所有生命的教学情境、教学任务和教学活动，才能满足学生的多元成长需求。

2. 坚守面向全体学生、促进学生健康发展的教学观

教师在备课时的教学设计不能仅瞄准能够考取高一级学校的学生，不能将教学当成实现自身利益的工具，而是需要照顾到教室里的所有生命，想方设法让所有的生命都在自己的课堂上获得进步。

3. 创设多种学习情境，满足不同层次学生的发展需要

我们知道，没有任何一个学生天生拒绝成长、拒绝褒扬。只要教师能够在课堂上充分放权，让学生自己去发现、去思考、去总结，学生便能够在各自理解能力的基础上，发现一些原本没能发现

的问题，探究一些原本不甚明白的现象。这样，每个学生便都能够在课堂上找到自己的位置，也就能够发现自己的价值，体味自己的成长、进步。

当这些"能够"成为大多数教师课堂上的共性表现时，有多少孩子会拒绝在这样的课堂上发展自我、享受成长、享受生命的快乐呢？

教李白的诗歌《蜀道难》这篇课文时，为了能使学生最大限度地开发利用好文本资源，我没有简单地就诗解诗，而是结合《唐诗宋词选读》教材中的李白主题单元的诗歌，辅之以补充的几首诗歌，共同构成一个"走近李白"的专题。在这个专题中，先是要求学生就这些诗歌的阅读来了解李白，然后要求以此为出发点，查寻相关的书籍来丰富对李白的认识。这两个步骤完成后，再组织学生开展用诗歌和李白对话的活动。这一系列活动，完全是在学生自主学习的基础上操作进行的；和李白的对话，也没有任何约束思想的标准答案，完全是以一种平等的心态来和大诗仙进行心灵的交流。活动构建起了学生主体、文本资源和作者三者间的平等对话，对于加深认知、拓展思维起到了很好的帮助作用。

下面是学生在《蜀道难》第一段落文本资源开发实践中生成的几首诗歌：

其一：

我不知道 / 疲乏的鸟儿，可曾 / 目睹过蚕丛开国的壮观 / 我不知道 / 劳累的东风 / 攀爬过太白山后 / 那一声长长的叹息 / 诉说的是怎样的艰难 / 我只知道 / 在五丁雄壮的呐喊声中 / 那四万八千年的隔绝 / 轰然崩塌 / 英雄美女，连同一段历史 / 一起葬在了 / 冲波

逶迤的回川 / 那插在历史的缝隙间的木桩 / 把走出大山的渴望 / 搭成栈桥 / 承载了诗人的梦 / 走过 / 无须以手抚膺 / 也无须哀怨徘徊 / 只要心有翅膀 / 扪参历井又何难

其二：

我竟站在它的面前 / 如此的高耸 / 是否 / 已高出云端 / 是否 / 有星宿拱环 / 历史王君的统治 / 被它毅然隔开 / 鸟儿气吁飞过 / 人望而却步，惊叹 / 壮丁开山 / 天梯勾连 / 危峰急流 / 险在山间 / 可是 / 在山顶 / 我能与繁星做伴 / 又谓 / 不到顶峰非好汉

其三：

我轻轻来到你的身边 / 为了一个长长的誓言 / 你静静地守候在这里已有千万年 / 时光倒流 / 回放岁月 / 你似乎不顾沧海桑田 / 让荒蛮的蜀地 / 在你的怀抱里沉睡了千年 / 你似乎不肯轻易改变 / 五股涌动的热血 / 才染出了一条高险的石栈 / 你似乎不管世事多艰 / 羲和骄傲的火龙 / 在你的阻隔下黯然无颜 / 如今，你依然笑傲云端 / 流水徘徊在你脚边你却视而不见 / 或许我只有化为鸟儿 / 才可以触碰你的眉眼 / 仰望你冷峻的面庞 / 我一路攀缘 / 几经曲折，几许时间 / 最后站在你的双肩 / 我左手香醪，右手信念 / 伸手抚摩天幕的星月 / 写一点怀念

　　如果从诗人的标准衡量，这几首诗歌可能还有很多的不足。但对于中学生，能够通过课堂上的文本阅读实践，短时间内生成独到的认知并创作出这样的篇章，这也不是一件简单的事情。这些诗歌的产生，必须建立在对文本资源和作者深刻理解的基础之上，属于心灵与心灵的对话后产生的情感体验。这样的体验，促进了文本资源的开发，使得语文学习活动呈现出独具魅力的人文色彩。它培养

了学生的审美情趣，使学生形成了良好的道德评判标准，因而也就落实了人文素养的培养这一语文教学课程目标。

我认为，这样的课堂，就属于让学习真正发生的语文课堂。

第三章

必修课：
学会合理导入

在"导入"二字中，导是先锋官，入是主帅。导的价值，在于开辟一条抵达前线的最佳路径，让"入"这一主帅迅捷而有力地占领教学的主阵地。

一些名师借班授课时所进行的课前活动，算不得导入。比如钱梦龙先生让班长和科代表介绍班级学情，比如窦桂梅老师让学生高呼"我真棒，我真的真的很棒"。那些活动，目的并非指向课时教学内容，而是在于联络师生情感，为下文的有效导入服务。

真正的导入，是课的起点，是直接瞄准了课时教学目标而展开的第一个教学活动。其价值，大体可归结为如下几点：创设学习情境，激发学习兴趣，启迪学生思维，引起有效注意，奠定情感基调，呈现学习目标，实现知识衔接……归结起来看，一言以蔽之：为课堂教学蓄势。

新课导入的技法似乎很多，常见的教育学著作中，至少概括有这样十多种类型：温故知新法，解题法，比较认知法，追根溯源法，借题发挥法，讨论解难法，悬念法，实物演示法，教具演示法，谜语导入法，故事导入法，游戏导入法。网络上，更有人归纳出了二十六种不同类型的新课导入法。这些技法，目前多已被广泛运用于各学段、各学科中。

然而，方法永远是写在纸上的无生命的条款，具体运用，还要取决于千变万化的课堂实际。比如，针对语文学科的教学特点而言，实物演示法和教具演示法这两种导入技巧，就不适宜于绝大多数的课堂。要判断一种导入法是否真正有价值，清晰的目的性和明确的指向性，是最有效的两把尺子。

在现实的教育情境中，相当多的老师，将趣味性当作导入的首要法宝，这本无可非议，然而，趣有情趣与理趣之分，倘若只追求话语的幽默、故事的精彩，却忽略了哲理的深邃、知识的厚重，那么，这样的趣味性导入，一旦不能直接服务于课时教学内容，势必也就成了哗众取宠的噱头。

作为课的起点的导入，不排斥趣味性，也不排斥其他各种导入技法，但它必将用它的两把尺子来测量这些导入技法的优劣。

第一节

新课导入的基本原则

在独立的课时活动中，导入是教学流程的引领者。好的导入，能够用最短暂的时间，激活学生课堂上的有意注意，既使需要学习的内容和学生的已有知识经验联系了起来，也为新知识的学习创设了高效的学习情境，帮助学生快速把握课时学习目标。

将这独立的课时活动，纳入语文学科体系之后，导入又将承担起学习内容联络者的重任，需要借助最经济、最有效的语言，迅速建构起由巩固复习旧知识到消化吸收新知识的纽带。

此种既是引领者又是联络者的特殊身份，决定了新课导入在课堂结构中的重要价值。此种价值，正如一出精彩的电视系列剧中的每一集的开头，在想方设法抓住观众眼球的同时，又巧妙地完成了相关情节的照应与铺垫。精巧的新课导入，技法可以多种多样，效果却都指向学生的情感共振。可以说，唯有在凸显教学目标的基础上唤起了学生主动学习的欲望，新课导入才发挥出了真正的作用。

在各种各样的媒介中，有关新课导入技法的探究性文字不胜枚举。倘若有兴趣一一研究，便会发现，总有一些方法，貌似能够激发学习兴趣，把学生的注意力快速收拢到课堂中来，实则徒有

"导"之形式，却无"入"之成效。"精彩"的背后，存在着严重的目标缺位。

如何判断一则导入设计的使用价值呢？下述四项基本原则可以作为试金石。

一、指向性原则

无论采用何种技法导入新课，其导入语的设计，都必须直接指向课时学习目标，让学生明白将要开始的学习任务是什么。也就是说，教师在新课伊始时安排的这一处对话或活动，目的不只在于唤起学生的好奇心与注意力，还在于帮助学生了解将要学习的内容，为更好开展其他教学活动营造必要的学习氛围。新课导入活动中的这一根本要求，可以看作一切导入活动的基础。其他类别的导入原则，都以此为出发点。语文教师一旦缺乏这样的意识，其设计的导入活动，便往往因指向不明而丧失意义。

下面这个课堂实录片段，就存在这样的毛病。

师：在晴朗的夜晚，人们喜欢在院子里乘凉，月光皎洁，星光淡淡，凉风习习，确实沁人心脾。仰望星空，我们会想到什么？

生：天上有很多星座。

师：哦，你知道有哪些星座吗？

生：有天蝎座、射手座、仙女座……

师：你们还会想到什么？

生：观看夜空可以预知天气变化。例如，"月晕而雨"……

师：难道你们就没有想到什么神话传说吗？

生：牛郎织女的故事。

师：那你能不能跟大家讲讲这个故事呢？

生：传说古代有一个人叫董永……

根据教师的这几个提问，你能知道他将要带领学生学习的是哪篇课文吗？这样"跟着感觉走"的信口而问，对于本课时的学习内容的提炼、学生学习积极性的调动、有效教学情境的创设，都没有价值。

类似于此的，缺乏鲜明的目标指向的伪导入，其实大量存在于现实教学中。比如，同是教《我有一个梦想》这篇课文，一位老师以"我的梦想"口头作文的形式为导入，另一位老师以"伟大的人物都有梦想"简短演说的形式为导入。这两则导入和《我有一个梦想》这篇课文并无直接关联，学生以及其他伟大人物的梦想再丰富，也对达成本课时的学习目标起不了直接的影响。

二、趣味性原则

语文教学活动中，"好玩"是一种值得追求的教学境界。语文学科的"好玩"，究其本性而言，就是要借助趣味性的外壳，传递富含思想性、情感性与探究价值的知识。

以此"好玩"的教学观指导新课导入活动，要求语文教师在进行导入设计时，要在符合指向性原则的基础上，巧妙运用各种激趣手段，快速调动学生的学习注意力，使其思维在最短时间内，聚合到学习目标中。富有趣味性的导入能引导学生发现问题，激发学生解决问题的强烈愿望，能创造愉快的学习情境，促使学生自主进入探求知识的境界。

能够激趣的方式当然很多，猜谜语、讲故事、说笑话、对对联、创设悬念等形式，只要运用得当，便都能达到预期的活动目标。

比如，讲授汉语知识中的语言运用内容时，为了分析好什么叫作语言得体，我设置了这么个探究式的导语：

昨天晚上看了一部关于战争题材的电影，发现里面的首长们很喜欢叫自己的警卫员为"小鬼"。"小鬼"不是骂人的称呼吗，首长为什么要这么叫警卫员啊？如果这样叫是可以的，那么，警卫员能不能叫首长"老鬼"呢？

此种导入，其实就是在创设特定的学习情境。由此情境而生成的任务，有利于激活学生的学习思维，促使其调动既往的知识储备，解决当下学习中的问题。面对该情境和任务，学生的讨论十分热烈。有的认为两种称谓都很好，体现了一种亲切；有的认为两种称谓都不好，都是对人的一种不尊重；也有的认为首长称呼警卫员可以，因为"小鬼"的"鬼"是褒义，意思是"机灵""灵活"，而"老鬼"则是骂人的话，不能使用。借助于这个导入，课堂学习的重点知识得到了突出强化。讨论中，大家的意见也逐渐趋向共识。这样的探究式导语既活跃了课堂，又学习了知识。

再如，教学对联知识时，我把学生的姓名编成对联，让学生来对句。譬如班级内有这样三个学生：王欢、殷书缘、徐畅。我就把这三个人的名字编成了一个上联"王欢徐畅因（殷）书缘"，然后要求学生再从班级内或者文学作品中找相应的人物来对出下联。在学生完成对联后，我再要求对出下联的学生谈他撰写下联时的注意事项，由此而引出对联的相关知识。

运用趣味性原则设计新课导入活动时，当然不能舍本逐末，只抓住了"好玩"却弱化了学习目标。也不能喧宾夺主，明明新课导入早已结束，教学内容已进入下一环节，学生却依旧沉浸在导入活动的游戏中不能自拔。正如苏联著名教育学家巴班斯基所说："一堂课之所以必须有趣味性，并非为了引起笑声或耗费精力，趣味性应该使课堂上掌握所学材料的认识活动积极化。"

下面这则《斑羚飞渡》的新课导入活动，就存在着喧宾夺主的缺陷：

师：同学们，也许你们曾听过一个发生在西藏地区的故事。一天清晨，一位老猎人从帐篷里出来，正准备喝一碗酥油茶时，突然看见不远处的草坡上站着一只肥肥壮壮的藏羚羊，他眼睛一亮，转身回到帐篷拿来权子枪，举枪瞄了起来。奇怪的是，那只藏羚羊并没有逃走，而是用乞求的眼神望着他，然后冲着他前行两步，两条前腿一弯"扑通"一声跪了下来，两行长泪也从它的眼里流了出来。老猎人虽然吃了一惊，但他并没有被藏羚羊的行为所打动，枪声响起，那只藏羚羊应声倒地，倒地后它仍是跪卧的姿势，脸上的两行泪迹也清晰地留着。老猎人的手颤抖了，当老猎人怀着忐忑不安的心情打开藏羚羊的腹腔时，一切都真相大白了，原来在藏羚羊的肚子里静静地卧着一只小羚羊，它已经成型。显然，藏羚羊之所以弯下笨重的身子向猎人下跪，是在乞求猎人保全自己孩子的一条性命啊！同学们，动物亦是生命，动物亦有情感，这只将母爱浓缩于深深一跪的藏羚羊，难道不值得我们深思吗？今天，我们要学习的这篇文章《斑羚飞渡》将又一次震撼我们的心灵。下面就让我们一起走进故事，去感受那悲壮而感人的场面吧。

这个无法考证其真实性的故事，的确能够给学生的心灵带来巨大的震动。然而，恰恰是因为这样的震动，才致使这个导入丧失了应有的"入"的价值。因为，《斑羚飞渡》的主题意义和文本课程价值，都不同于这则故事。以该故事导入新课，则教师完成了导入活动，开始进入新的教学环节后，学生的思维多数还会停留在这个故事的情节与情感之中，势必会影响到下一环节的学习。

三、集中性原则

1. 主题鲜明、目标单一、内容集中

这里是指导入活动必须紧密围绕一个切入点而展开，不能像古典章回体小说那样，花开数朵，各表一枝。

要落实此项原则，就要求语文教师在设计新课的导入内容时，必须紧扣师生双方共同关切的问题展开。作为一节课的起点，师生共同关切的问题自然是本课时的主要教学内容。有效的导入活动，就应该包含对这一主要教学内容的直接或间接提示。

下面这则导入，在构建课堂师生共同关切的问题时处理得很成功：

上课之前有个同学问我，课本把《氓》放在第一课，到底想让我们学习哪些知识呢？难道就是让我们知道在两千五百多年前曾经发生过这么一次悲惨的爱情悲剧吗？这个问题还真把我难住了。哪个同学能替我给这个同学做一下解答呢？

老师的这段导语，除了开宗明义提出本课时的学习内容外，还用疑问的方式，提出了关于本课时学习目标的思考，这样，起点处就把师生双方的关注点锁定在了学习目标的定位上，围绕这一问题将要展开的各种课堂活动，也就有了依托。

2. 传递信息的准确性

用作导入的语言，应该能够承担转述和通知的任务。也就是说，必须要将有效的学习信息传递给学生。这种转述和通知，无论采用何种方式展开，简明、连贯、得体，都是必须遵循的表达要求。

最常见的转述和通知法，莫过于一句承上启下的话："上节课我们学习了……这节课，我们重点研究……"从师生共同关切的角度看，这样的导入虽简单，却符合导入规则。

这样的导入，同样符合规则——

一轮落日，点燃了大漠的雄伟壮阔；一湖幽泉，涤亮了梭罗的个性人生；一管洞箫，吹奏出流传千古的文学杰作；一声狼嚎，勾连起永恒的生命思考。那么，一声鸟啼呢？一声鸟啼，能够激发出什么样的人生思索？今天，咱们共同欣赏劳伦斯的散文《鸟啼》。

导语的前几个句子，是对《鸟啼》所属单元前四篇课文《西地平线上》《神的一滴》《赤壁赋》《像山那样思考》相关内容的高度概括，也暗示了今天要学内容的主要意义。后几个句子，则直接点明今天将要学习的课文，同时提出了学习的主要目标。

一位老师在教鲁迅先生的《灯下漫笔》时，采用了这样的导入：

也许是因为女生多，也许是因为食堂的服务不够好，我们班吃零食代替吃饭的现象特别严重。而在我劝阻的时候，有一个同学对我说："吃零食虽然有若干弊端，也有许多好处，一是……二是……三是……"

这个导入，显然违背了集中性原则。其导入的内容，与将要学习的《灯下漫笔》无法集中到一个共同关切的问题上，且很容易将学生的注意力牵引到零食问题中去。虽然教师试图借助该情境训练学生从生活中发现问题，形成观点，进行分析论证的能力，但这样的情境并不能够和即将学习的《灯下漫笔》建立合理的关联，因而就是一则无意义的导入。

3. 教师对学生学习需要的集中性关注

新课的导入必须建立在倾听的基础上，而这里所说的倾听，并非教师言说学生洗耳恭听，而应该是教师倾听学生的学习需要，并根据此时此地的实有学情提供能够满足学生倾听要求的内容。

比如，下午第一节课时，相当多的学生萎靡不振。此时授课，应该如何导入呢？很多老师认为采用说笑话、猜谜语、唱歌等方法来激活课堂，就是一种很好的导入。这自然是混淆了课前活动与新课导入两个不同概念。

下面这一案例，表面看来像是课前活动，实际上则是一个很好的导入技法：

师：同学们愿意听电影故事吗？

生：愿意！

师：不过，这不是一个欢乐的故事，而是一个凄楚悲凉的故事。听着，心情会很沉重。

我还给大家提个要求。因为是电影故事，请大家边听边在脑海中把这个故事幻化成电影画面。我相信大家都是杰出的"电影摄影师"，一定能够把场景画面在大脑中构想得生动、逼真，而且每个人都确实有身临其境之感。能做到吗？

这则导语的精巧，在于起始处即用"电影故事"这一概念把学生的注意力集中到了老师的话题上。同时，它又符合中学生喜欢电影故事的实有学情。

四、效益性原则

上课犹如写文章，起承转合处，每一个环节都强调紧凑连贯。写文章的败笔之一，是入题过慢。要么是一堆毫无意义的抒情议论，要么是与题无关的闲言碎语。云山雾罩中，看起来五彩缤纷，实则纯属多余。导入同样如此，快速入题是前提，简洁明了是基础，高效低耗是关键。这便是新课导入所倡导的效益性原则。

贯彻效益性原则的最好方法，是直奔主题的开场白。

比如，教屠格涅夫的散文诗《呱……呱……》这篇课文时，我就直接从文体和主要内容入手切入新课。

师：今天我们要学习的这篇作品，从体裁上看，属于散文诗。什么是散文诗，它有什么特点？

生：散文诗就是介于诗歌和散文中间的一种文体，它是用散文的形式、诗歌的语言来表现主题的。

师：哦？你怎么对散文诗的特点这么熟悉，平时也写散文诗吗？

生：初中时学习过高尔基的散文诗《海燕》。老师讲过的。

师：很好，善于将旧知识和新课文联系起来，这就是好的学习方法。再思考一个问题，《呱……呱……》这首散文诗主要讲述了一个什么样的故事？

生：讲述了作者在一个晚上想自杀，后来听到了婴儿的哭声，就不自杀了的故事。

师：一个人想自杀，听见了一个婴儿的哭声，就不自杀了。这个想自杀的"我"是一个什么样的人，为什么会有自杀的念头？

生：从课文看，"我"是一个十分孤独的人。文章第一段中写道"我非常年轻，自尊心颇强，又十分孤独"。还有，"我的生活很艰苦，很不愉快""意志消沉，经常发脾气""世上的一切我都觉得毫无价值"。因为这些原因，所以"我"想自杀。

师：就这些原因吗，还有没有了？哪位同学帮助补充一下？

这样的导入，不枝不蔓，虽缺乏趣味性，却符合指向性原则、集中性原则和效益性原则，可用作一般性阅读鉴赏课的起始。

立足于趣味性原则的新课导入，同样可以满足指向性原则、集中性原则和效益性原则。比如下面这则《春江花月夜》的导入活动：

课前播放乐曲《春江花月夜》，利用音乐的力量，营造授课所需要的氛围。

因为是下午第一节课，学生很疲乏，精神状态不好。于是，上课铃声响了以后，我先组织学生进行"入静"活动。

师：今天，我们将共同走进一首不朽的唐诗。学习这首诗歌，需要有一种很特别的学习氛围。下面，请同学们跟我一起做，来，双手上举，想象着你的头顶上，此刻就是一轮硕大的明月。现在，你双手捧住它，对，用双手捧住，让这月儿慢慢地融化进你的手心里，然后，经过你的头顶，进入大脑，再一点点向下，经过你的心脏，融入你的血液。继续向下，慢慢地，慢慢地，再让这皎洁的、清亮的月，沉入你的丹田……

此刻，教室里一片寂静，师生（连听课教师）一同沉浸其中。

片刻后，我看见很多学生长舒了一口气。我知道，我需要的效果差不多已经出来了。于是开始上课。

《春江花月夜》音乐再起，很低的声音，如同天籁。在音乐的陪伴下，我开始用抒情的话语导入今天的教学内容。

师：这是一种朦胧的美，如梦如幻，悲凉而又轻盈；这是一种纯粹的美，超于象外，宁静而又清纯；这是一种跨越时空的穿透和打动，一切世俗的丑陋和鄙俗，都在诗意的光泽里消融；这是一场无声的细雨，慢慢浸润着人世间的每一个角落，然后任情感汇集成河流，千年不息，一直流到宇宙的那一端……这就是《春江花月夜》，这就是一千年来给了无数人心灵滋养的、大爱与大美的《春江花月夜》。

有人说，夜深人静时读《春江花月夜》，便感觉尘世的喧嚣、工作的劳累远我而去，一种宁静，一种温馨，恰似柔柔的春水浸润着我的心田。江畔柳丝在夜风的吹拂下婆娑起舞，花草在微风的抚摸下含笑点头，木桨打碎了江中渔船的倒影，水波托着那荡漾的轻舟……今天，就让我们也一起融进这片神奇的境界，去共同感受这份优雅与华美吧。请大家打开书本，用自己的心，去静静品读这首传唱千古的经典诗歌。注意，用心品读，不要发出声音。

有的老师反对这样的抒情导入，认为此种导入技法，以教师的一元思维取代了学生的多元思维。这其实是一种误读。因为，教师在这个导入中安排的活动和诵读的话语，都只是渲染一种诗情画意，并未强行灌输什么结论。当然，如果硬要说结论的话，《春江花月夜》的朦胧、纯粹的美，的确是一种结论。只是，这样的结论，本就是最基本的审美感觉，所有的鉴赏者都能够在诵读中正常获得。教师把它说出来，也算不上硬性灌输。

讲究效益性原则的新课导入，在环节用时上，应该控制在2～5分钟之内；在内容设计上，应该确保教学内容符合学生的认知水平和接受能力。落实了这两点，导入的效益也就得到了保证。

第二节

必须理顺四种关系

　　语文教师的性格、情感喜好、学养等多方面的个性差异，决定了其实际授课时能够选择的新课导入技法必然极具个性特征。这些差异，在和具体的学情、具体的教学情境相逢时，又必然会顺应学情与情境的变化而灵活改变。如此，也就决定了任何一篇课文的导入活动，从本质上看，都应该独一无二，都属于教师的个性差异、学情差异、教学情境差异综合作用的产物。

　　这三种差异中，教师的个性差异，在一定时间内往往相对稳定；学情与教学情境的差异，则处于永不停歇的变化之中。新课导入活动的组织，倘若采用"以不变应万变"的章法，不顾及学情和教学情境的变数，只依照教师自身的特点而展开，往往难以收获应有的成效。

　　事实上，很多语文教师在设计新课导入方案时，大多只是以自身的性格、情感喜好、学养等因素为依托，很少会更深入、更全面地考虑实际授课时学生可能会出现的各种学习情况。比如，此节课的上一节是不是体育课？学生的整体情绪是否压抑？本节课后是否有文体活动？班主任有没有刚开过整顿班级纪律的班会课？⋯⋯这样的思考一旦不到位，教师预设的导入活动，就可能因为学情和教学情境的变化而无法实现预期的目标。

当我们把这种来自具体学情和具体教学情境的变量性问题纳入新课导入环节中思考探究时，就可以发现，新课导入中的四项基本原则，其内在的操作性元素也必然是一种变量。例如，在指向性原则中，学情和教学情境发生了变化，其指向的目标虽不改变，达成目标的手段却必然跟着发生变化。唯有同步变化，才能保持指向与行动的高度一致。

以此种变化发展的视角观察新课导入活动时，就可以发现，新课导入除了需要遵循四项基本原则外，还必须灵活处理好活动过程中的各种关系。这些关系，围绕着新课导入活动这一核心，大体上也可以归结为四大类型。

一、教师性格、情感喜好、学养与课文内容取舍的关系

在前面的章节中，围绕着课文内容取舍标准的问题，曾从课程目标、学段目标、单元目标、课时目标等视角展开探究。能够形成共识的是，在成体系的语文教材中，教学任何一篇课文，都不可能穷尽其所有的知识内涵，更无法穷尽其文本材料中隐藏着的精神与情感。即使是缺乏必要知识体系的教材，也无法将课文的所有内在价值都在课堂中体现出来。教师必须尽可能依照多种学习目标，对教材内容进行灵活的取舍，努力建立起符合学生身心发展需要的学科教学体系。

依照此种观点，推知新课导入环节中教师性格、情感喜好、学养与课文内容取舍的关系，便可发现，课文内容的取舍，从本质

上说，不应该受教师性格、情感喜好、学养的影响。因为，决定学生对课文内容接受与理解的核心并不是教师，而是学生自身的成长需要。

事实上，这只是一种理想化的教学存在形式。在现实的教学环境中，至少半数以上的语文教师，都是依照自身的性格、情感喜好、学养来确立课堂教学的各项活动的。这其中，自然也就包括了授课之初的新课导入活动。

为了验证我的观点，我将以上一轮课程改革中使用范围最广泛的人教版教材为蓝本，从网络上选择课文《祝福》的三则导入活动，解析其中的差别。

示例1：

师：我们今天开始学《祝福》。我先问一问，哪些同学课前已经把课文完整地读过一遍了？请举手。

少数同学举起了手。

师：还不到一半。不过不要紧的，因为考虑到同学们课业负担比较重，我们把预习也放在课内。现在就请同学们把课文认认真真地默读一遍，已经读了一遍的同学再读一遍。在读的时候，要用脑子，一边读一边想。把让你若有所思，或者让你怦然心动的地方，或者产生了联想的地方在书上做个记号，也可以把不懂的问题记下来，遇到不认识的字查一下，把音注上，总之读了以后书上要有读过的痕迹。读的过程就是自己感悟和发现问题的过程。我打算用三节课的时间和同学们一起来研讨这篇课文。好，现在你们自己读吧！老师在这儿没有做任何提示，也没有设置任何问题，先让你们自己去发现，自己去感受。读完以后我们再互相交流，可以就全篇谈总的印象，也可以从某一个细节出发谈自己的体会，也可以提出问题让大家讨论。我希望我们班每一个同学都能发言。

示例2：

师：上周五我们只留了一项作业——预习《祝福》，大家都预习了吗？

生：预习了。

师：现在拿出纸和笔，我们来听写几个字词。按惯例，科代表和学习委员到前面来，在黑板上听写。

少不更事 沸反盈天 讪讪 歆享 牲醴

（请学生订正并解释词义。）

师：我们只听写了5个词语，全部听写对的同学不到四分之一，知道词义的同学更少，老师没想到会是这样。看来，过了一个假期，同学们把上学期老师的要求都给忘了。在大家进校的第一节课上，老师就给大家强调"字词学习是语文学习的基础，任何时候都不能忽视"。记住今天的教训，今后预习每一篇课文都要先把自己不认识的字词弄明白，并记住它。

这篇小说讲了怎样一个故事？

生：小说讲了祥林嫂不幸的遭遇。

师：能说得具体一些吗？祥林嫂遭遇了哪些不幸？按时间顺序说。

示例3：

师：昨天接到报案，鲁镇街头有一个老妇倒毙在雪地里（放《祝福》中祥林嫂倒毙街头的片段），我们马上来到了事发现场。现场勘察，发现老妇满头白发，脸庞瘦削，黄中带黑，她的身旁有一只竹篮，内中有一只破碗，空的；一支比她还长的竹竿，下端开裂了。在座的各位都是鲁镇人，你们都在家里忙着祝福，祈求来年的幸福，而她为什么死在雪地里？她是谁？哪里人氏？因何到此？又是如何落魄到这等地步？谁最后见到她？现在由负责本案材料搜集的小组开始调查，希望大家配合。

　　姑且不论这三则新课导入的优劣，单看导入活动的内容设计，可发现前两位教师注重对学生的学习习惯和学习方法的培养，后一位教师则试图创设一个独特的学习情境，将学生带入文本内容的学习与探究之中。而前两位教师在具体的细节安排上又有差异，第一位教师的目标更明确，方法更具体。第二位就相对大而化之。三位教师导入活动的差异，体现的正是教师自身性格、情感喜好、学养的差异。

　　用新课导入中的四项基本原则来检测这三个导入活动，也可以发现，第一则设计最能体现指向性、趣味性、集中性、效益性原则。需要特别提醒的是，第三则设计貌似体现了2017年的新课改精神，创设了学习情境，明确了驱动型任务，但这样的情境脱离高中生的身心发展特征，把高中生当作小学低年级的孩子看待了。

　　再从课文内容取舍的角度看，第一则设计明确规定了本课时的学习要点，目标明晰；第二则设计不能引领整节课的活动，目标不够明确；第三则设计其实是以梳理课文情节为主体，也未能真正体现单元学习目标和课时学习目标。

　　通过这样的比较，第一个结论便可形成：教师性格、情感喜好、学养必须服务于课文内容的取舍。

二、教师性格、情感喜好、学养与具体学情的关系

在分类教学模式中，同一位教师教两个不同类别的班级，可否采用完全相同的导入设计呢？

相信很多一线教师都有这样的教学体验：同样的活动，在某个班级里开展时，一切都顺风顺水。换到另一个班级，便难以达到同样的效果。形成差异的原因很简单，教师和教学设计都没有改变，学情却变化了。

比如，我目前正在教的两个高三班级中，三（2）班是理科实验班，全校公认的气氛最活跃的班级；三（9）班是理科普通班，很少引起别人关注的班级。在这样的两个班级授课，每一节课的导入活动，都必须体现出一定的差异性。三（2）班过于活跃，不宜采用趣味性强的导入，便以思考性、探究性的导入活动为主；三（9）班相对沉闷，学生的整体学习状况也不尽如人意，便尽量引入一些富有趣味的导入活动，激活学生的学习兴趣。

一般情况下，在学生学习基础较弱、学习气氛较为沉闷的班级授课，导入活动应尽量突出趣味性，并在趣味活动中，尽量把课时学习目标明确地告知学生。同时，还要适量教给必要的学习技法。就如上文中的第一则导入活动那样。而在学生接受力强、思维活跃、自主学习能力突出的班级授课，导入活动就应该尽可能简约化、哲思化，要么直接进入学习内容，要么设计出能够激活思维的真问题，并以此带动起课时内容的学习。千万不要如上文的第三则导入活动那样犯低幼化的错误。

下面这段课堂实录节选，是数年前我在一个理科普通班上

教《我为什么而活着》（苏教版高中教材）视频录像课时的导入活动。

师：今天，我们共同学习罗素的思想随笔《我为什么而活着》（板书课题），请大家思考一下，就这么简简单单的几个字，如果我们朗读它，该如何读？现在，需要你强调"活着"的主体，你怎么读？

生杂读。提名一生朗读。该生将朗读重音放到了"为什么"三个字上。

师提问生2：你觉得她将主体强调出来了吗？

生2：应该没有。

师：你再读一遍试试？

生2朗读，重音放在了"我"上。

师范读：很好，要强调"我"。

师：如果我们强调活着的目的，该怎样读？

生3朗读，突出"为什么"。

师：如果强调内容，又该怎样读？

生4朗读，突出"活着"。

师：如果突出一种疑问，怎么读？

生5朗读，师简单评价。

师：如果表达一种设问，怎么读？

生6朗读，师简单评价。

师：如果表达一种反问，又该怎样读？

生7朗读。

师：你这样读的言外之意是什么？

114

众生笑。

师：言外之意似乎是活得没有价值了，是吗？如果要表达一种苦闷的心情呢？

生8沉默。

师：你表达不出一种苦闷的心情？看来你很乐观。

众生笑。

师：你能表达出一种苦闷的心情吗？

生9朗读，众生笑。

师：这样读的言外之意是什么？

生9：活着没意思。

师：如果想要表达一种深刻的思考呢？又该怎样读？

生10朗读。

师：你这样读的言外之意又是什么？

生10：我活着到底是为了什么？它体现了一种生命的思考。

师：如果你正处于一种艰难之中，想要表达出一种人生的困顿呢？

生11朗读。

师：你想表达的是？

生11：一种内心的困惑。

师：如果你经历了一番人生的风风雨雨而豁然开朗，突然明白了人生的目的，你该怎么读？

生12朗读，教师简单点评。

…………

这个导入活动的设计意图，是借助多种读法，探究题目的丰富内涵。不断变化方式去读，通过语气、语调的变化，帮助学生理解题目的意义，并进而明确本课时的学习内容。从后来的视频实效看，效果差强人意。不足之处在于几个学生未能准确把握我的诵读要求，体现不出我想要获得的诵读效果。

后来，我还是用这样的设计，在一个文科实验班重复演绎了一次，效果比这个实录片段好了很多。因为在文科实验班中，女生占据大多数，读的书多，理解力又强，导入设计的效果也就能很好地发挥出来。

事实上，我原本准备在文科实验班进行这个视频录像。这个导入设计，就是为文科实验班量身定做的。只是因为负责录像的电教老师后一节课需要上课，只能提前至这个理科普通班来上课，而我又未能及时调整导入活动。

由此，第二个结论可以归结为：教师性格、情感喜好、学养必须服务于具体学情。

三、教师性格、情感喜好、学养与具体学习质态的关系

在现实的教学活动中，我们时常可以发现这样的怪现象：一个班级在某个时间段内，学习状况特别好；在某个时间段内，学习状况又比较差。最常见的情形是，考试成绩出来后的三五天整体氛围最好，半个月后状态转差，直至又一次考试到来。

另一种变化是，同样的学生，同一天内，在某些课上的学习状况良好，在某些课上的学习状况较差。形成此种变化的因素，也可以区分为外因和内因两方面。从外因看，是上一节课的影响、教师的影响和其他突发性事件的影响等。从内因看，则是学生对教师性

格、情感喜好、学养的认同度的影响。在一个班集体内，大多数学生对某位教师的性格、情感喜好、学养普遍认同，在这位教师的课堂上表现出的学习质态便好。反之，对某位教师不认同，甚至随时担心着会被这位教师惩罚，则学习质态便差。

将这些因素带入新课导入活动的设计中，又可以发现，具体教学情境很多时候是由师生双方共同创造出来的。即使学生的整体情绪并不高涨，有能力的教师还是可以通过适当的课前活动和精彩的导入活动，在短时间内激活学生的学习兴趣，使课堂达到希望拥有的温度、宽度和高度。

因此，第三个结论便相对复杂：教师性格、情感喜好、学养既应该服务于具体学习质态，又对具体学习质态形成了巨大影响。

四、学生的情感诉求与课时目标达成的关系

四种关系中，这一组关系至关重要。它是决定一切教学活动的终极目标是否达成的关键，也是检测上述三种关系有无具体效用的凭据。

我们知道，语文学科的课程目标，最终必然指向学生的终身发展需要，即"立德树人"。语文学习的一切活动，也都需要服务于学生的健康成长需求。具体到新课导入设计，无论教师的性格、情感喜好、学养如何，也无论采用何种技法，都必须以满足学生的健康情感诉求为根本。而这健康情感诉求的实现，则又必须以知识的获取、技能的培养、情感品质的养成为核心。这就要求语文教师的新课导入设计，必须把学生的情感诉求和语文学科的教学目标结合起来，让二者在语文这个结合点上形成共振，如此，语文课才能成

为学生生命的滋养品，语文教学才有价值。

在日常教学中，依照学生的情感诉求和课时目标达成这两个着眼点而精心创设新课导入活动，具有一定的难度；促使二者形成有效共振，难度系数更大。在此二者关系中，教师必然充当起桥梁的作用。这个桥梁的建筑材料，当然还是教师的性格、情感喜好和学养。教师的性格、情感喜好和学养，既要服务于学生的情感诉求，又要服务于课时目标的达成，不能顾此失彼，也不能一头轻一头重。

第四个结论是：教师应该成为学生的情感诉求与课时目标达成间和谐共存的桥梁。

第三节

知识、技能与情感

新课导入的价值，在于为课堂教学蓄势。也就是说，语文教师无论采用何种方式创设新课导入活动，也无论这导入是精心预设还是临时生成，其最终价值，都只能用是否有利于为课堂教学蓄势来衡量。

课堂教学需要积蓄的"势"，依照教学的实际需要，可以归结为知识、技能和情感三种类型。新课导入，最终也指向知识、技能与情感。新课导入的指向性原则中强调的课时学习目标，分解之后也必然呈现为知识、技能与情感三种类别。基于此认知，则一切导入设计，无论具体技法有多少种类型，最终的结果只能是导入知识、导入技能、导入情感三大种类。

请看下面三则导入示例——

示例1：

师：今天我们来学习《宝玉挨打》。这篇课文节选自古典章回小说《红楼梦》，请问什么叫章回小说？

生：（纷纷搬出词典查找）章回小说就是把全书分成若干回，每回有标题，概括全回的故事内容。

师：善于借助工具书，很好。请大家务必注意，阅读章回小说有一个关键，那就是一定要认真研读每一章回的回目，这些回目往往是本章的要点所在。那么《宝玉挨打》这一节在《红楼梦》原文中的回目是什么呢？有谁阅读原著时注意到了这一点？有谁能够在黑板上为大家写出来？

（不少学生顿时沉默。看来，有些学生大概未看原著，有些学生看原著时可能对回目未加注意。忽然，有一位学生举手——）

生1：老师，我记不全，可以只写一部分吗？

师：可以。

（学生上讲台板书：手足动唇舌，不肖种种……）

师：已经很不错了。虽然没有记完整，但是基本上抓住了关键词。老师在布置阅读原著的任务之前，之所以没有事先提醒大家注意回目，其实就是想看看大家有没有阅读标题的意识。同时，也是想给大家留下较为深刻的印象。现在大家记住了吗？今后读书，一定要关注文章的——

生（齐）：标题。

（节选自邓彤老师《宝玉挨打》课堂实录）

示例2：

师：今天，我们一起来看川端康成的一篇非常短的小小说吧。题目叫作《父母的心》。那么，我就直接请同学来回答吧。按照顺序，来，最那边的那位同学。

（学生起立。）

师：看到这个标题，其实你马上就可以推断出，它中间还隐藏着一半。

120

（学生迟疑。）

师：题目是《父母的心》，那另外一半呢？

生1：还有一半是孩子。

师：非常好，请坐。这是一个关于父母和孩子的故事，对吗？好，那么，后面那位同学，早上你看了一下这个故事，是怎么一回事情啊？

（学生起立。）

师：这里，你用一句话来说一下这个故事的情节，好吗？

生2：一个富人在甲板上看到一个贫穷的家庭，穷人有那些孩子，他自己没有……

（众学生笑。）

师：一句话就够了，这是一个关于父母……

生2：一对贫穷的父母，舍不得他们的孩子。

师：噢，请坐。你可能要说，贫穷的父母不得不把小孩子送走，但是又觉得非常难受而舍不得，是吧？来，后面那位男生，送来送去，大概送了几次啊？

生3：好像是三次左右。

师：三次左右？

（哄堂大笑。）

师：到底几次啊？

生3：我没有看过。

师：没有好好看，请坐。差不多就是三次的样子。那么，具体的情况是什么样的，送的情况好像还有点复杂，来来去去的，每次送的人不一样，理由又不一样，结局也不一样。那么，接下来我们先来听一下录音，把这篇课文梳理一下。

大家在听的时候思考：什么时候送的？送的到底是谁？送出去，要回来，这中间的理由到底是什么？这里有张表格很清楚，你们看一看，一边听，一边再拿支笔在上面做下记号，好不好？注意要点：时间，决定，理由。

（节选自郭初阳老师《父母的心》课堂实录）

示例3：

师：在你们的记忆当中，小时候做过哪些有意思的事？

生1：我小时候做过一件很傻的事，把酱油当中药喝。

师：味道怎样？

生1：味道不是很好！

师：感觉咸咸的，是吗？哈，把酱油当中药喝，有意思！

生2：我小时候把玩具当作种子一样种到土里去，希望它能长出玩具来。

师：你把玩具埋到土里，同时也埋下了幻想的种子。

生3：我小时候把洗衣粉当奶粉喝。

师：她把酱油当中药喝可能问题不大，但你把洗衣粉当成奶粉喝问题就大了！

生3：我刚吃进去就觉得味道不对，连忙吐出来了！

师：还好，你的反应还挺快的。

生4：我小时候天气热就躲进冰箱里！

师：嘀，要是冰箱门打不开的话，那是非常危险的呀！

生4：后来我感到冷，就很快出来啦！

师：刚才大家谈了很多小时候有意思的事。一个人，一个玩具，一件事情，甚至一座房子，都能够唤起我们童年的记忆，这些记忆将成为我们一生的财富和珍藏。可是不同的人，生活在不同的年代，生活在不同的地方，他们关于童年的记忆也不一样。有一个台湾的女作家叫林海音，她的童年是在老北京城南度过的。后来又去了台湾，她把自己在城南的生活写进了一本书里，这本书叫作《城南旧事》。今天我们就来读读这本书的出版后记——《冬阳·童年·骆驼队》，先读课题。

（节选自阎学老师《冬阳·童年·骆驼队》课堂实录）

比较上述三则示例，不难看出，在三位知名语文教师的课堂导入设计中，邓彤老师突出了章回体小说的知识特点，郭初阳老师强调了解读文题和归纳课文主要内容的能力，阎学老师则以情感的渲染为出发点。当然，前两种导入活动又存在着交叉关系。比如邓彤老师强调对章回体小说回目的研读，亦是一种能力训练；而郭初阳老师对文章题目的分析以及对课文内容的提炼中，又包含着必要的阅读知识。

现在，我们可以思考这样一个问题：在这三种类型的导入活动中，哪些内容可以舍弃，哪些内容必须保留？

答案似乎很明确。分析文题、抓课文核心内容，是叙事类课文学习的关键。这种直接紧扣学习目标的导入，当然不能舍弃。在示例3情感类导入的设计中，诸多童年趣事的回忆则并非必须。没有前面的这个活动，直接从"一个人，一个玩具，一件事情，甚至一座房子，都能够唤起我们童年的记忆，这些记忆将成为我们一生的财富和珍藏"这个句子切入，同样能够引出本课时将要学习的内容。

从新课导入的四项基本原则看，上述示例3的情感导入，似乎也有违集中性原则和效益性原则。前文已说过，这样的活动，容易分散学生的注意力，往往导致教师已把话题转移到需要学习的内容上了，学生却还沉浸在对童年趣事的回忆中。

那么，阎学老师为什么要采用这样的情感导入法呢？这又涉及另一个应该探究的问题了。在上面的三则示例中，三位讲授者分别是高中教师、初中教师和小学教师。高中与初中的学生，已具有一定的学习自觉性，应该拥有对学习内容进行课前预习的能力，也应该能够对预习中出现的某些问题进行个性化的思考。这两个学段的学生，越来越趋向于学会理性思考。因而，教师在进行新课导入时，从知识与技能的角度切入，符合学生的身心发展规律，也体现出教师对学生成长需要的有意关注。

而阎学老师面对的是小学生，该课案又是在借班上课的背景下形成的，故而，就需要借助一定的活动，把活泼好动的小学生由上公开课时的兴奋、紧张状态，一步步引导至教师希望创设的教学情境之中。这时，借助对童年趣事的回忆与交流，既可以活跃课堂气氛，消除紧张情绪，也有利于拉近师生关系，为后面的各项教学活动做好铺垫。

当然，还有一个不能忽视的问题。在阎学老师的这个导入设计中，前面的活动内容，和后面将要进行的学习内容，是一种类比关系。有心的孩子会在这个导入活动中形成这样一种阅读欲望——我的童年趣事是这样的，作者的童年趣事是怎样的？有了这样想法的孩子，自然也就能够很好地走进课文的学习中去。

借助这样的分析，貌似可以形成如此结论：导入知识、导入技能的新课导入活动，更符合新课导入的四项基本原则；导入情感的新课导入活动，则容易出现脱离教学内容、分散学生学习注意力的不足。

这样的观点，显然不正确。上面两则导入知识、导入技能的活动的成功，并不能推演出所有采用此类技法的新课导入活动都正确、都成功。新课导入的知识，必须是该文本学习中必须掌握的知识；新课导入的技能，也必须是解读该文本所必须具备的技能。倘若新课导入时引领学生了解的知识与技能，和此后的学习内容毫不相干，或者关系不大，则这样的导入同样没有意义。

导入情感的新课导入活动，同样以紧扣学习内容、完成学习目标为核心。在非公开课、非借班授课的常规教学状况下，情感导入应根据学段特点，由低年级到高年级逐段减少。高中阶段的教学，即使是导入情感，也要注重此情感中的理趣，要将情与理结合在一起，从而实现语文学习的诗与思的结合。

下面这个示例，是我在2006年上一节家常课时的导入。该课堂实录后来全文发表于《人民教育》。

师：提到战争，每一个人的大脑中呈现出来的，可能是各不相同的图像。有的人想到的是血肉横飞，哀鸿遍野；有的人想到的是驰骋疆场，杀敌立功。作为一个生活在和平年代里的学生，战争对于我们来说，似乎是个遥远的过去。对于战争，我们还知道多少？提到战争，我们会想到些什么呢？请同学们调动自己的知识储备，看看你的记忆中，保存着什么样的战争画面？然后再想一想，这些画面，为什么会保存在你的大脑中呢？

生1：我看过《南京大屠杀》，留在记忆中的，是无数的尸体，还有遍地的鲜血。对于战争，我痛恨。

师：这部片子，我也看过，确实是惨绝人寰。我们应该牢记这份灾难。

生2：我看过《黑太阳731》，记忆中最深刻的，是日本人用中国人做活人实验，特别残忍。

师：我也看过，和你有一样的心情。日本的731部队，在中国大地上确实犯下了滔天罪行。

生3：我没看过什么小说，电影好像也只看过《地道战》。在这部电影中，我感受最深的是中国人的智慧。我们的人民，运用他们的智慧，消灭了日本侵略者，保卫了家乡。

师：《地道战》是一部经典电影啦。我小时候看过无数遍。

生4：我看过《拯救大兵瑞恩》。这部电影写了美国军人如何拯救一个叫瑞恩的被俘士兵的故事。因为瑞恩的其他兄弟都在战争中死去了，美国人要为这个家庭保留下一个孩子，就组织了一支小分队到敌人后方去把他救了出来。

师：哦，这是一部很有名的美国大片，可惜我没有看过。你认为这部美国影片，它想表现的是一个什么样的主题呢？

生4：善良吧……

师：善良？

生4：还有机智。在这个片子中，美国人表现得非常勇敢机智，也非常善良。

师：好，刚才几位同学从他们观赏过的战争主题的影视作品出发，带领着我们回忆了发生在中国和外国的几次不同的战争。对于战争，我们有了个初步的印象。然而，我们的印象毕竟是肤浅的，因为我们仅仅是个看客。对战争最有发言权的，还是那些亲身经历过战争的人。尤其是那些在战争中身历妻离子散、家破人亡惨剧的人。下面，我们就打开课本，共同学习苏联伟大作家肖洛霍夫的经典作品《一个人的遭遇》（节选）。

我设计的这个导入活动，属于导入情感的类型。只看这个片段，似乎也偏离了《一个人的遭遇》（节选）这篇课文。然而，我在这开篇处设置的"闲笔"，其实是为文本的深度解读埋下伏笔。因为，《一个人的遭遇》（节选）是普通高中课程标准实验教科书（苏教版）语文必修二第二专题单元"和平的祈祷"第一模块"遭遇战争"中的必学篇目。借助文本的细读，帮助学生正确认识战争和战争文学，培养起学生关爱生命、珍惜和平的情感，是教学中无法绕开的一个学习目标。为了落实这个目标，我在新课导入时引领学生搜索记忆中积累的关于战争文学的感受，然后把这样的感受带入文本的细节赏读中，最后又在结尾处回顾导入时的活动。如此，便能够让学生通过对比，理解战争文学的本质。

回到本节文字的核心问题上，在知识、技能与情感三种类型中，新课导入活动到底应该以何种类型为主？聪明的你一定早已明白，正如没有固定的导入技法一样，在新课导入活动的目标指向中，导入知识、导入技能、导入情感，完全没有固定的标准。只要新课导入活动符合导入四原则，注意了应该理顺的各种关系，便能够达成目标，收获实效。

第四节

亮出你的学习任务

　　语文教学中最大的难点，在于教师始终清晰地知晓自己想做什么、在做什么、做的效果好不好、还有没有更好的方法。这个看起来很简单甚至很幼稚的问题，实际上却是语文教学的精髓所在。

　　同样的道理，学生学习语文时，如果不清楚每一节课的目标和任务，也就永远无法形成真正的思考与探究。故而，优秀的语文教师总会在导入新课时亮出各课时的具体学习目标或学习任务。

一、学习任务的预设

　　诸如"识记生字词""理解主人公的崇高思想"等大而化之的教学目标，只从属于课堂教学中最肤浅的表层意义认知，无法形成真正的任务指令。用以引领自主阅读、合作探究以及深度对话的各项学习任务，应该比教案中的学习目标更具体、更简约、更具指向性和操作性。通常情况下，学习任务多以驱动型任务或者问题的方式呈现在学生眼前。

　　比如，教师在引导学生学习《生命 生命》这个文本时，如果我们只从肤浅角度来确立学习任务，那我们可以将教学意图理解成

"通过朗读来熟悉文本""通过讨论分析来理解生命的意义"等直观且感性的问题。有了这些理解，我们就可以心安理得地开始我们的新课教学活动。如果我们是个成熟的老师，我们还可以在鉴赏文本时组织起热烈的互动场面，甚至可以通过巧妙的细节设计，让学生或是声泪俱下地诉说，或是慷慨激昂地赞美。

面对这样的阅读活动，我们是否该多追加几个"为什么"：为什么要在课堂中组织朗读，这样的朗读是否是必需的？有没有其他的方法能取得比朗读更好的效果？为什么要熟悉文本内容呢，只是为了知道课文说了点什么吗？为什么作者要用这样的形式来表现生命的价值，而不是采用另外的其他形式呢？作者的这种对生命意义的认知，是否就符合生命的真谛？我该通过什么样的形式来让学生真正读懂文章？我为什么要采用这样的形式，还有没有更好的办法可以采用？我为什么要让学生学习这样的知识、讨论这样的问题？我的课堂能成为学生生命中必不可少的一个组成吗？

如果我们对这一连串的问题，心中都有着异常清晰的答案，那么，我们才能算得上教学中的"明白人"。遗憾的是，至少一半以上的教师，既不会在备课时考虑得这么深刻，也不会在导入新课时将这些思考转换为具体的学习任务。如果有人能在课后进行这样的反思，也就可以说得上是个教学有心的人了。

导入新课时，教师应该如何亮出预设的学习任务呢？

1.教师明确设置学习任务

特级教师邓彤教《宝玉挨打》时，其任务设计就围绕四个问题展开：

（1）结合课文内容解释本章回目"手足眈眈小动唇舌，不肖种种大承答挞"的具体意义。

（2）宝玉挨打的根本原因是贾环的进谗还是宝玉的"不肖"？

（3）小说中的人大多认为宝玉的所作所为确实不好，该好好教育一下。请结合课文举例解释。

（4）用一句话总结初读文本时的主要研究内容。

这四道思考题，其实就是课时教学目标统领下的学习任务。有了这样的任务引领，学生的自主阅读便有了方向，就不会跟着文本的内容与意义四面出击。邓彤老师自己将该阅读环节的四个问题归纳起来，就是研究课文"写了什么"。

2.教师不设置学习任务

如果不在导入新课阶段便亮明学习任务，会有什么样的影响呢？

仅从阅读的关注点而言，没有特定学习任务引领时，学生自主阅读文本获取的信息其实远远超过有任务引领的课堂。

比如，学习《沁园春·长沙》这篇课文时，学生在自主阅读中就提出了这样一些问题：

（1）整首词表达的是作者的雄心壮志，为什么要以"长沙"为题？题目和词的内容并不相符。

（2）词作开篇的"独"字，表达了诗人怎样的情感？

（3）诗人写秋景的用意是什么？秋天应该是草木凋零的季节，诗人笔下的景色是否有悖于自然规律？

（4）既然万物都在秋日里竞相呈现自由的生命状态，为何作者还要惆怅感慨呢？

（5）作者为何面对宇宙而惆怅？是什么困扰着他？这个句子中，似乎有"主沉浮"的气势，但好像又缺乏一点信心。应该如何理解？

（6）结合词作创作的背景来理解，作者回忆"峥嵘岁月"，是要表达对革命胜利充满信心，还是要表达壮志难酬的惆怅？

（7）《沁园春·长沙》与《沁园春·雪》两篇所展示的作者的思想有什么相同或不同的地方？

我列举在这里的，还是经过了提炼与归类后的具有一定代表性的问题。实际教学中，我从学生预习作业中阅读到的超乎想象力的问题还有很多。

学生自主阅读文本时形成的这些认知困惑，是否需要在教学中一一讨论解决呢？或许有的老师认为，教学就是要解决学生学习中的困惑，这些问题当然应该且必须解决！然而，当我从课程学的角度出发来设计课堂时，我深知，文本意义是无穷尽的，课程教学目标却很有限。我必须大胆舍弃文本身上那些没有被本学段、本单元、本课时纳入课程目标的内容。

我在课堂上引导学生再次整体感知文本内容时，就依照单元目标和课时目标，将学习任务确立为最简单的四个字：写了什么。

为了落实这一任务，我先是组织学生反复诵读。第一遍是自由读，第二遍要求能如古人那样摇头晃脑地读。两遍之后，做了个简单交流。这两遍诵读，除了要熟悉诗歌内容外，就是让学生明白，诗歌诵读必须要有节奏感。

我跟着做了示范朗读。在我朗读结束后，学生报以热烈的掌声。我以此为契机，要求学生全体起立，想象着自己就是年轻的作者，让他们大声地诵读诗歌。

这次诵读结束后，才开始讨论问题，组织学生交流完成"写了什么"的问题。

很显然，我在导入新课时亮出来的学习任务，远远小于学生自学时的思考。学生预习中的一些困惑，我也没有在课堂学习活动中逐个解决。因为，学科教学的体系化特点，要求我必须对文本内容进行取舍，我必须用一定的任务，把学生的思考与活动，引领到教学目标中来。至于少数学生的阅读困惑，只能留待课余时间私下交流。

二、教学目标与学习任务的区别

上公开课《沙漠里的奇怪现象》时，我亮出了这样几个学习任务：

（1）初读完成后，在座位上自说自话，用自己的语言复述课文内容。

（2）同桌互说课文内容，看谁说得准确、简洁。

（3）通过阅读本文，你懂得了一些什么样的知识，这些知识，你以前是否知道？

（4）读完本文后，你还有哪些知识没有懂得？

（5）研究：

①你能否用最简洁明了的语言概括出本文所揭示的沙漠里的奇怪现象？

②你觉得如何介绍沙漠里的奇怪现象，才能使文章的条理性最强，表达最准确、最简练？

③用你认为最理想的方式，以平实的语言，为大家介绍沙漠里的奇怪现象。

④想一想、说一说，你在介绍时，采用了哪些说明的技法？不使用这些技法，行不行？

这几个任务，倘若转换为目标表述的语言，大约就是：

（1）能用准确、简约的语言复述课文内容。

（2）能通过阅读，初步掌握课文内容，识记相关知识。

（3）能借助阅读，发现文本中的疑难点，并尝试解答。

（4）通过学习课文，学会平实说明与生动说明之间的文字转化。

将用作布置学习任务的话语和用作陈述学习目标的话语相比较，可以发现，前者更具体、更有操纵性。

需要重复强调的是，新课导入中的学习任务，应立足于对文本相关信息的筛选、归纳、整合，立足于对学生的理解与分析、归纳能力的培养。任务指令必须尽量具体、有操作性。任务可以借助特定的活动而完成，也可以借助"问题串"的层层追问、逐层深入而完成。教师的任务指令一旦不够具体明晰，学生的阅读活动效果也就会大打折扣。

当然，所有的任务必须服务于课时学习目标，服务于学生的健康成长需要。

第四章

必修课：
开展真正阅读

文本是作者的孩子，每一个文本都会歌唱。

不是所有的学生，都能听懂文本歌唱的内容。要成为文本的知音，就必须反复地阅读。语文教师在阅读教学中的存在价值，就是不断创设学习情境，不断激活学习思维，引导学生在阅读中一步步走进文本的内核。

而语文教师自身，也需要不断地阅读文本。语文教师的阅读，除了需要和作品对话，和作者对话，还需要和教材的编者对话，和语文课程体系对话，和学情对话。语文教师需要在这不停的对话中，发现文本的教学价值，创设课堂活动的学习情境，搭建学生和文本之间的桥梁。

在实际教学过程中，语文教师的阅读和学生的阅读不会同步。语文教师对文本的初读、细读和研读，已经全部在备课环节完成。当语文教师借助一定的技法，引导学生开始文本初读时，他的大脑中，对这个文本早已有了比较清晰的理解。对于学生在阅读中可能遇到的诸多问题、可能形成的诸多阅读困惑，教师应该早已了然于胸。

但语文教师无法用自己的阅读替代学生的阅读。语文教师必须俯下身子，耐心倾听学生在阅读中生成的各种感悟。语文教师必须想方设法让学生自己去发现、思考、探究、表达，绝不能把自己的理解强势灌输给学生。

语文教师一定要特别重视学生对文本的反复阅读，要舍得在课堂上腾出时间让学生诵读、涵泳。语文教师不但要引导学生品味文章说了什么、为什么说、怎么说，而且要组织学生合作探究这样说的实际效果，甚至要组织学生修改完善文本的内容。倘若教师在语文教学中能把这些问题落到实处，则学生阅读能力的培养和情感、态度、价值观的养成这两大教学目标，便都能得到很好的贯彻。

　　基于上述认知，语文教师在完成新课导入、开始内容探究时，就必须组织起有效的阅读活动。阅读的价值，首先是帮助学生"知其然"，并在此基础上朝向"知其所以然"迈进；其次是引导学生学会和文本材料对话，在对话中发现问题，并进而寻找解决问题的方法；最后是培养学生质疑的精神和探究的能力。

文本细读与目标落实

从常规意义上来说，细读，是对文本文字中的诸多细节的研磨。

细读的价值，在于通过对文本中若干细节的仔细探究，把握住整体感知文本时容易忽略的、隐藏在文字背后的深刻内涵。细读的过程，是深入发现的过程，更是和文本深度对话的过程。在此过程中，教师必须引领学生既和文本对话，和作者对话，又和编者对话，同时，还要适时组织师生间、生生间的对话。唯有对话，细读才能深入文本的内核之中。

受生活经验、阅读经验以及世界观形成与发展的制约，中、小学生普遍缺乏文本细读的能力。在语文教学的过程中，高质量的文本细读，必须依靠教师的启发与引导，才能真正发挥应有的效能。

遗憾的是，也有相当数量的语文教师，自身同样缺乏文本细读的能力。这部分教师，通常只能依靠教学参考书的解读，亦步亦趋地跟着编者意义走下去。丰富多彩的语文，往往也因此而被僵化成只有一个标准答案的怪物。

所以，细读，在语文教学中，就不但是唤起沉睡着的文本的灵魂，体察隐藏在文字背后的作者的灵魂，而且是唤醒学生和教师自身沉睡的灵魂。教师与学生，将在文本细读中共同发现，共同成长。师生间的差异，只在于教师的文本细读更多体现在备课时，学生的文本细读则多体现在课堂上。而教师在引导学生进行文本细读时，只要用心品味，就又时常能从学生的思考与发现中获取必要的灵感，进一步深化备课时对相关内容的理解。

和自主阅读时形成的整体感知不同，细读着眼于"为什么""怎么样"。细读中，学生需要认真探究的，是作品如何表达以及为什么要这样表达。这两个问题，都是对初读所侧重探究的"是什么"的进一步深入探讨。细读中，不同的生活经验与阅读经验，往往影响着对同一个问题的观察角度，也影响着由此而形成的判断和结论。细读中，语文教师的功能，不是强行统一标准答案，而是努力创设对话情境，并力求达成临时性共识。

从阅读方法上看，教师在进行文本细读时，应以素读为主。要力戒教辅资料中某种观点"先入为主"的影响。也就是说，应侧重于对文本本身的反复研磨，在文本本身中发现问题，寻找答案，而非被一种观念左右了思想。

一、文化价值与课程价值

独立存在的文本，其身份由文体而确立。细读此类文本时，读者依照自身的经验与认知，从各自不同的视角出发，对文本进行个性化的解读。这样的细读，极少受外界因素的束缚，纯属个体的阅读行为。

纳入教材中的文本，其身份由所属的教材属性而确立。在前面的章节中，我们已经探究过在一定的课程目标制约下对教学文本内容进行适当取舍的问题。同样的道理，对教材中的课文进行细读时，也必然要受制于具体的课程目标，不能过分超越课程标准，天马行空地自由解读课文。因为，在语文教学中，细读文本的主体，不是语文教师，而是学生。语文教师的价值，是借助自身的专业引领，带领学生走进文本中，并依照教学目标而合理解读文本，探究文本的深刻内涵。不是把自身的解读，强势灌输给学生，以自己的细读，取代学生的细读。

厘清了这两个概念之间的差异，再来探究文本细读中的若干问题，便容易操作了。

我们知道，没有走入语文教科书之前，任何一个供读者鉴赏的文本，都是作者意义、文本意义和读者意义的综合体。作者意义，突出的是作者所想要表达的意义；文本意义，强调的是作品实际蕴含的意义；读者意义，则凸显的是读者建立在自身学养基础上的文本感知意义。三种意义之间，依照文体的差异，有时呈现为一种重合（比如科技说明文），有时则仅仅是部分交叉（比如文学作品）。文本的文化价值，正是这三种意义综合作用的结果。

例如莫泊桑的《项链》，从莫泊桑本人的实证主义创作理念出发，我们可以推定出他在这部作品中试图表达的主题，就是人生命运的一种不确定性。在小说中，作者自己也做了直接的点题。

然而，当这个文本客观地呈现于不同读者眼前时，莫泊桑的意义就只能退居二线。每个人都会以自己的人生阅历、生活感悟、价值观等因素为解读凭借，从自身可理解的角度出发，去获取关于文本的个性化认知。如此，读者意义便显现出来了。比如，有人读出的是虚荣心的危害，有人读出的是贫贱夫妻百事哀，有人读出的是人性的丢失与回归，还有人另辟蹊径，从故事结构中读出《灰姑娘》的影子。

在这诸多的阐释中，没有哪一种解释一定要被奉为大众圭臬。任何一种一元定性，都注定会导致文本文化价值的消解。文本的文化价值，正是要通过自身丰厚的文本意义，向所有的读者敞开其艺术的大门，供人们从各个愿意选择的角度观赏玩味。

但是，这诸多的意义，在文本成为语文教科书中的选文后，便大多消解了。走入教科书的文本，其文化价值除了在文学鉴赏课程中可以得到较大程度的落实之外，便多只成为一种附庸。更大的价值，在于课程内容。教科书中的文本，不过是用来帮助学生了解某方面知识、掌握某种能力、培养某种情感或价值观的一种辅助工具。

例如，假设语文教材某册某单元的课程内容为"在细节描写中体现情感"，那么，任何一篇拥有鲜活的细节、丰厚的情感的文本，便都可以被纳入该单元中，充当学习的教材。一旦这些文本被确立为选文之后，其最大价值就不再是它原本丰富多彩的文化意义，而是"在细节描写中体现情感"这一表现手法。这种用来充当学生学习知识的道具的功能，才是教材中选文的真实功能，在这种功能中体现出来的文本价值，才是文本的课程价值。

我这样说，当然不是强调文本细读只关注知识点。事实上，任何一个文本，在教材中承担的课程目标，都离不开情感、态度、价值观的养成。只是，情感、态度、价值观的养成，同样应该在不同学段、不同单元、不同文本中，拥有不同的课程目标。任何一个文本，都无法同时满足所有的情感、态度、价值观的养成需要，都需要依照文本的内容属性合理取舍。

从这点来看，走进了特定教材中的文本，其在该教材中的课程价值是固定的。即使是重构教材知识体系的教师，也依旧要赋予选定的文本以固定的课程价值。教材中的文本，绝不像独立于教科书之外时那样具有无限的可解读性。

二、文本细读与有效教学

明确了独立文本和教材文本的属性差异，再来看语文教学活动中的文本细读，便可以发现，在日常教学中，并非所有的细读都是有效的教学行为。因为，很多时候，语文教师常混淆了独立文本和教材文本的属性，以独立文本细读取代了教材文本的细读。

形成此种误读的原因，是教师对语文学科的课程目标存在认识上的误区。当然，也不排除极少数优秀教师，有意识地颠覆既有课程目标，试图重建属于自己的个性化的课程目标的特例。本节探究的各项问题，均不包含这部分有能力重构课程目标体系的优秀教师。

哪些因素制约着语文教学活动中文本细读的有效性呢？自然应该是课程内容，是依照课程内容细化出的教学目标。这目标由大到小、由宏观而微观，体现为课程教学目标、学段教学目标、学年教学目标、单元教学目标、课文教学目标、课时教学目标等六类。

理论上说，这六类目标，均应该诞生于教材之前。因为只有将这六类目标所对应的知识、技能、原理、公理等内容确立下来，才好在此基础上寻找承载这些内容的最佳载体——课文。比如，只有先确立了苏教版高中语文必修二第四专题第三模块的课程内容为"以作品中人物的眼睛为线索描绘景物、塑造人物",才好将《林黛玉进贾府》选入这个模块中作课文。否则,就不好理解为什么这篇课文只存在于此了。

另外,这六类目标还应该具有相对稳定性。因为无论是知识技能、过程方法还是情感、态度、价值观,都必须和学生的生理年龄、心理年龄相一致。学生的生理年龄、心理年龄相对稳定时,这六类目标也无须频繁调整。

需要强调的是,这六类目标中的后两类,很多时候又应该由教师依照前四类目标,结合具体学情灵活调整。这种调整,其依据只在于学情特征。

如果这六类目标都能够得到科学的规划,那么,语文教学也就能够和其他学科一样,只需在教材编者规定的路线上引领着学生有条不紊地走下去,而不会出现太多的节外生枝。依旧以《林黛玉进贾府》为例,假设课程内容仅为"以作品中人物的眼睛为线索描绘景物、塑造人物",那么,文本细读活动只要把这一技能训练到位,能在课文示例的基础上举一反三,自己动手写出一段像模像样的文章,就是有效完成了教学任务。反之,放着这技能不培养,却去谈"红学"研究的状况,谈"木石前盟",便是无效教学。如此,则不论是哪路名师来教该课,也就都只能围绕这一核心点安排教学了。即使是考试,也有了固定的检测点。

遗憾的是,到目前为止,还没有哪套教材能成体系地落实上列各类目标,尤其是情感、态度、价值观的养成这一目标。于是,在实际教学活动中,我们便能发现,某套教材的某篇文章,在遇上若干名师之后，准会被演绎成极少有交集的若干纯个性化课案。善于诵读者，指导的是诵读技能；善于阐释者，教学的是阐释深度。如果我们将这些课案，用文本的课程价值进行检测，则可以发现，其中必然有相当部分属于课程目标之外的内容。这样的文本细读，又怎么能说是有效教学。

所以，语文教学中的细读文本，归根结底是要以课程目标的落实为依托。

三、教师如何引导文本细读

回到语文课堂教学的细读环节中。

初读整体感知文本环节之后，学生对需要学习的内容，已建立起初步的阅读印象，如何让这样的阅读进一步深入下去，便成为细读环节着力研磨的主要学习任务。受课堂学习时间的限制，学生对文本的细读，几乎不可能如教师那样，逐字逐句地推敲咀嚼，而且，不同的学生鉴赏品读的细节内容，也会因学生自身阅读经验和生活经验的差异，导致知识梳理和技能提炼以及情感、态度、价值观养成等方面的差异。要组织起不同阅读经验，不同知识结构，不同语文素养，不同情感、态度、价值观的若干学生间的有效对话，就需要教师在细读中巧妙创设问题情境，既依照多数学生的理解力而精心预设一些能够把思考引向深入的问题，又能够在对话活动中，适时捕捉个别学生的发言里那些灵光一闪，却又极具探究价值的临时生成的问题。

1. 创设问题情境

从理论上看，细读环节中的所有问题，都应该来自学生的阅读实践。事实上，受学习目标的制约，语文教师根本无法组织起完全原生状态的学生的文本细读。即使有语文教师在细读之初倡导学生积极主动地发现文本中的问题，但落实到对问题的探究中，依然还是会回归到学习目标划定的问题上。因此，多数情况下，语文课堂上的文本细读，多是围绕着教师预设的重难点问题而展开的对话活动。这样的预设，只要能够贴近文本的教学目标，贴近学生的理解力，能够激发出学生的主动学习精神，就不失为有效的细读活动。

下面这段课堂叙事，是我教《始得西山宴游记》这篇课文时，在细读环节中，通过若干预设的思考题，引领学生和文本对话，感知作者思想情感的典型例子：

起句处的"自余为僇人"，就是一个值得思考的问题。

我问学生：从你的生活经验出发，什么样的文章，才会开篇就说自己是罪人呢？

聪明的学生立刻接上话题：罪犯的悔过书会这样说。

又有学生说：教徒在忏悔时会这样说。

我再问：柳宗元为什么开篇就点出"僇人"的身份？为什么不说自己被贬官？他是在忏悔吗？

学生异口同声地回答：不是忏悔！

那为什么这样说？谦虚？

学生开始思考。

我想起了电视剧《铁齿铜牙纪晓岚》里面的一个镜头。我说：纪晓岚因为和珅的诬告而被押入大牢。案情明了后，皇帝要给他脱下镣铐，纪晓岚却坚决不愿意，口口声声自称罪臣。他是真的犯了罪吗？

这样的类比，学生理解起来很容易，很多学生立刻想到了这个称谓背后的牢骚。

我说：是的，"傻人"的自称，只有认为自己无罪的人，才有勇气这样说。柳宗元因为参与变法革新而无辜遭罪，他所做的是为国为民的事情，不是为自己谋私利，所以，他认定自己是无罪的。正因为无罪，才用这"傻人"两个字来表达心中的牢骚。

"居是州"也同样值得思考。

我问：柳宗元为什么不说"左迁是州""谪是州"，而用一个"居"字？

一个学生说："左迁"和"谪"，都还表明他官员的身份。"居"这个字，就撇开了柳宗元的特殊身份。

另一个学生说："居"就是普通意义的住。因为第一句强调了"傻人"的身份，这个句子用"居"，和这身份一致。

这两种说法，都得到了大多数学生的认同。

"恒惴栗"三字，依旧需要玩味。

我问：柳宗元为什么而惴栗？又为何强调"恒惴栗"？这三个字在全文中有什么样的作用？

这个问题的后一问容易回答，表达情感的词语用在开头，多数起奠定全文感情基调的作用。前一问，则有难度了。

一个好插嘴的学生张嘴就说出了一个理由：怕杀头！

除了怕杀头，还有没有其他理由？我追问。

学生一时回答不出其他理由。我把这个问题放下，作为文本欣赏中的第一个悬念。

"施施而行，漫漫而游"一句，课文注释将"施施"解释为缓慢行走的样子。对这个解释，我不接受。我要求学生结合前三句的理解，探讨柳宗元出行时几种可能的情形。学生通过讨论，认为柳宗元在"恒惴栗"的情况下，每一次的出行肯定都是不事张扬的悄然而出、悄然而归，文章中的"施施而行，漫漫而游"，实际上是写出了出行时的谨小慎微。

接下来的21个字，柳宗元强调了"无远不到"的游程的艰难。这段描述，很容易被学生忽略过去。

我提出几个问题，让学生讨论：柳宗元为什么要强调"高""深""回""幽""怪""远"这一系列形容词？这几个句子连接起来，表现了什么内容？这个兔子是否可以简略为"日与其徒游，无远不到"？

这一连串的问题，学生不一定都能理解。此处，我也并不需要他们完全理解。因为后文还有与之照应的内容。我把这作为第二个悬念留下。

紧随其后的10个字，表面看来，是描述一幅画面，其实是对上述问题的一个解答。我又提出了思考题："到则披草而坐，倾壶而醉"中，哪一个词跟时间有关？

在学生回答出"到"的基础上，继续提问：到了目的地，为什么不观赏风景呢？游记类的文字，在交代完行踪之后，就应该对景物展开描绘的啊？

这一问，是学生预习时没有想到的，此处突然提出，学生一时语塞。这也作为第三个悬念留下。

我追问："倾壶而醉"是一种什么样的喝酒方式？

有学生理解成将酒壶举过头顶，一口气吹个底儿朝天。

更多学生不认同，多数人的观点，是一杯接一杯地喝酒，直至把酒壶中的酒全部喝完。

有一点是形成共识的：喝酒的速度很快，中间也没有掺杂其他的事情。

我继续追问：为什么要用这样的方式喝酒？作者又为什么要强调这样的喝酒方式？

经过讨论，学生又形成一个共识：求醉。强调这求醉的喝酒方式，其实是要表现内心的苦闷无法排遣的痛楚。

我再追问：既然是想要求醉，用醉酒来排遣心中的苦闷，为什么不在家中关起门来狂饮，却要"上高山，入深林，穷回溪"，跑到这深山老林中？

这一问，已大抵进入文本内核中。通过相互启发，学生得出如下结论：

第一，柳宗元之所以历经艰难跑到这深山老林中，原本是想找寻一片排忧解闷的风景。结果，却无法发现这样的风景，内心中便又增添了一种新的苦闷。心情比原来更差，于是要借酒浇愁。

第二，柳宗元的罪臣身份，使他对自己的一切行动都十分谨慎。他在深山老林中的沉醉，可以躲过其他僚属的眼睛，不会被他人罗列新的罪名。

第三，"披草而坐，倾壶而醉"的背后，也间接写出了柳宗元对眼前风景的不满意。因为不满意，他干脆就不将其当作风景来观赏，只顾埋头喝酒。

第四，用这里的无风景，来为下文写西山的风景做铺垫。

接下来有关"梦"的24字，也有三个细节值得玩味。第一，为什么强调"意有所及，梦亦同趣"，而不是"梦有所及，意亦同趣"？这符合常理吗？第二，"觉而起，起而归"6字中，包含了哪些信息？第三，"醉则更相枕以卧"中，隐含着什么样的故事情节？

课堂上，我们重点探究了第一个细节，形成的共性观点是：先意后梦，突出了对问题的长久思考，以至于做梦还是围绕这一问题。如果是先梦后意，则梦成了主角，意随梦的变化而变化，意的专一性就无法体现。

对第二段内容的学习，是在第一段学习基础上的自然延续。起始处的四个短句，在突出了"异"这一总领下文的词汇之后，立刻进入对后面文字的赏析。

我问：在第二段文字中，西山的"异"具体体现为哪几个方面？

该问题难度系数较低。提问的目的，是借此将第二段文字的层次梳理清楚。在讨论中，逐步归结为三点：偏僻而隐蔽——需要"过湘江，缘染溪，斫榛莽，焚茅茷"才能抵达；高峻而特立——"数州之土壤，皆在衽席之下""不与培塿为类"；开阔而辽远——"尺寸千里""外与天际，四望如一"。

我继续提问："箕踞而遨"是什么意思？这个句子在文段中有何作用？

该问题在小组讨论合作研究之后，先后提问了六个学生。一是将"遨"这一动词中包含的动态感觉挖掘出来，二是突出该句对下文景色描绘的领起功用，三是比照第一段的"到则披草而坐"，突出西山景色的可观赏性。

在这一问题的探究中，我们发现了课文注释中的两处错误。第一，"衽席之下"被编者解释为"形容离自己很近"，这显然不合语境。因为这段文字重点在描写西山之高峻。所以，"衽席之下"就是"座席之下"。第二，"岈然"被编者解释为"山谷空阔的样子"，联系前文的"高下之势"和后文的"若垤若穴"，可以推知"岈然"对应的是"高"和"垤"，应该是山峦而非山谷。

第二段中的另一细节，十分有趣。"引觞满酌，颓然就醉"比之于第一段的"倾壶而醉"，虽都是"醉"，境界却截然不同。我让学生揣摩"引觞满酌"四字背后的隐含意义，仔细品味这四字中以天地佳境为菜肴而细嚼慢咽的饮酒过程，想象柳宗元彼时彼地的动作、神态与情感。

这里的"颓然"是词语释义上的一个难点，教材对此没有注释，而常规意义的"颓然"，又多是解释为"精神不振作的样子"。将这一意义套用到柳宗元创设的语境中，显然不合情理。对此，我们展开了研究，最终认定它的意思应该是"醉醺醺的样子"。

"至无所见，而犹不欲归"一句，是赏析的最后一个细节。该句，重点落在"不欲归"背后的"不得不归"上。眼前的令人"不欲归"的景致，毕竟无法替代现实中的惨淡人生，所以，越是"不欲归"，也就越是反衬出"不得不归"的那个现实世界的冷酷无情和了无意义。

全文内容梳理结束后，回归到起初的几个悬念上。

我问：学习完《始得西山宴游记》的全部内容后，你觉得柳宗元的"恒惴栗"还仅仅是因为怕杀头吗？这里，我极力鼓励学生放开思维，从马斯洛"需求层次理论"的角度出发，让学生理解人类需求的多元。于是，在不断深入的讨论中，陆续归结出如下可能存在的因素：

生存需求：无

安全需求：怕杀头。

爱的需求：怕连累家人。

尊重需求：怕他人羞辱，怕同僚误解。

自我实现需求：理想的无法实现，生命年华的虚度。

这一处悬念的解决，其实是一种课堂拓展，目的是指导学生从更广阔的背景下阅读课文，理解文本意义。同时，对马斯洛"需求层次理论"的介绍，也是将一种解读依据提供给学生，为他们以后的阅读思考做准备。

第二、第三处的悬念，学习完第二段内容后，已不成为悬疑。此处，简单归结，学生也就明白了柳宗元的写作目的不但在于写出那时的失望心情，更在于为后文写西山蓄势。

在这个教学案例中，我在引导学生进行文本细读时所提出的诸多思考题，是大多数学生在自读文本时难以想到的。如果我不进行这样的预设，只要求学生把课文诵读几遍，再提出几个阅读中的困惑，虽然也能够完成该文的教学任务，但我觉得，这样的经典作品，是学生生命健康成长过程中应该格外珍惜的养分。作为语文教师，我有必要借助自己的专业技能，通过问题情境的创设，帮助学生更好地走进作者，走进文本内核。

2. 捕捉临时生成的闪光点

下面这则教学叙事片段，则是我在教学中遭逢的颇具代表性的临时性生成的文本细读案例：

讲授鲁迅先生的名著《阿Q正传》这篇课文时，指导学生赏析到第七章"革命"时，一个学生提出了疑问："阿Q为什么说第一个该杀的是小D呢？按理说，赵老太爷和赵秀才之流，时常欺负阿Q，而且还逼得阿Q倾家荡产，无法在未庄生存下去，阿Q应该是最痛恨赵家父子，也最先想到杀赵家父子才符合情理。"

学生在课堂上能够通过学习发现问题，这是值得高兴的事情。它也符合生成性课堂的教学规律。于是，我对提出问题的同学进行了褒扬。但同时也把问题抛给了全体学生："请大家就这个问题讨论一下，想想看阿Q为何如此地痛恨小D呢？"

各小组在经过热烈的讨论之后，各自推举出了中心发言人。

一（1）组的女生说："这个问题课文中其实已经有答案了。因为阿Q觉得是小D抢去了他的工作，使得他被迫离开未庄。而且，在未庄，阿Q最看不上眼的人就是小D，偏偏这个小D也不愿意接受阿Q的欺侮，还和阿Q打架。这让阿Q感觉太丢颜面。所以第一个要杀小D。"

二（2）组的男生说："阿Q第一个要杀小D，其实体现的是阿Q思想中的一种奴性。由于长期处于被别人欺侮的地位上，阿Q早就习惯了比他有钱有势力或有力气的人的侮辱。他觉得被这些人侮辱是一种正常现象。这种现象，他可以通过自己的精神胜利法来加以解脱。但小D就不同了。小D在未庄的地位同样十分低，甚至还不如阿Q。这样的一个弱者，竟然敢于反抗自以为是强者的阿Q的欺凌。在阿Q看来，这是不能容忍的。所以，心中也就最嫉恨他。"

三（3）组的男生说："其实，王胡和小D是差不多地位的人，而且两次打架中，阿Q在王胡手上吃的亏更大，但阿Q似乎对王胡就很客气，还考虑要留下他。这也说明阿Q确实有着很厚重的奴性思想。而且他的奴性不仅仅是针对赵老太爷之流的所谓权贵。在他的眼中，只要是感觉比自己强大的，他都对其有着这么一种奴性。小说中还有很多地方也都反映了他的这种奴性。"

学生抓住了"奴性"，这很让我满意。但我不想就此结束这个问题，于是，我把问题摊开来，提出了新的问题："阿Q身上为什么会有如此的奴性，他不是很自尊、很自大的吗？除了阿Q，未庄的其他人身上有没有这种奴性？"

学生很快归结出了小D、赵司晨、赵白眼的奴性和未庄闲人们身上的奴性。

至此，课文中的这个知识点已经赏析完了。然而，我还是感觉不满意，我又提出问题："鲁迅先生曾经在一篇文章中，很巧妙地揭批过整个封建社会中国民的奴性，他把一部中国历史形象地划分为两个时期。大家还记得是什么文章吗？鲁迅先生的观点是什么？"

《灯下漫笔》是我们学习过的课文，学生对此不陌生。正确答案很容易就产生出来了。

我想把问题再深入下去，便再次提问："两千年的封建史，造就了无数具有奴性的人。应该说，奴性是一种堕落，一种阳刚气的丧失。同学们能不能概括一下，看看'奴性'通常有些什么样的特征呢？"

课堂气氛开始活跃起来。学生概括出了诸如奴颜媚骨、溜须拍马、逆来顺受等众多观点。

"奴性有没有随着封建王朝的覆灭而消失？在日常生活中，我们还能见到这种带有封建时代特色的奴性吗？"我把问题引入现实生活中。这是我的目的所在。

同学们陷入了沉思之中。

"我觉得当下的部分人中，依旧能看出他们奴性的一面。"喜欢思考的语文科代表打破了沉思的局面，自己站起来发言说，"首先，自改革开放以来，我们的经济已经取得了世界瞩目的成就，但是，我们国家总有那么一小部分人，始终感觉自己低人一等，见到了外国人会做出一种媚态，这就是一种标准的奴性，而且是洋奴！"

科代表的发言赢得一片掌声。

"我也觉得我们自己身上都还有着奴性。譬如，我们总喜欢无条件地迷信权威，喜欢盲目地追逐明星。"又一位同学如此说。

…………

学生的观点越来越多，其中有些已经超越了奴性的范畴了。

我很高兴学生能够用自己的眼光来观察现实生活。虽然他们的观点不无片面和偏激，但却体现出了一个时代青年所应该具有的关注社会、关注民生的责任感和使命感。这种责任感与使命感和五四时期的"铁肩担道义，妙手著文章"是同样难能可贵的。在相当多的人一门心思经营物欲的时代，我们的学生还保持了一份难得的清醒，保持了一腔热血，这就是我们教育的成功。

在半数以上的学生都围绕着问题展开了对话之后，我做了一个总结性的发言。我说："通过大家的发言，我们对奴性已经有了比较深刻的认识。相信我们的同学，已经从思想上排斥奴性了。但人生的道路是漫长的，未来带给我们的，总有无数的坎坷和曲折。面对生活上的种种挫折，如何才能始终保持一份高贵的气节，这是我们始终需要考虑的问题。我希望我们每一个同学，在以后的日子里，无论遭遇什么样的经历，都能永远挺直得了膝盖和胸膛，活出人的尊严和价值来。大家有这个信心吗？"

"有！"惊天动地的一声呐喊。

这个细节研讨中所涉及的，是文本细读中的"适时生成"与"人本对话"问题。在千变万化的课堂中，总会出现一些教师备课中忽略了的问题。这些问题，在教师带领学生进行文本细读的过程中，时常因为思维的逐步深入而被学生挖掘出来。面对学生生成出的这些超出备课内容的问题，该如何处理呢？不同的教师，往往会采用不同的方法。有人依照备课内容继续自己的教学活动，对临时生成的问题不做探究；有人喜欢简单地把问题抛给学生，通过组织学生讨论来寻找答案。遇到不能达成共识的情况时，还会把问题当成作业布置下去，让学生回家去做。对这两种方法，我都不太认同。我所采用的，是剥茧似的对话。对话的目的，不是寻找答案，而是把思考深入下去。我的观点是，只有在对话中，才能培养起学生的思维能力。

以这个案例为例，学生在细读文本时发现了问题，这当然是好事情。但学生发现的这个问题，并不是一个具有多大价值的问题。如何让它变成有价值问题呢？那就需要在教师的引领下，组织学生进一步"细读"下去。所以，我先组织学生进行第一步的讨论，借助这次讨论，完成浅层次的"人本对话"。然后，我从学生的发言中，捕捉到可以预设的思考，将问题探究点引申到鲁迅作品对国民劣根性的暴露上。这个层面上的问题，就属于深入文本内核的问题了。这里，学生的思考和探究，已经超越了文本表面意义的范畴，实现了由"文本"到"文化"的转移。在接下去的层层追问中，我又将其他文本迁移过来，用作这个文本解读的依托，并在深入探究的基础上，将人本对话拓展到当下的现实生活中来。这样几层追问，立足于课堂生成出的问题，培养起人本对话的精神，将文本与生活、文本与文化、文本与思想贯穿了起来，自然也就可以贯彻落实服务于学生终身成长需要的终极课程目标了。

第二节

发现文字背后的生命

处于被解读状态下的文本材料，无论是何种文体的作品，其文字背后，都隐藏着鲜活的生命。这生命，一部分属于作者，一部分属于作品中的人与事、景与情、事与理，还有一部分属于文本细读活动中的师生。文本细读，其实就是用师生的生命，发现并感悟作者以及作品中隐藏着的诸多生命。在生命与生命的平等交流中，学生才能真正走进作品生命的内心深处，感知作品中生命的喜怒哀乐，为作品中生命的悲欢离合而心潮起伏。

只有这样的文本细读，才是生命在场的语文活动。语文课的生命在场，不是为课堂贴一张生命的标签，而是创设条件，让学生学会倾听，学会感受，进而学会尊重，学会表达。只有从灵魂深处激发出对天地万物生命的敬畏，并让这样的敬畏转化为学生的精神支柱和日常行为，语文教学才真正贯彻落实了自己的课程目标，文本细读才读出了价值。

这当然是一种至高境界的追求与体验，在绝大多数情况下，语文课堂教学活动中的文本细读，都还只停留在对知识的挖掘与整理层面，尚未达到高一层级的鉴赏能力与探究能力的养成上，更遑论以心灵感知心灵、以生命体验生命。此种只把目光锁定在知识层面的文本细读，根源多在于片面强化解题能力的单纯应试思维。受多方面现实因素的制约，特别是教育领域中不完善的评价机制的影响，许多语文老师只以考试成绩作为衡量学生学习优劣的标准，漠视教育教学中"人"的意识的养成，不愿意把时间花费在与考试内容无关的情感教育和精神教育上。这样的语文课中的文本细读，其实，就是肢解文本，把文本转化成一道道的思考题，再依照各种教辅资料上归纳出的解题方法、解题步骤，引导学生把答案一点点规范成统一的内容和统一的结构模式。

有理想、有追求的语文教师，当然不会只把文本细读局限在这样的逼仄时空中。在以"人"的意识的养成和生命情怀的陶冶为根本教学目标的语文课堂上，优秀的语文教师固然也重视必要的思维能力训练，重视应试能力的养成，但仅仅视其为语文教学的一个组成部分。在技能培养之外，更会利用各种可以利用的机会，激活学生心中的理解、尊重、敬畏等高尚情感，促使其更好地亲近文本中的生命。

一、用内心的生命呼唤唤起学生的生命意识

如何才能在文本细读环节，落实生命教育的理念，使文本细读和生命观照紧密相连呢？

我想起了帕克·帕尔默在《教学勇气》中说的一句话："任何真正可信的教学要求最终是来自教师内心的呼唤，这种呼唤使我尊重我真实的自我。"将这一观点投影到课文文本细读活动中，便可以发现，要在文本细读中发现并感悟隐藏在文字背后的生命，最根

本的要求，只能是教师内心深处的生命呼唤。教师能够在文本中读出鲜活的生命，能够感受到这样的生命给自己带来的情感上、精神上的触动，然后才会以一种尊重甚至敬畏的态势，引领学生触摸这样的生命，感受这样的生命。在这样的触摸与感受中，教师不但尊重、敬畏作品中的生命，而且尊重、敬畏学生对生命的独特感受，尊重、敬畏学生的生命。

下面这个课堂实录节选，来自多年前我上的一节公开课。

师：两位同学由于对开头内容的理解不同，结果朗诵时采用的方法也就不同。对这两句，其他同学还有些什么样的认识？

生：我想起了孔子的一句话："逝者如斯夫，不舍昼夜。"我想，李白面对着东流的黄河水时，肯定也是想到了孔子的这句话。所以，我的感觉是李白既有一种来自心灵深处的苦闷，同时也有一种警觉。这从后面的"人生得意须尽欢"等四个句子可以看出来，李白是因为时光流逝太快，所以在苦闷中反而激发出了一种精神。

师：分析得很透彻啊，而且有文本作为证据。你能把你所领悟的内容朗诵给大家听吗？

生朗诵前几个句子到"千金散尽还复来"处。

师：朗诵得很好，前两个大句子，你突出了一种挫折和苦闷的情感，读得很是低沉，后几个句子转而为高亢，是想表达李白的豪放不羁。我的理解对吗？

生：是，我认为，当李白说出"天生我材必有用"时，心中应该是充满了自信的，而且李白也确实值得自信。

师：看来你对李白很欣赏啊。能说说你对"天生我材必有用"的理解吗？

生：我觉得这句"天生我材必有用"，表达的是李白的一种极端的自信。他从二十五岁时出川到长安，至最后被赐金放还，虽然仕途没能成功，但诗歌成就却登峰造极。所以，这句话在我看来，就是在用一种潇洒的姿态告诉世人，我李白尽管做不成大官，但我可以做最优秀的诗人，我的才干，是不会被埋没的。老天让我李白诞生到这个世界，就会为我提供一个展示才能的舞台。

这个发言，激起了一阵掌声。

师：从你的发言中，我能够感受到你的优秀。能不能给大家说说，你为什么会回答得这么好啊？

一阵哄笑，善意的。

生：我对李白比较欣赏，看过一些专门研究李白的文章。如果我的发言能给大家一点启发的话，那功劳应该归于阅读。

师：阅读让你受益，相信，阅读也会让所有人受益。对这个句子，有没有不同的理解？

生：我对这个句子的理解，和刚才发言的同学不一样。我认为，这个句子实际上只是一种牢骚怪话而已。

师：此话怎讲？

生：想想看，李白出川的目的，其实就是为了走上仕途。所以，长安城中被提拔为供奉翰林后，李白是很高兴的。但因为性格的原因，最终被罢了官。我想，对于这次被赐金放还，李白的心灵深处是十分怨愤的。这从他的《梦游天姥吟留别》的主旨句可以看出来。"安能摧眉折腰事权贵，使我不得开心颜"，又何尝不可以理解为一种官场失意后的"阿Q精神"？同样，这句"天生我材必有用"，依旧不过是"阿Q式"的牢骚。要说不同，仅仅是因为李白有真才实学而已。

师：你的这种理解可以概括为"牢骚说"，而刚才那位同学的理解是"自信说"，不知道还有没有其他的"说"？

生：我不同意刚才这位同学的"牢骚说"。从资料上看，这首诗的创作，比《梦游天姥吟留别》迟了七年。七年时光，李白在游历山水中不断充实着自我，实现着自我。我认为，李白说这句话时，心中应该是充满了自豪的。他是用这句话向皇帝、向权贵宣布，我李白不但没有被罢官打倒，反而是活出了精彩。

师：你这可以概括成什么"说"？

生：非要概括的话，我想应该是"宣言书"。用这句话宣告世人，有得必有失，有失才有得！

这个片段，研究的重点貌似朗读技巧和重点句理解，实则是文字背后的生命。无论是对开头两句的理解，对"天生我材必有用"的探究，还是"自信说"、"牢骚说"或者"宣言书"的归纳，都直接指向了李白的情感与人生追求。之所以能够形成这样的课堂精彩，当然首先是因为我在这《将进酒》中率先感受到了诗作中的生命光芒。我渴望着学生如我一样也有这样的情感体验，自然就乐意于在课堂上创设情境，组织起有温度、有宽度、有深度的文本细读。

我相信，很多的语文同行也和我一样，乐意于把自己对文本的情感传递给学生。教师阅读中的情感触动，绝不会来自某个解题技巧，只能来自文本中的精妙思想、鲜活生命和独特表达。教师感受到了文本中的这些存在，便在教学目标允许的范围内，通过一定教学情境的营造，引领学生一同品味这些独特的美。当学生果真沉浸在文本的意义场中，因感受到作品中的生命而兴奋、激动或感伤时，就是语文教师最幸福的时刻。

二、如果教师缺乏捕捉文本中隐藏着的生命的能力

受各种主客观因素的影响，有些时候，语文教师并不具备准确捕捉文字背后隐藏着的生命的能力。这样的缺憾，着实是语文教学的致命伤。在日常教学中，时常会看到这样一些现象：一篇文质兼美的课文，经过某位老师的处理，成了毫无趣味的白开水；一个内涵丰厚的文本，经过不着边际的伪探究，成了满目苍凉的情感荒野；一个独具个性的鲜活生命，经过指鹿为马的歪批乱解，成了面目可憎的木乃伊……这样的课堂，倘若不研究它的教学目标，不探究它对生命的关注度，而只观察它是否组织了活动，是否安排了师生对话，往往容易形成误判。

比如，一位教师在教寓言故事《滥竽充数》这篇课文时，就组织了这样的"文本细读"：

师：南郭先生他怎么混进来的呢？

生1：他可能是跟着马车进来的。

师：他偷偷地溜进来了，然后就可以吹竽了？

生1：他还要到吹竽的总管那里，给一些钱。

生2：吹竽的人走在路上，南郭先生把他劫了。

生3：他穿上士兵的衣服，混进去了。

师：他怎么有士兵的衣服？

生3：他先调查士兵的衣服是什么样子，然后照着这个样子去做一套衣服，这样就可以混进去了。

（教室里一阵哄笑。）

师：刚才同学们想了很多种方法，现在你们想想，你觉得这些方法怎么样？请同学们反思一下。

生4：这些混的方法太下流了。

生5：一定会被别人查出来的。

生6：太卑鄙了。

…………

此次文本细读的目的到底是什么，可能教师自己也不是很明白。教师仅仅是提供了这么一个话题，然后让学生围绕这个话题来发挥想象。可是，这是什么样的想象啊：花钱收买，拦路打劫，投机取巧。这些方法，尽管后来也被另外的学生视为"太下流了""太卑鄙了"，却真实体现出了一部分学生心灵深处的一些真实想法。对于这种暴露出来的思想病变，教师完全应该从关注学生终身发展的角度予以纠正引导。可惜的是，在这个课堂上，教师不但没有把握机会进行巧妙疏导，反而简单肯定了这些方法的合理性。从表面上看，这样的处理是在文本细读中尊重了学生的话语权，实际上却是对人文关怀的放弃。

其实，教师只要在学生发言后加上这么一句，效果就不同了："刚才同学们都是从南郭先生的角度来考虑问题的，他的这些方法正确吗？带来的是什么样的结果？"有了这一问，不但可以突出南郭先生的丑陋本性，而且可以让学生明白，靠不正当方法获取利益，最终必然失败。遗憾的是，教师恰恰未能说出这关键的一句。未说出的根源，只能是因为教师心中少了雕塑学生生命的意识。

三、如果教师不能准确捕捉到文本中的生命意识

也有一些时候，教师已拥有了在文本细读中捕捉文字背后的生命意义的意识，却无法将这样的意识，准确落实到细读活动过程中去。出现这样的问题，还是因为教师自身对文本的理解不够深刻。教师因为自身缺乏文本细读的能力，无法挖掘出文字背后隐藏着的真正的生命意义，便只将挖掘过程中发现的其他意义，误当作文本的真实生命意义。

一位老师在上《老王》公开课时，在文本细读环节，组织了这样几个活动：

师：本文哪个地方写得最精彩，为什么？

生："直着脚往里走，对我伸出两手。他一手提着个瓶子，一手提着一包东西。"

"他一手拿着布，一手攥着钱，滞笨地转过身子，我忙去给他开了门，站在楼梯口，看他直着脚一级一级下楼去"，这"直"字用得好，恰当地写出了老王的行动之苦。

师：你的点评不错，来，到讲台来模仿一下这"直"脚走路。

生到讲台直着脚上，直着脚下，其他学生发笑，课堂气氛一下子活跃起来。

师：这位同学在模仿时，很多同学发笑，笑什么？笑模仿不正确，还是老王的举动？难道就没有点别的？

教室里一下子又鸦雀无声，几秒钟后，一位女生突然站起来说："不，老王很可怜，他在病重期间，急需营养，可他知道自己加营养也无济于事，还是拿了香油、鸡蛋来报恩，他知恩图报，可

见他的善良。"

又一位男生站起来说:"老王太可怜了,他骨瘦如柴,足见病得相当厉害,一个孤苦老人,晚年无人照顾,甚是可怜。"

另一位男生道:"老王不仅值得我们同情,他也很需要我们的关心,他都病成那样了,瘦得只有一把骨头,可我们又给过他多少关心和帮助?倒是老王给了别人不少的恩惠。我不禁要问:我们这个社会怎么了?"

课堂上闪动着沉思的活跃。

师:是呀,我们这个社会到底怎么了?在那个年代,很多事情是匪夷所思的。黑的可以记成白的,白的也可以说成黑的,是个黑白颠倒的年代,所以才有"越穷越光荣"的观点。好在,如今我们已拨乱反正了。倘若你遇见老王,你会怎么做?

生1:我会搀扶着他,一直把他送回家。

生2:我会雇辆出租车,把他送到医院,给他检查一下。

生3:我会给他买些好吃的,再给他一些钱。

生4:我会要求政府建一个敬老院,里面有设施齐全、技术较高的医院,把老王这样的人都吸收进来,让他们安享晚年。

…………

我认为,这一片段的教学,至少存在三处败笔。

第一处败笔,是模仿老王"直着脚"走路的动作。此处的教学目标原本很明确——探究文本中的精彩细节,体味细节中的人物个性与精神品质。"直着脚"走路的细节,确实很能表现老王的行动之苦,然而,行动如此艰难的老王,还要登"我"的门,给"我"送物品,这其中包含着什么样的人性光芒呢?这原本应该是文本细读中最应该深入追问的问题。遗憾的是，教师不引领学生沿着这目标探究下去，却草率地安排一名学生上台模仿老王的动作。这一模仿的结果，是学生的哄堂大笑，"课堂气氛一下子活跃起来"。

这样"活跃的课堂气氛"，却是文本细读中应该力避的。一方面，学生的笑，是因为学生并没有进入课文的情境之中，并没有从同学的模仿中揣度出老王行动的艰难与人格的崇高。在学生的眼中、心中，讲台上这位"直着脚"行动的人，就是自己的同学，不是作品中的老王。这里的笑，是阅读缺乏深度的标志。另一方面，学生的笑，也体现出教师课堂"造境"能力的匮乏。语文教学离不开特定的教学情境，只有让学生沉浸到文本理解所必需的艺术情境中，文本的价值才能获得最大限度的张扬。

第二处败笔，是关于老王"可怜"的对话。"老王很可怜""老王太可怜了""老王需要我们的关心"等观点，显然是对文本的一种误读。杨绛先生在《老王》中所表现的，是一种"苦难中的高贵"。"可怜"的老王，并没有因为他身份的低下、处境的艰难、行动的不便而丧失了他作为"人"的高贵品质。老王的这种品质，是作者所欣赏和认可的，也是作者所渴望弘扬的。然而，课堂上三名学生的发言，以及老师的总结，都明显偏离了作者意义和作品意义。此处的课堂对话，表面上看，似乎体现出了授课教师所说的"课堂上闪动着沉思的活跃"，实际上却是脱离文本本真意义的浅层次阅读，是没有触及文本内核，更没有触动学生灵魂的"伪对话"。课堂上学生所表现出来的廉价的同情，也因为没有灵魂的触动作为基础，而失去了培养学生人文精神的功用。

第三处败笔，是"倘若你遇见老王，你会怎么做"的拓展练习。表面上看，这处拓展，似乎关注了学生人文素养的培养与提升，强化了语文课教学活动中的人文性因素，但实际上，这个拓展，和前面对老王表现出的"同情"一样，依旧是缺乏深度、缺乏真情的"伪对话"。

四名学生的发言，确实体现出了一种人道主义的精神。然而，如果追问下去，我们就可以发现问题了：这些话，都是发自灵魂深处的真实声音吗？是经过深思熟虑以后情感的自然流露吗？现实生活中，有没有老王这样的人？当学生果真面对这样的"可怜"人时，他们能真正像自己所说的这样去做吗？

灵魂是需要拷问的，只有不断拷问，才能让人们的精神境界处于不断升华中。教学同样需要这种灵魂的拷问。失去了这些深度的拷问，而仅仅用一些无法验证的话语来构建起课堂上的"道德"，这样的人文教育，只能培养假话、套话、空话，又怎么能从灵魂上改变一个人呢？

语文教学中的文本细读，正是要建立课堂上的灵魂拷问，让学生在和文本对话、和同学对话、和作者意义以及作品意义的对话中，既积累知识、提升技能，又拷问灵魂，提升生命的认知能力、感悟能力。如此，在语文课堂上，才能站立起一个个个性鲜明、富有健康情感的"人"。

第三节

引出质疑的观点

一、学贵有疑：学习中，唯有学出了困惑，才会有进一步钻研下去的兴趣与价值

如何才能在自主学习中读出应有的疑问呢？

第一种方法，是要求学生在反复诵读中自己发现疑难问题，并用文字记录下这些困惑，也写出自己对这些困惑进行的思考。此种方法，我称为预习作业。

第二种方法，是教师预设一些富有挑战性的问题，在学生完成自主阅读并形成了一定量的认知经验的基础上，引导学生再次走进文本内容之中，促使学生在更深层面上探究文本内容。

第三种方法，是从学生的预习作业中精心挑选有价值的问题，然后交给学生合作探究。

第四种方法，是教师和学生在围绕文本内容交流阅读感悟时，适时生成新的问题。

四种方法中，第一种方法随意性较大，有些问题往往超越课时学习目标。第三种方法来自学生，贴近学生的思维能力，而且经过

教师的选择，能够贴近课时目标。两相比较，当然应该选择后一种方法。

第二种方法中，教师预设的问题，又可以分为两种类型。一类是来自文本本身的问题，另一类是来自拓展延伸的问题。来自文本本身的问题，需要教师准确把握学生的思维深度与宽度，能准确设置出必须让学生跳起来才能摘到的真问题；来自拓展延伸的问题，需要教师在备课时精心选择，确保所选择的材料，能够和课文内容形成互文性的阐释。

第四种方法，可遇不可求，不但需要学生反复钻研文本，而且需要教师跟随学生的阅读节拍，同步反复钻研文本。

比较这四种方法，倘若第四种能够在课堂上适时出现，当然最妙，最具现场性，最贴近学生的思考与探究。无法及时生成时，则第二种方法更具价值。第二种方法中，教师依照文本本身而预设的问题，完全可以把第一种、第三种方法中来自学生的阅读问题涵盖进来。

二、读出疑问的两则示例

不满足于"知其然"的课堂，都需要引出质疑的观点。

小学语文特级教师窦桂梅上的《晏子使楚》公开课就是采用上述第二种方法，凭借对文本学习中相关疑难点的充分预设而实现课内精彩的典型课例。

师：刚才我们读了这么多晏子的话，请同学们总评晏子的口才给了你们什么样的印象？

学生讨论回答。（具体内容略去，下同。）

师：他和刚才一个同学一样，也利用补充教材里的话，用人家的话来点评晏子，你咋这么会学语文、用语文呀？我们不妨一起学着他，来夸夸晏子的口才，那真叫——

生（齐答）："一人之辩，重于九鼎之宝，三寸之舌，强于百万之师。"

师：所以，课文的结尾才肯定地说："楚王不敢不尊重晏子了。"正如你们所说的"不得不""不能不"尊重晏子的口才。然而，今天有一位外交官，他对晏子的口才却是这样认为的，谁来读一读？

生："晏子的语言虽给人们的感觉是有理有据，但感觉还是做语言游戏，逞口舌之能进行外交对话，说不上是真正意义上的智慧，也获得不了真正的尊重。"

师：关于这位外交官的评价，你赞成他的观点吗？你不赞成他的观点吗？或者既赞成又不赞成，我们就把它说成"说不清"。现在，不要和别人讨论，你自己静静地去思考，我相信，当你的观点通过你的思考传递出来的时候，那就是你的声音，任何人的观点我们都给予尊重，因为那是属于他自己的思考。

请注意这段文字中的"然而"一词。这个现代汉语中用来表达转折关系的关联词语，在这段教学流程中实在是起着"更上一层楼"的神奇功用。有了它的引领，一个早已潜伏在教师课堂设计中的精妙预设便自然而然地登场亮相了："晏子的语言虽给人们的感觉是有理有据，但感觉还是做语言游戏，逞口舌之能进行外交对话，说不上是真正意义上的智慧，也获得不了真正的尊重。"

这次预设，教师显然是要通过外交官的话来激发起学生的主动思考，并通过这样的主动思维，来实现课堂教学由已经获取的"温度"向尚未获取的"广度"的转换。所以，教师在抛出了这个预设的"课堂转折点"之后，强调的是学生"静静地去思考"，是在这思考的基础上，既培养起良好的学习习惯，又把课堂推向深入。这显然是一种对学生终身发展负责的教育精神。

很难想象没有了此一处精心预设的质疑与探究，下面的课能够仅仅依靠学生的思考而生成出教学所必需的广度来。语文课堂不能没有广度，没有了大量的非文本材料的补充完善，语文也就不能称为语文了。然而，学生的认知水平和生活阅历的局限，决定了他们所能够达到的广度的狭隘。他们过于感性的理解力，往往会使得问题的思考与探究，始终纠缠在一个相同的层面上而无法扩展与深入。在这种教学情境下，教师借助自身对文本内容和具体学情的深刻理解，巧妙创设富有思维挑战性的问题，并引导学生结合问题更好地学习文本内容，也就成了课堂走向广度的必不可少的教学环节。窦老师这次预设的问题，就把课堂从单纯的文本赏析中解放了出来。课堂对话，被放置到了更为广阔的社会环境中来进行，这也就更有利于学生去创造性地思考问题。所以，接下来的教学环节，也就向着语文味儿更足的深度发展下去。

在阅读整体感知中，通过教师的疑难问题预设而激活学生深度探究文本内容的案例，还有很多，只要愿意学习，留心各种期刊上发表的名师课堂实录，便不难从中归纳出具有一定操作性的技法。

我在第六次教《沁园春·长沙》时，就有意识地打破了前五轮教学时的课堂结构模式，从课程学的角度入手，对教学内容做了进一步的调整。

前五轮上课时，第一轮，照葫芦画瓢，以某位名师的授课案例为蓝本，用他的课堂构思、将他对文本的理解传达给学生。第二轮，不再满足传声筒的功能，开始利用自身的朗读优势，从诵读指导角度引领学生感知作品的豪迈风格。当然，也没有忘却对字词的串讲。第三轮，以发现问题、讨论问题为主要授课模式，在课堂上通过多次诵读，组织学生发现问题，然后提出来，小组讨论。第四轮，接受后现代课程观的影响，将文本当作引子，通过大量的拓展阅读，从宏观视角，带领学生认知青春。其中，侧重剥离附着在青春肩膀上的政治附加，努力还原青春的个性色彩。第五轮，全力实践自己的"主体实践性阅读"理论，依照"走进文本—走进作者—走进生活—走进文化—走进心灵"的路径，通过诵读与讨论，将文本蕴含的知识信息与情感信息有机结合起来，让诗歌真正走进学生的心灵。

应该说，曾经拥有的这五次教学经历，正是我对课堂教学认知发展过程的真实反映。

然而，我从来就不是一个安分守己的人。再一次站在高一的门槛前，我一如既往地渴望着改变。这一次，我的目标十分清晰——从语文课程的视角、"人"的视角出发，剔除课堂教学中一切非课程的东西，让语文课真正"有效"。

我把课程教学目标锁定在以下三个方面：

第一，结合学生预习作业中提出的问题，在反复诵读的基础上，组织目标明确的讨论，清除阅读障碍。

第二，从"炼字"角度入手，通过关键词的赏析，带动对整首作品字面意义的理解。同时，帮助学生掌握诗歌鉴赏中字词赏析的基本方法。

第三，从"人"的视角出发，通过对诗词创作背景的真实资料的介绍，还作者以"人"的情感，借此拉近学生与作者间的心理距离，使"青春体验"的单元目标落到实处。

依照这样的教学目标，我在引导学生初读整体感知文本时，除了适时亮出自己的学习任务，要求学生在反复诵读中领会文本"写了什么"之外，更是适时引出了质疑的观点。

我先是把教学参考书中的背景介绍文字展示给学生：

1925年，毛泽东直接领导了湖南农民运动。当年10月，毛泽东离开韶山前往广州，途经长沙，重游橘子洲，面对绚丽的秋景和大好的革命形势，回忆往昔的战斗岁月，不禁心潮起伏，浮想联翩，写下了这首气势磅礴的词。

然后，我介绍了两则史实：

其一：

1925年1月11日至22日，在上海召开了中国共产党第四次全国代表大会，毛泽东不仅没有出席，而且连委员都被选掉。1958年，毛泽东在对自己的诗词作的一些"自注"中，曾言道："一九二七年，大革命失败的前夕，心情苍凉，一时不知如何是好。"

其二：

1925年2月至8月，毛泽东回到韶山养病，并利用这段时间创办农民夜校，组织农民协会，还秘密建立了中国共产党的韶山支部。这些举动惊动了省城长沙。湖南省省长赵恒惕密派快兵赶赴韶山捉拿毛泽东。幸亏毛泽东老师的儿媳妇从朋友那里得到了消息，毛泽东扮作乡下郎中，被人用轿子抬出了韶山，来到了他老师的儿子郭梓阁开的食品店，军阀随后就追到了这里，当时的情况十分危急，郭梓阁把毛泽东藏到店铺的夹壁里面。两天以后，追兵撤走了，毛泽东才从夹壁里面走出来，马上一个人秘密地回到了长沙。

资料展示之后，组织探究：

（1）通过两种不同创作背景的介绍，你觉得哪一种更有利于展现作者的胸襟抱负？

（2）你对教学参考书中的文字如何理解？为什么会有这样的文字出现呢？

这两个问题的设置，目的之一是告诉学生：即使是毛泽东这样伟大的领袖人物，他的人生也有失落的时候，也会遭遇各种各样的不如意。然而，伟人之所以能成为伟人，原因之一是他在逆境中能看到希望，能始终保持一种越挫越进的人生态度。我想，这才是这首词作中学生最该汲取的精神养料。

目的之二是培养一种主动质疑的精神。我想传达给学生的是，各种教辅资料上的观点，都不是终极裁判者，而只是一家之说。学习的过程，就是主动质疑的过程，就是要多角度思考、多层面探究，用自己的思想，到文本中寻找思路和答案。如果没有这样的质疑精神，人的大脑就只能成为被动接受知识的储藏室，而不会成为加工知识并使其转化为能力的加工厂。

在阅读教学中引出的质疑的观点，其价值在于建构超越文本表层意义之外的学习"新时空"，属于学习任务的拓展延伸。有了这样的拓展延伸，文本的阅读与鉴赏才能顺利推向深处，才不至于只停留在对文本表层意义的肤浅理解上。而这，也为语文深度学习奠定了基础。

第五章

必修课:
策划有效活动

怀特海曾说过这样的话：当一个人把在学校学到的知识忘掉，剩下的就是教育。这句话的真实意义，不是制造知识与教育的对立，而是强调积淀与浸润的价值。毕竟，学校中学到的知识，总会随着时光的流逝而逐步忘却，但培养出的学习能力、思考能力、实践能力，以及各种美好的品质、情感、思想，却可以陪伴人的一生。

由这一句话可推知，学生的终身成长需要，正是这"剩下的"教育。语文教学中，教给学生的各种文本鉴赏方法、各种答题技巧、各种谋篇布局的写作技能，都会随着读书生涯的终止而从日常的工作和生活中淡出。唯有养成的良好的阅读习惯、培养出的"大胆质疑，小心求证"的治学品质、确立起的人生情怀，会为终身发展提供不竭的动力。

意识到这一点，便会发现，语文教学在培养应试能力之外，还有太多的任务需要完成。以服务学生的终身成长需要为根本的语文教学，其课堂教学的出发点和着力点，都只能是学生，只能是学习习惯的养成、学习品质的培养、学习能力的强化。

将这样的成长需要，落实到每一节课的教学中，便需要语文教师在备课、授课等一系列教学行为中，始终确立"以人为本"的教学理念，将教学活动的重心，由知识的告知转移到能力、习惯和品质的培养之上。

具体而言，即是每一篇课文的教学，都不能只将目标瞄准考试，而是要致力于阅读能力、阅读思维的培养，致力于通过课文的学习，传承优秀的文化，感悟高尚的灵魂，接受真善美的熏陶。要做到这些，课堂上便需要一系列的实实在在的活动，静静地阅读、慢慢地品味，需要组织各种形式的对话，需要打通课文与现实生活的关联，将语文教学与丰富的生活、厚重的文化、悠久的历史结合起来，让每一篇课文的学习，都成为学生与作者的亲切恳谈。

这样的语文活动，或许不会立竿见影地带来语文应试成绩的快速提升。为此，语文教师必须有足够的承受力去承受各种责备，有舍得牺牲某些现实利益的决心和勇气。优秀的语文教师，应该具有"虽千万人吾往矣"的执着。这样的品质，本身就是一种难得的语文教学资源。学生们追随这样的语文教师学习语文，才能获取受益终身的思想、情感与品格。

第一节

不妨让学生去说

阅读、探究与质疑，只有作用于学生身上并转化为语文学习中的一种主动行为后，语文教学才有真正的价值。从本质上看，在语文学习过程中，教师教得好，仅是落实学科教学目标的要素之一；学生学得好，才是语文学科课程目标达成的关键。

学生学得好，当然不能只依赖教师的教，更需要借助学生的自主学习，以及同学间的合作探究。

自主学习和合作探究，是贯穿课堂教学全过程的学习活动，这样的活动，当然离不开精心的预设和教学过程中的及时捕捉。

一、学生说什么

常态化的课堂上，无论组织何种形式的阅读、思考或探究，都得把学习的主动权交给学生。教师要开始隐藏自己，要让学生反复阅读教材，并在反复阅读中不断深化对学习任务的理解，直至较为全面地认知任务内容。让学生主动地表达，是教学取得实效的要点所在。

当然，让学生去说，绝非没有目标地随意说，也非浮光掠影地探知皮毛。说，既是为了表达个性化的见解，也是为了形成观点的碰撞。说，不但需要表达，而且需要倾听。

教师应该组织学生说些什么呢？

这是一个无法形成固定答案的宽泛问题。因为，从来就没有固定不变的模式能适用于所有的课文与课堂。不同的教师、不同文体的课文、不同的学段、不同的学情等因素，都制约着阅读教学中的对话活动。无论这样的对话，是在师生之间、生生之间，还是生本之间进行。

课堂起始阶段的"说"，通常以交流阅读感悟为主。说的内容，是学生与文本初步对话的成果。

我在2017年课改之前的很长一段时间内，教任何一篇新课都习惯于让学生先说两方面的内容：读懂了哪些，还有哪些没有理解。最初我是放开让学生自由地说，后来发现这样的"说"缺乏必要的理性支撑，便转而限定"说"的范围，让"说"成为特定任务驱动下的自觉对话。且看下面这个片段：

师：哪位同学说一说，通过预习，你了解了一些什么样的内容？

生1：伽西莫多被绑在了平台上示众，很多人都嘲笑他，骂他。他很渴，很烦躁，那个吉卜赛姑娘拿了一杯水给他喝。他流下了一滴眼泪。

师：你了解的是故事梗概。

生2：小说写伽西莫多被绑上了平台，接受了笞刑。善良的吉卜赛姑娘给了他一杯水，感动了他。

师：你了解的也是故事梗概。请同学们看大屏幕，注意从这几个方面回答问题。

教师展示第一张PPT：

1.通过预习，我读懂了这样一些内容（人物、环境、主题、情感、结构）……

师：预习一篇课文，不能只停留在了解故事梗概的基础上，这远远不够。还要知道文章塑造了一个什么样的形象，描绘了什么样的环境，表现了什么样的主题，体现了什么样的情感，运用了什么样的手法，营造了什么样的结构等。我们常说读懂一篇文章，什么才是懂呢？就是要将这些问题都琢磨到位。只了解文章的大概内容，不是真正的学习。事实上，普天之下的文章，都存在"写了什么"的问题，更存在着"为什么写""怎么样写""还可以如何写"以及"这样写好不好"等问题。只有将这样一些问题都带入我们的预习中，我们的学习才有明确的目标。否则，每一节早读课，都只是读一遍课文，了解一下梗概，学习便永远低效。

该片段呈现的并非一次理想的对话活动。影响对话效果的最重要因素在于学生的"说"缺乏课程意识的支撑。语文活动中的"说"只有围绕特定学习任务而展开，才能真正激活学习思维，引导学习朝向纵深发展。要达成这样的目的，离不开教师的训练。所以，我直接用PPT告诉学生"说"的具体要求。这样的告知，最初带有强制灌输的成分，但几节课下来便能够形成习惯，便可以保证此后的学习能够在相对理性的对话活动中有序展开。

文本细读之后的"说"，则应指向思维的深度开启。该环节研究离不开特定学习任务的有效驱动。教师只有在看似"无疑"处陡生波澜，才能将学生带入陌生化的学习情境之中，促使其开动脑筋探究新的学习内容。

且看下面这个片段：

师：这段文字中，有人"恨他奸诈"，有人"恨他丑陋"。其中，伽西莫多的"奸诈"，在课文中没有任何证据材料，人们为什么还要这样恨他？最后这句话，又该如何理解？

生：这段文字中，所有的恨，都没有因果关系。也正因为没有因果关系，才更能反映出围观群众的愚昧。最后这句话，与伽西莫多全无丁点关系，完全是一种情绪的随意发泄。

师：是啊，骂人者看似个个皆有理由，却又个个全无理由。对一个与自己无关的人肆意地宣泄自身的负面情绪，这绝非文明社会应有的人际关系。这样的病态人格，只能形成于病态的社会中。作者塑造这样的一个群像，真正的目的，不在于写人，而在于批判社会。

师：但是，矛盾来了。这样一群愚不可及的人，竟然在结尾处发出如此的欢呼，这结局合理吗？人们真的如此容易感动吗？

教师展示第八张PPT：

观众也都被感动了，大家拍着手喊道："好极了，好极了！"

生：这个结局如果放到现实生活中，可能不会发生。作者这样安排，我觉得，是为了作品主题表达的需要。他要表现爱斯梅拉达的爱的力量，就不但要让这爱心感动伽西莫多，还要感动愚昧的看客。如果看客们还是像原来一样无动于衷，或者仍然咒骂伽西莫多，那么，这个作品也就没有什么社会价值了。

师：你能将情节和主题结合在一起进行思考，这是良好的思维品质，很好，你是一个善于思考的同学。下面，你再思考另一个问题——如果鲁迅先生写这个故事，会安排这样的一个结局吗？为什么雨果会这样安排？他是一个什么样的作家？

这个片段发生在《一滴眼泪换一滴水》教学的后半部分，其价值在于引导学生打通前后情节的关系，立体化感知作品中的人情、人性。而将鲁迅引入课堂，则可以借已知而探究未知，同时将来自具体故事的情节设计和两种不同创作风格建立关联。有了这样的课堂对话活动，课堂便有了思维的深度。

二、如何引导学生去说

在学生"说"的问题上，许多老师是耐不住性子的。课堂上，有些老师急于把教学推进至下一个环节，便压缩自主阅读环节的教学用时，不安排或少安排学生间的交流探究。也有些老师，虽然安排了学生发表观点，但却对学生的"说"缺乏必要的引导，以至于说了也等于未说，既不能更好地启迪思维，使思考走向深入；也不能形成观念的碰撞，无法体现出教学过程中的智力挑战色彩。因而也就无法最大限度地激活课堂。

且看下面这个课堂片段的实录：

师：读诗词要抓诗眼，抓最传神、最精彩的句子。这首词最关键的一句是——

生1：待到山花烂漫时，她在丛中笑。

生2：已是悬崖百丈冰，犹有花枝俏。

师：下面大家两两结合，假设你是梅花，他是山花或冰雪，那么梅花和山花或冰雪之间会有怎样的对话？给2分钟时间。

（2分钟时间过后，有四对学生给大家演示，说得都很好，老

182

师提示大家给予他们掌声鼓励。）

生3（扮冰雪）：梅花啊，寒风凛冽冰天雪地，你就不怕冷吗？

生4（扮梅花）：只要能唤回东风，迎来满园春色，我受点冷又有什么关系呢？

生5（扮冰雪）：可怜的梅花，你为什么偏偏在寒冬季节才开放呢？

生6（扮梅花）：不经一番寒彻骨，哪得梅花香扑鼻。（掌声）

生7（扮山花）：正是我们灿烂盛开的时候，你却凋零了。你还笑什么呢？

生8（扮梅花）：我开心啊！作为"报春者"看到你们开放了，春天来到人间了。我的使命已经完成了。我为什么不高兴呢？

生9（扮山花）：梅花姐姐，你为什么不和我们同时开放呢？

生10（扮梅花）：如果和你们一同开放，那我还是傲雪的梅花吗？（掌声）

师：同学们的对话真是太精彩了！那么想一想，毛泽东的《卜算子·咏梅》词仅仅是咏梅吗？

（顺势转入词的背景介绍，略。）

师：1961年，我国连续三年遭受严重自然灾害，国家很困难；美国大肆反华，苏联也背信弃义，撤走援助中国的专家，逼中国还债。毛主席写这首词来鼓励全党同志和全国人民增强自信心，奋发图强，战胜一切困难。毛泽东从来都是这种喜欢挑战、迎难而上的人。所以他写这首词是——

生11：借物抒情！

师：对，是借物抒情，换句话说就是"托梅书怀"。

在这一环节的教学中，抓诗眼的构想非常必要，抓住了它，也就找到了牵一发而动全身的关键点。

然而，且不论学生归纳出的两个句子中哪一个句子才有资格充当本首词作的诗眼，也不论教师在此处的不作为（提出了问题，却在学生给出两个答案后，未能传授给学生区分真正诗眼的具体方法，甚至对自己提出的问题不做解答），单看随后组织的对话活动，便可以发现这一"说"的环节，其实是低效甚至无效的。

只需思考一个问题就足够了：实录中，从生1至生11的对话活动，有哪些环节是不需要教师点拨、学生初读词作就能够理解掌握的？

很明显，这些对话，对已经具有一定阅读经验的中学生而言，缺乏智力挑战。生3至生10的所谓对话，只停留在将词作语言转化为散文语言的层面，表达能力强的学生，无须投入多少精力，即可完成该项任务。

其实，在这段实录中，具有思维挑战色彩的内容是存在的，只是要么被教师忽略了，要么被教师直接告诉了学生。

首先，诗眼的归纳，就是一个激活思维的良好契机。学生抛出的两个句子，哪一个才有资格充当诗眼呢？这首先就涉及诗歌教学中一个不得不重视的知识——诗眼。此处，既然学生的回答存在分歧，就不妨从"诗眼"这个概念的解析入手，放开让学生去说，去争辩。如此，也就能够在"说"中，促使学生了解相关知识，同时训练学生寻找诗眼的能力。

明确概念后，针对概念所强调的"全诗主旨所在"这一核心，又可组织起第一次讨论：这两个句子，在表现梅花的品德上，存在着什么样的差异？这一问题，已经具备了初步的思维挑战色彩，不是浅层阅读能够解决的。

第二次讨论，可以重点探究"笑"字。虽然生8已经谈到了对"笑"的理解，但他的理解是表层的、直观的，这里的"笑"，还应该包含更多的内容。比如，为自己在逆境中的战斗精神而笑，为自己独战严寒的无畏气概而笑等。这一问题，如果没有学生间的合作探究，便很难挖掘到更深层面，所以，它具备较大的思维挑战性。

这两次讨论的价值，在于以"笑"为线，串联起整首词作的解读。具有一定思维挑战性的思考题的设计，有利于学生带着问题细读词作，也就避免了回答问题时的随意性。

其次，"毛泽东的《卜算子·咏梅》词仅仅是咏梅吗"这一质疑，原本也是十分有价值的问题情境，把握住了这个问题，可以激活更多的诗歌鉴赏知识与技能。比如，可以帮助学生养成结合具体背景解读诗歌的能力，可以帮助学生确立透过现象看本质的思辨意识，可以指导学生学习托物寓意的写作技法，可以归纳出梅这一意象中凝聚的象征意义，可以拓展至其他托物寓意的诗句内容等。这一问题，是文本解读由表层的"写了什么"向着"为什么写""怎么样写"阔步迈进的桥梁，是实现课堂教学的"宽度""深度"的重要构件。

遗憾的是，教师在该问题的处理上越俎代庖，未能以此为触发点而引导学生发现更多问题，而是用简单介绍一带而过，以教师的"说"直接取代了学生的"说"。在这一环节中，学生只是复习了一个词语——借物抒情。

倘若教师在讲授该环节时，能够调整一下教学设计，用以下一些问题串联起对词作背景和表现手法的理解，是否更有利于营造课堂教学的温度、宽度和深度，更有利于满足学生的思维发展需要呢？

（1）哪位同学能告诉大家，毛泽东歌咏梅花的目的是什么呢？

（2）这样的精神，为什么可以用梅花来象征？如果直接歌咏，好不好？

（3）可否用其他事物来替代？理由是什么？

（4）这首词在写作技法上，给了你什么样的启迪？

（5）你能仿照这样的技法，选择一种精神品质，用诗化的语言进行讴歌吗？

这五个问题，都需要学生通过"说"来完成，只是，这时的说，必须依托深刻的思考，绝非浅层阅读可以解决。如此，问题探究中的"说"，也就必然成为激活学生课堂高效思维活动的推进剂，课堂也才能够获得真正的高效。

三、如何让学生说得有价值

来自学生的有价值的"说"，应该是建立在文本反复诵读基础上的新认知、新感悟，而不是旧认知、旧经验的简单重复。"说"的内容，应该是既往的知识经验与当下的文本学习碰撞融合之后形成的新觉解。换而言之，就是要求学生在课堂活动中应该表达出紧扣文本内容的观点与主张，而非与课文脱节的空话、套话。语文教师必须明白，学生的说，是为了表达出他们对课文相关内容的个性化见解。

下面这个片段，是我在教苏教版高中语文教材中"走进语言现场"这一专题单元中的访谈录《作为偶像》时组织的对话活动：

师：了解了访谈的相关知识后，我们开始进入课文学习。请大家把书打开，共同看一看这个访谈实录是如何提问、如何回答的。先请大家数一数，课文中共进行了多少回合的对话？你来告诉大家。

生1：共有13个回合的问答。

师：那么，这13个回合，是从几个方面进行访谈的呢？

生1：三个方面。

师：哪三个方面？

生1（翻书，边翻书边概括）：第一块主要是从航天飞行的影响角度来对话的，第二块是从心理素质方面进行问答的，第三块是从意志信念的角度进行问答的。

师：哦，从影响、心理素质、意志信念三个角度展开问答的。有不同意见吗？

学生沉默。

师：看来大家对问答中的关键词把握得很准确。听话听音，看访谈，自然需要把握住关键词汇，这是很好的学习方法。下面，我们把这13处问答中属于记者提问的问题先提取出来，同学们研究研究，看看记者的发问，有什么值得我们学习的地方，当然，也可以挑挑毛病，看记者的提问中，有没有不妥当的地方。

学生阅读，同桌相互讨论。此处用时约4分钟。

师：哪位同学说一说，记者的提问，是否符合我们在黑板上归纳的"目的明确、准确具体、简洁口语化、尊重对方"这几条？你来说说，如何？

生2：我觉得记者的提问还是很好的。先从关心身体入手，这样比较亲切。然后问一问是不是特别忙、有没有想到对青少年的影响、有什么样的忠告等问题。

师：哦，你从这些提问中，感受到了一种亲切，也感受到了"目的明确、准确具体、简洁口语化、尊重对方"这几点了，是吗？

生2：是。我觉得问题都比较具体，目的也很明确，对对方也很尊重。

师：很好，看来，记者要是用这几个问题采访你，你应该不会拒绝？（笑）

生2：……

师：再请一位同学发表高见。你怎么看？

生3：我觉得大多数问题都很好，就是第二块的一个问题，似乎有点毛病。

师：哦，第二块的哪个问句？

生3：第二块的第一个句子。我觉得这个句子不好回答。如果是问我，我就不知道该怎么说。

师：哦，我们看看这个句子——"你觉得这么多预备航天员，最后选到你，最重要的一个因素是什么？"这样吧，现在大家都是杨利伟了，同时大家又都是预备航天员，我们就现场采访一下，看看"杨利伟们"是如何回答的。

生4：这个问题，属于国家机密，无可奉告。

生5：我觉得，我们全体预备航天员都是一样优秀。至于为什么选到我，我想，可能是我更适合此次飞行任务吧。

生6：应该是按照成绩来排的吧，具体我不清楚，不过我想，一定是综合了多次训练成绩来选择的。

生7：因为我就是最优秀的！

学生鼓掌。

师：好个"我就是最优秀的"，充满了自信！

转问生3：这几种回答，你觉得满不满意？

生3：不满意。我觉得还是没有把问题回答清楚。而且，像最后这位同学的回答，让其他预备航天员听了，心中也会不高兴的。

师：说得有道理。我要是预备航天员，也不高兴听这样的话。对记者的提问，其他同学还有什么看法，请继续说。

生8：我觉得，除了刚才第二位同学提出的这一处外，另外12个问题都很好，特别是最后一个问题，可以借杨利伟的口，把其他没能上天飞行的预备航天员的心声表达出来。

师：哦，你觉得这个问题能反映出一种共同的心声。有不同意见吗？

生9：我不同意这个看法。我觉得，这个问题实际上并不准确。因为他毕竟已经成功飞上太空了。这个问题，要想获得真正的答案，还要去访问那些没有被选入的预备航天员们。只有他们才有真实的心理感受。

师：好，见仁见智，各抒己见，咱们这也是进行一场对话活动了。这个问题暂时告一段落。下面，再一起分析分析杨利伟的回答，品味品味航天英雄的回答，是否符合访谈的规范要求。

我对生1的两次追问，是为了促使他把话说得更规范，更符合语文课的表述特征。对生3提出的问题，则抛给学生探究。四位学生的发言，都不能让生3满意，这就表明学生的"说"，没有达到文本材料中访谈对话的高度，属于依凭旧知识、旧经验信口而说。所以，我便把这问题继续抛给其他学生，让他们能从文本中访谈的特殊背景出发，思考如何提问更科学、更合情理。因为下一环节中，将从杨利伟的回答上探究语言表达的技巧，所以，这里并未对第二个提问进行修正，留给下一环节完成。

在结构完整的课堂上，学生的"说"有时并不一定需要立刻形成结论。因为，此时提出的某些问题，恰恰能够构成下一个教学环节探究的重点。所以，教师不必急于给出答案，而是要尽量拓展学生思维的宽度与深度，如此，学生才能更好地走进文本之中，才能从文本中读出自己的感悟，也读出自己的疑问。

第二节

营造语文的独特韵味

课堂活动中，教师既是平等的对话者，也是走在前方的引领者。平等，指向对话活动中教师对学生话语权的充分尊重；引领，指向阅读过程中教师对教学目标的把握，对学生思维障碍的适时疏导。只有这两种功能正常发挥，课堂活动才有温度、宽度和深度，才能营造出语文的独特韵味。

在题为《在课堂教学中彰显"语文味儿"》的文章中，我把"语文味儿"区分为来自诵读的"清香味儿"、来自词句的"橄榄味儿"、来自文本的"芬芳味儿"、来自内核的"人情味儿"、来自师生互动的"甜蜜味儿"等五种类型。我以为，所谓语文味儿，自然是语文学科特有的，其他学科无法具备的独特韵味。这样的韵味，必然来自语文学科独有的知识、能力、情感、精神，来自师生对这些知识、能力、情感、精神的个性化感悟、品味和探究。课堂活动中的文本细读，就是要读出这些独特的韵味。

要营造出这样的独特韵味，绝非轻而易举。不争的事实是，在中学阶段，年级越高，学生对语文学习的兴趣越处于下降趋势。多数语文课堂，不但缺乏思维的宽度和深度，连必要的"温度"都无

191

法拥有。究其原因，往往不在于学生不愿意学习语文，而在于语文教学活动无法满足学生的好奇心和成就感。

不能满足学生的好奇心和成就感的语文教学活动，当然是失败的活动。之所以失败，是因为未能借助教师的专业引领，创设富有韵味的课堂对话活动。没有对话，文本细读便只落在表层意义的分析归纳上，始终不能走进文本内核之中，不能将文字背后隐藏着的生命激活，无法满足开发学生最近发展区的需要，自然也就平淡无趣。

能够满足学生的好奇心和成就感的方法，正是对语文学科蕴藏着的各种"语文味儿"的激活与品鉴。在反复诵读中进行文本细读，在细读中推敲词句，感悟语言文字的独特神韵，挖掘文本的精神之美、理趣之美，并在师生互动中感受思维碰撞的快乐，有了这样的活动，语文课又怎么会不吸引学生？

在以"自主、合作、探究"为学习方法的教学理念中，课堂中的一切观察、思考、发现、探究，当然以学生间的互助合作完成为最高学习境界。只是，这里有一个认知上的陷阱，许多语文教师容易跌落进去。相当数量的老师，误以为学生"自主、合作、探究"了，教师便可以成为甩手掌柜，最多也只是在课的开始或结束时说几句总起或总结的话。这样的想法，显然是对"自主、合作、探究"的曲解。正如前面章节所阐述的那样，一切课堂活动，均必须围绕着一定的课程目标展开。课堂中的目标掌控，只能由教师完成。可以这样认为，教师就如杂技表演中的底座，处于"自主、合作、探究"学习状态下的学生便是在底座上表演的演员。没有了底座，"自主、合作、探究"便没有了根。

明白了这个道理后，再看语文活动的开展时便能够发现：自

192

主，并非没有任何约束的随意阅读；合作，并非没有规章的任何组合；探究，并非没有目标的四面出击。"自主，合作，探究"其实都是紧扣了文本的课程目标而展开的目标明确的学习活动。

如何借助"自主、合作、探究"的学习方法，营造语文活动的独特韵味呢？质疑与追问是基础，表达与交流是手段，激活与点亮是根本。

一、质疑与追问

在学习活动中组织学生主动质疑、发现自主阅读时未能发现的问题，是满足学生好奇心的必要手段。任何文本，只要用心品读，总能够发现值得品味的问题。认为已读懂、读透了课文的学生，恰恰是因为没有读进去。

培养学生主动质疑的精神，需要一个过程。在这个过程中，最初需要借助教师的示范引领。教师要能够从看似平淡的文本中，巧妙发掘能够给学生以灵魂触动或思维震撼的新问题，并将这思考与发现的视角与方法教给学生，学生才能在模仿与借鉴中，逐步养成自主质疑的能力。当这个能力形成后，学生才能够不断发现值得探究的新问题。

比如，引导高一新生学习张洁的散文《我的四季》时，我发现，这些新入学的孩子对这个一读就懂的文本形成不了阅读的好奇心，我便在组织他们反复阅读文本并自我质疑的基础上，依照我的精心预设，提出了一连串问题，诱使学生逐步走进与文本的深度对话活动中。

先提出一个最低级别的问题：如果人的一生可以划分为四季，

那么，每个季节大约是多少岁至多少岁？

引发了争论后，以20年为一个季节，让学生说出每个季节的最大特征。

随后，让学生以20年为一个季节，为张洁计算她的四季所对应的具体年份。

这样一计算，就可以发现一些问题了：张洁的春季，是1937—1957年。在这20年中，无论是东北解放前十年，还是解放后十年，人们的生活都是艰难的。张洁的夏季，是1957—1977年。在这20年中，无止无休的运动，让青春陷入无法挣脱的迷惘中。她写作本文的时间是1980年，可以看成秋季的开始。这个季节，百废待兴。人的价值与尊严，终于开始得到认可。张洁的事业也开始出现腾飞。

借助这样的计算，课堂气氛活跃起来，立刻转入文本细读，引导学生思考五个问题：

1.“我”的四季各有什么特征？关键词是什么？

2.“我”的四季是不是符合自然规律的四季？这样的四季，对生命产生了什么样的影响？

3.如果不采用比喻象征手法，应该怎样叙述人生的灾难？

4.在对每一个季节的描绘中，详略是如何安排的？

5.哪些句子对你有启迪？有什么样的启迪？如果换一种说法，这个句子还可以怎样说？

我的教学设计，建立在我对张洁文学创作中的“人”与“爱”的主题意识深入研究的前提下。在《我的四季》这篇课文中，灾难、人、感悟，正是支撑起文本的三个核心点。我以此为纲，设计出五个质疑点，串联起整个课堂，就是抓住了这个文本的精髓。而这也完全符合本单元"向青春举杯"的主题目标。

这五个问题，大体涵盖了整篇课文的理解。组织讨论时，我又特别强调了要结合时代背景思考。于是，大多数学生能从时代给普通人的生命带来的损伤的角度，发现灾难背后所站立的那个"人"的形象。

整节课的重点，是第五个问题。对这个问题的研究，又以前一问为重心。之所以如此安排，就是要通过句式的变换，引导学生了解形象化表达的重要价值，同时，借助这样的变换，训练遣词造句的技能。

经过这样的质疑与追问，学生便发现了自主阅读时未曾发现的问题，学习有了好奇心，也有了成就感。语文的独特韵味便营造出来了。

二、表达与交流

语文课的独特韵味，也体现在活动过程中的表达与交流上。

表达与交流的立足点在于文本。文本是课堂存在的基础，对文本价值的发掘，决定着课堂的深浅成败。师生间围绕着文本理解而展开的表达与交流，实际上就是教师充分利用自身的专业知识积累和人生经验积累，帮助学生开启情感智慧大门的过程。在这个过程中，教师的个人魅力、专业才干和学生的思维状态、思维方式、情感意志等要素有机结合，形成文本理解中的"解读场"。在这个无形的"解读场"中，教师引领着学生，学生影响着学生，学生间的合作探究又推进着教师的思维创新，师生双方在表达与交流中真正实现相互成长。而这成长，又促进了对文本的深度理解，促进了学生对文本知识的吸收，促进了学生情感意志的健康发展。

表达与交流的最佳状态在于紧扣文本的意外生成。围绕文本而进行的探究活动顺利开展时，师生双方的思维都是开放性的，脑细胞空前活跃。学生因为学习的投入、因为课堂的发现而拥有了成功的愉悦，教师则因为学生的积极思考、因为教学目标的顺利落实而拥有了为师的快乐。在这样的状况下，学生的情绪影响着教师，教师的情感感染着学生，师生间思维的宽度、广度、深度都呈现出最佳状况，思维的发散性、辐辏性、复合性、网络性等特征获得充分显扬。于是，课堂中的发现也就越来越多，课堂上的思考也就越来越深刻，课堂教学所无法预计的那些精彩，都会在表达与交流中不期而遇。

下面这个课堂实录片段，是我在教《贵在一个"新"字》这篇课文时，围绕着一个拓展内容而展开的探究活动。师生间的表达与交流，对于更好地解读拓展材料，起到了很好的促进作用。

师：你觉得要想成为帕斯卡尔这样的人，需要具备什么样的素质？

生1：我认为第一需要的是天分，第二是勤奋，第三是思考。

师：你呢？请你谈谈。

生2：我认为应该把独立思考放在第一位，第二是勤奋，第三是天分。

师：哦，顺序改变了。你为什么要改变别人的顺序？

生2：我觉得天分这个东西比较唯心，我们可以说所有成功的人有天分，说所有失败的人没有天分。但这些人到底是否有天分，谁也不知道。至于勤奋，我想至少有两种类型吧。一种人是知道自己在做什么、为什么要做，并努力去做；另一种人是并不知道为什么要做，只是一味盲目地做。后一种人，再勤奋也不会有多大成就的。就像我们有些不善于思考、总结，只喜欢盲目做题目的同学一样。

师：说得太好了！古话说"勤能补拙"，现在看来，这个"勤"字，前面还要添加点限定成分，这应该添加的内容是什么？

生3：思考！

生4：独立思考！

师：思考和独立思考还有差别吗？你说说看，有独立思考，是不是就有非独立思考存在？

生4：当然有区别。比如在课堂上，老师讲解一道练习题时，我们每个人虽然都是在进行单个思考，但这种思考都是顺着老师的思路进行的，全班同学中，只要不是不会计算，那么，绝大多数人进行的思考，应该都是相同的。我觉得这就不能算是独立思考，只能是一种集体思考。

师：思考原来还有这么多的学问啊。你能不能再举点儿不属于独立思考的例子？

生4：我觉得，我们国家的法律法规、各种规章制度等，就都不属于独立思考的结果。他们都是集体思考后形成的。

师：了不起，上升到国家的高度了。其他同学对这个问题还有些什么样的观点？

生5：我觉得前面这位同学说得很有道理。思考和独立思考是有差别的，很多时候，我们看起来是在进行独立思考，实际上却仅仅是一种习惯性的思考。这种思考，并没有什么属于自己的内容。很多时候，还可能是被别人的意志牵着走的。

从这个片段可以看出，良好的表达与交流，建构起了教师、学生、作者、编者、文本表层意义、文本深层意义间的相互理解与沟通。这种表达与交流，不但可以让学生了解文本，而且可以借助文本来了解生活、了解社会、掌握知识、提升能力，更可以借助文本确立学生正确的人生观、世界观，使学生的生命拥有健康的航向和持久的动力。

三、激活与点亮

我始终坚信，合格的语文教师，都具有激活情感、点亮生命的能力。这里的激活与点亮，其宾语既可以是学生，也可以是文本，更可以是教师自身。课堂教学中的有效活动，就是要将这三个宾语汇集到课堂的"解读场"中，让三者相映成趣，彼此交融。

我在教《看社戏》这篇散文时，试图创建一种全新的学习范式，让学生带着特定的任务而探究文本。为了践行这一想法，我在课堂上设置了多处活动。

在新课导入解读时，我用一张图片和解说文字充当学习情境，引导学生从不同视角观察和思考，并由此而提炼出具体的学习方法。

师：前几天在网络上看到一张图片，挺有意思的。同学们也看一看，从这幅图片中，你能读出哪些信息？

（2016年11月28日，重庆，清晨7时06分，随着C6402次动车驶离重庆北火车站开往三峡库区核心城市万州，三峡库区正式进入"高铁时代"。为一睹真容，万州、垫江等沿线市民扛板凳、拿水杯前来围观，在寒风中见证高铁开通首日。）

生1：这张图反映了我国经济的飞速发展，人民生活水平逐步提高，西部地区的人民也开始步入了高铁时代。

师：你的解读虽然正确，但相对空洞，针对性不强。

生2：这张图既表现了现阶段西部地区的高速发展，也间接地体现出西部地区的相对落后。

师：此话怎讲？

生2：高铁开通了，说明经济跟得上了；这么多人看高铁，说明这儿的人以前很少出门，没有见过高铁，更没坐过高铁，以前的经济很落后。

师：这话可信。同学们肯定不会没事跑到高铁旁去观看，因为我们已经对高铁很熟悉了，熟悉到不觉得是风景的程度。

生3：我觉得这张照片主要是向我们传递一些正能量的信息，比如生活的改善、对美好事物的好奇与追求、国家建设的腾飞等。当然，如果换个角度，也能从中读出西部地区发展的相对滞后。

师：果真是仁者见仁、智者见智。一张图片，我们便读出了数种意义。如果我们归纳一下这些意义形成的角度，便会发现，有些意义来自图片直接呈现的内容，有些意义来自图片中隐藏着的社会背景，有些意义来自图片中塑造的形象，有些意义则来自作者的创作意图、作品的实际呈现，有些意义来自读者的个性化理解。

板书：

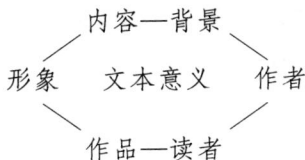

师：由这一幅图片的品读，同学们已经发现，要想相对全面、深刻地感知某一文本的意义，就必须学会从多角度、多层面进行分析，不能只是依托阅读的第一印象说事。带着这样的理性认知，下面咱们开始今天的学习。今天，我们将共同走进当代作家王英琦的散文《看社戏》，看一看王英琦为我们呈现了哪些信息、哪些意义。

文本细读时，我抓住一个重点句组织诵读和鉴赏，引导学生发现文字背后的丰富信息：

PPT展示：

我怕听那些话。那些话于我不是酬慰，反而是凝重和不能承受之伤感……

师：从这个句子中，能品味出什么样的情感与意义？

生4：我只是做了一点儿力所能及的事，不值得感谢。

生5：对他人苦难的生活，我有一种责任感。

师：说得都很好。我在读到这个句子时，立刻联想到了《老王》里面的一句话。这句话是——

PPT展示：

几年过去了，我渐渐明白：那是一个幸运的人对一个不幸者的愧怍。

师：杨绛先生面对老王的不幸而心生愧怍，王英琦面对女戏子的不幸而心生凝重和不能承受之伤感。在她们的灵魂深处，隐藏着的是无比厚重的悲悯情怀。

PPT展示：

悲悯：

悲：指慈悲，对人间的苦难有一种博大的爱。

悯：指同情，这里的同情不是可怜，指对人间苦难中的人并不轻视、蔑视甚至可怜，而是以感同身受的情感来看待。

悲悯：怜悯，哀怜，就是哲人以大智大慧的胸怀来怜悯、同情苦海中的世人。

师：悲悯是一种情感，也是一种责任。拥有悲悯之心的人，必然是心中承载着强烈的社会责任意识的人。这样的人：①对于公共利益的一切问题——包括社会、经济、文化、政治各方面的问题——都抱有深切的关怀；②常自觉有一种罪恶感，因此认为国家之事以及上述各种问题的解决，都是他们的个人责任；③无论在思想上或生活上，这个阶层的人都觉得他们有义务对一切问题找出最后的有逻辑的解答；④深信社会现状不合理，应当加以改变。我们把这样的人，称为"知识分子"。

师：王英琦式的悲悯，并非所有的人都能接受。比如，咱们江苏就有一位语文教师，写了一篇文章发表在杂志上，对她进行了批评，认为王英琦嘲讽了底层艺术家，丑化了底层人民和民间艺术。对于这样的评价，你怎么看？

该片段后半部分呈现出的问题以及由此而组织的对话活动，显然超越了常规语文教学的价值表达范畴。这样的内容，考试或许永远不会考，但它们对学生的生命成长极为重要。这样的激活与点亮，属于语文学科给予学生的最好礼物。

第三节

给课堂一些温度

理想的语文课堂离不开对话，也离不开其他形态的认知活动或实践活动。前面两节文字重点探讨了立足文本细读而开展的各种形式的对话活动，本节文字的重心将转移到其他形态的活动设计中，着力阐释以活动为载体的课堂"温度"营造策略与方法。

在2017年版的《普通高中语文课程标准》中，语文课程的价值被定义为"引导学生在真实的语言运用情境中，通过自主的语言实践活动，积累言语经验，把握祖国语言文字的特点和运用规律，加深对祖国语言文字的理解与热爱，培养运用祖国语言的能力；同时，发展思辨能力，提升思维品质，培育社会主义核心价值观，培养高尚的审美情趣，积累丰厚的文化底蕴，理解文化的多样性"。从学习的路径而言，该段文字的关键信息只有两个：真实的语言运用情境，自主的语言实践活动。前者为后者提供特定场域，后者才是学习本身。

学生的"自主的语言实践活动"固然可以有很多种表现形式，但在实际的学校学习情境中，"自主"绝非脱离了语文教师专业引领的随心所欲，而是基于语文课程体系和课堂活动安排的"半自主"。绝大多数情况下，由语文课程和语文教师预设相应的活动情境和活动任务，学习者在此范围内开展"自主"学习实践。也就是说，"自主的语言实践活动"的本质在于进入特定的学习情境、针对具体的学习任务而开展个性化的学习探究。

此种课程属性，决定了语文教学中活动安排的重要价值。只有适宜的情境、适宜的任务和适宜的活动，才能激活学生的学习思维，让课堂富有"温度"，让学习真正发生。语文学习中的活动，必须指向课程，指向任务，指向生命成长的真实需要。

致力于营造语文学习的应有"温度"的课堂活动，除阅读教学中各种形式的对话之外，至少还包括想象创造活动、身份置换活动、模拟实践活动、口语交际活动、辩论研讨活动、主题竞赛活动、读写转换活动等多种形式。

一、以想象创造激活情感体验

学习离不开情境，好的情境有利于提升思维品质，推动学习者朝向思维理性的方向开展纵深探究。常态化的阅读鉴赏活动中，如果教师能够有意识地利用文本资源开展想象创造活动，则作品中的某些一笔带过的细节便能够转换成激活课堂的思维触动点。

下面这个片段中的活动，就较好地利用了文本中的相关信息，营造出了应有的课堂温度。

师：请大家做一回电影导演，把文中的"我"在弹坑前的画面，用电影手法表现一下，怎么样？

生1：夕阳落山时节，风很大，主人公蹲在弹坑边，用双手抱住自己的头，手还用力地拉扯自己的头发。坑里的一片枯叶被风刮起来了，飘过他的手，然后又飘到了荒草中。他蹲了很长时间，

203

然后慢慢站起来。一个特写镜头，他的脸上写满了痛苦，神情很呆滞。一滴眼泪慢慢从眼眶中溢出，滑过脸颊。他用手背抹一下泪水，转身走了，越走越远。远处，夕阳如血一样。这个人最后走进夕阳中。

师：残阳如血，很好的，用夕阳作为背景。特写镜头运用也很到位。其他同学怎么设计的？你说。

生2：天上飘着小雨，很冷。主人公没有穿雨衣，也没有打伞，只是静静地站在齐腰的杂草间，默默地凝视着这个大坑。这时，用黑白片插入以前一家人在一起欢乐的场面。把主人公呆立的形象作为背景。然后，用一滴雨水来模糊这个回忆的镜头，让他们慢慢消逝。然后，主人公如梦初醒似的长叹一声，转身走去。只有两只沉重的脚，踏着泥泞机械地挪动，鞋子上还沾着落叶。

师：同样很好，用了电影中虚实相间的手法。还有吗？

生3：废墟的不远处是街道，人来人往的，很热闹。旁边还有不少人家在盖房子。只有主人公家的地基这儿，是一个深深的大坑，而且长满了杂草。主人公站在杂草丛中，静默了一会，然后，他开始拔草，越拔越快，拔了一片之后，他开始扒露出来的瓦砾。似乎是想从废墟中找到什么东西。后来，他什么也没有找到，又呆呆地望着大坑。眼前出现幻觉，好像听见了孩子嬉闹的声音。他张开双臂，想要去拥抱孩子，却一个趔趄，险些跌倒。

师：你为什么要设计这个拔草扒瓦砾的动作呢？

生3：我想，他内心肯定是波澜起伏的，但这个没有办法表现出来，就用他的动作来表现他内心的震荡。

师：很好。这个安排也很能表现出主人公内心的悲痛。

师：刚才几位同学，从他们各自的理解出发，为我们演绎了这个悲惨的细节。我想，我们是否还可以换个角度，考虑一下，能否用些喜庆的、美好的东西做反衬，来衬托出主人公的悲呢？比如，用弹坑里盛开着的鲜艳的花？这个问题，有兴趣的同学，课下可以继续构思，只要能把这里的悲哀渲染到极致状态，就是好的设计。

二、以身份置换拓展思维路径

引导学习文学类文本时，如果能够针对相关人物的身份而设计活动，往往能够打破学习者的思维惯性，促使其不得不转换思维路径而重新思考探究。

且看下面这个片段：

师：课文中的细节咱们就研究这么多，下面思考一个相对宏观的问题：

PPT展示：

将神父的身份置换成公墓管理员，是否可以？

生：我觉得神父除了承担公墓管理员的责任之外，还代表了一种宽容的精神。他已经在午休了，那个母亲和小女孩来找他要钥匙，他还起床帮助她们。如果是公墓管理员，就不会答应她们。

师：你的意思是说，神父担任公墓管理员时，他的道德品质与职业操守要高于一般的公墓管理员。这就涉及另一个问题了，为什么神父会具备更好的品质与操守？

生：神父有信仰，讲究与人为善，而且懂得包容与宽恕。西方的基督教就是这样的，要求人们懂得原谅，懂得忏悔。

师：你说得非常好！神父和公墓管理员是两种不同文化的代

表。公墓管理员就是一个普通的职位，代表的是普通人的价值取向；神父是一个引导灵魂向善的职位，代表的是宗教的价值取向。这也就是说，如果我们把这篇文章中涉及的人性做一个归纳，就可以发现，杀死一个人的行为，代表的是人性之恶，姑且称之为"兽性"（板书），母亲的自尊与自重，代表的是普通人在灾难面前应该有的人性之善，可称之为"人性"（板书），神父的忏悔、宽容和理解，代表的是高于普通人的价值追求之上的应该有的价值诉求，可称之为"神性"（板书），神性体现的是一种与人为善的宗教情怀。正是这三种人性的共存，才构成了世界的纷繁复杂和无奈，才有了尘世间的无尽悲欢离合，也构成了这篇小说复杂的主题。

这是我在浙江省丽水中学教《礼拜二午睡时刻》这篇小说中预设的一个探究性活动。因为小说一开始就将公墓守墓人表述为神父，学习者往往会在先入为主中接受这样的安排，并不去深究这个身份背后的深意。我在教学中将其提出来供学生思考，学生们才能发现藏匿在作品背后的"神性"。

再看一个片段：

教师展示第十张PPT：

想一想：

1.作品为什么要塑造爱斯梅拉达这一形象？

2.将爱斯梅拉达的身份置换成一名当地群众，是否可以？

学生简单思考、讨论后，教师提问。

生：我觉得爱斯梅拉达的形象，在现实生活中也很难真实存在，应该也是浪漫主义手法虚构出来的。有了这样的一个形象，人们才会被感动，才会由恶向善转变。

生：身份不可以置换成当地人。因为，当地人都是愚昧的，都充满了没有理由的仇恨，缺乏同情心和理智。在这样的大环境中，无法培养出充满爱心的人。

师：为什么爱斯梅拉达现在的身份就可以代表了真善美？

生：因为她是一个流浪艺人，她在四处流浪中，没有被当地的邪恶环境影响。

师：你抓住了一个重要的问题——流浪艺人。在中外文学作品中，常常会塑造这样的流浪者的形象。这些流浪者，永远是一个动态的生命，总会给封闭的、僵死的静态环境和生活于其中的病态的人，带来外部世界的新鲜和活力。当然，这里还涉及另一个问题，那就是宗教文化的问题，当地人长期生活在教会势力的统治之下，中世纪的禁欲等极端思想，长期摧残着人们的灵魂，也让人们丧失了爱的能力。而爱斯梅拉达所属的民族，却不受这种宗教的束缚，崇尚自由，所以才会有这样的性格。这涉及宗教文化问题，请看大屏幕。

教师展示第十一张PPT：

吉卜赛人：

15世纪，很多行走于世界的吉卜赛人都迁移到捷克的波希米亚，所以许多文学作品里都模糊地界定：波希米亚人就是吉卜赛人。之后，他们又以流浪的方式周游欧洲，依靠手艺无拘无束地谋生。然而好景不长，不信奉上帝的吉卜赛人被看作异教徒而遭到歧视，从而开始了他们长达4个世纪的悲惨命运。也正因如此，吉卜赛人和其文化作为主角频频出现在欧洲各国文学作品中。梅里美笔下可爱执着的卡门、雨果《巴黎圣母院》里能歌善舞的爱斯梅拉达，都是家喻户晓的艺术形象。在《巴黎圣母院》音乐剧中，爱斯梅拉达介绍自己身世时唱的那支曲子，名字就是《波希米亚》。他们身上那种纵有苦难也执着无悔的人生态度，让人充分感受到波希米亚式的迷人性格，也给后人留下了遐想的空间。

师：从这段资料可以看出，当善良的、充满了波希米亚式的迷人性格的、热烈自由的女孩，走到了死气沉沉的巴黎圣母院下时，就是一种新的文化走进了僵死的旧文化。这样的新文化，必然要产生一种冲击力，给一些人带来精神的触动，甚至震撼，带来人性的变化，唤醒沉睡的人性。

这是我在江苏省"教学新时空"名师课堂上预设的一个身份置换活动。和上一个片段一样，有了这样的身份置换，学生们才能在教师的引领下留意到不同文化带来的认知冲突，才能更深刻地理解经典作品背后的丰富主题意义。

三、以模拟实践丰富认知体验

新一轮的语文课程改革更加注重学习主体在学习活动中的自主实践能力，始终致力于"在真实的语言运用情境中，通过自主的语言实践活动"而养成核心素养。语文学习中的"真实的语言运用情境"，在阅读教学活动中往往很难落实。教师在教学中大多依靠模拟的"真实的语言运用情境"而组织具体的学习活动。比如模拟某种特定场合而撰写演讲稿，模拟某种具体任务而设计活动方案、撰写解说词等。

下面这个片段，是我在贵阳教《登高》这篇课文时刻意创设的一个模拟实践活动。

师：斯人已乘黄鹤去，此处空余登高台。一千多年过去了，现在，某机构有意将昔日杜甫登高远眺之处开发为一个文化旅游景点。有好事者为它拟写了一个不完整的解说词，你能帮它补充完整吗？

PPT展示：

"杜甫登高台"解说词

这本是一处寻常的山水，没有天门中断的壮阔，没有扪参历井的高峻，只有_____，只有_____。登上此处，眼见的无不是_____，耳听的无不是_____。

但这又是一处绝不寻常的山水，这里的每一块山石，都聆听过_____；这里的每一根草木，都见证过_____；这里的长江，流淌的是_____；这里的星空，映照的是_____。

亲爱的朋友，请不要抱怨这里没有绝美的风景，还能有什么样的风景，胜过_____？用心品味吧，品味_____，品味_____。只要你用心倾听，你一定能透过高天之下的阵阵急风，听到_____。

该活动并非我的原创。大约是20年之前，我听安徽名师郭惠宇老师的课，从他那儿学来的这个招数。当时，郭老师教的是《一碗阳春面》。在郭老师的课堂上，该环节的活动不但收拢了前面的所有学习内容，而且将学习者的情感最大限度地调动了起来，课堂由此出现了高潮。我将这个活动用到杜甫的《登高》中，效果同样很好。

这类模拟实践活动之所以能够营造出课堂的应有温度，是因为活动既有明确的驱动型任务，又有较大的自主发挥空间。学习者对文本的理解越深刻、越全面，则其形成的实践成果便越丰厚、越能打动他人。

类似的模拟实践活动类型十分丰富，除撰写解说词之外，还可以为特定场馆拟写对联，为某类纪念馆或者主题展馆题词，为作品中的某位人物创作小传，为作品中的某位人物写推荐语，等等。所有的模拟活动，均需以教学内容为依托。活动的本质不在于形式，只在于激活学习思维。

四、以读写转换提升综合能力

读写转换活动是语文教学中最常使用却又最容易用错的一种学习实践行为。在为数众多的语文课上，读写转换活动被人为分割成读和写两个独立板块，读的时候未能关注写的内容，写的时候也未能有效借鉴读的内容。

理想的读写转换活动，应建立二者间交融互通的关系。教师引导学生阅读时，能够抓住文本中独特的写作技法有针对性地设计驱动型任务；指导写作时，能够从文本的具体表达中提炼出相对宏观的路径和方法，并用这样的路径和方法完成特定的学习任务。

比如，带领学生学习选修课文《晚秋初冬》时，我对该文极其典雅的语言充满了喜爱，对其写景状物过程中"形散神聚"的语言运用技法极为欣赏。故而，教学中我用了较多的时间引导学生逐词逐句赏析，提炼出了文章"从实出发，由实到虚，由实走向修辞"的语言组织形式。随后，我便安排学生在课堂上运用此种技法进行写作实践。下面这个片段便是当时课堂的真实情景再现。

师：花费了这么长的时间研究文章的语言和主题意义，目的就是要大家在以后的写作中，注意依照一定主题的需要，锤炼自己的语言。光说不练，假把式；学以致用，真才学。下面，大家动动笔，练一练"从实出发，由实到虚，由实走向修辞"的语言组织形式。写什么呢？谁来命个题？

全班同学东张西望，似乎就是找不到可以写的内容。

师：既然你们找不到题目，我就命题了。现在把目光转向窗外，注意观察前面的那几排垂柳。请以"风吹柳动"为着眼点，写一段描述性文字。

学生们开始盯着外面看，有些看不见的，还从座位上站起来观看。

师：光看不行呀，还是要动笔。5分钟时间。现在开始写。

学生动笔。有人奋笔疾书，有人依旧傻傻地盯着窗外看。我在教室里巡视，不断纠正一些写了废话的学生，督促他们描写景物。

5分钟后，组织学生交流。先要求同座位互换，研究对方语言中是否还有可以进一步拓展放飞的内容。然后，选择写得比较有特点的三名同学的作品，让他们读给全班同学听。

生1：微风拂过树梢，柳枝随之舞动。犹如少女的秀发在指间滑过，清新、自然。不知是不是它们早有约定，风与枝条总是那么合拍，仿佛是和着小曲儿。风动即动，风止即止。一只鸟雀飞过，欲休歇于此，可风吹柳动，使其望而却步。这难道是风在抗议？

师：由风中柳枝这个"实"出发，想到少女秀发在指间滑过，再突出滑过时的感觉。进一步联想到风与枝条的约定。很好，符合要求。

生2：风起。一片，两片；一枝，两枝……窗外的那株绿柳，每一个部分都舞蹈了起来，明蓝色的天空，把这翠绿的舞者衬托得更鲜亮了，连观赏的人似乎都想跟随着舞动起来。枝条下，躺着一只避暑的小黑狗，耷拉着脑袋，不时摇晃着尾巴。

师：你的开篇，很简洁。由绿柳的"实"，到舞蹈的拟人，再拓展到天空和观赏的人，也把思路放开了。小黑狗哪里来的，我怎么没看见？为什么要写只小黑狗呢？

生2：虚构的，用小狗来表现天气的炎热。课文中不是用小猫、麻雀、苍蝇来表现寂静的吗？

师：哦，课文有小猫，咱们怎么着也要有个小宠物。小狗就小狗吧，自然流畅就行。

生3：风来了，夏凉了。在酷热无风中沉寂多时的柳树摇曳起了风姿。柳丝轻逸，如裙带飘飘。风吹叶动，沙沙作响，如银铃般。风，向一个方向吹去，柳，也极力向那边靠拢。风中夹杂着柳的盈袖清香。乡间歌手——知了不甘寂寞地唱起了歌谣，大概是在唱这凉风的及时吧！

师：你这段文字，实景写得很有特色，虚写稍微欠缺。课下可以修改修改，把思路再放开点。

师：三个同学的作品，都抓住了景物的特征，并在此基础上，进行了由实而虚、由实而修辞的联想、想象。语言都很有特色。应该说，都写出了水平，写出了才华。其实，这样的文字，稍微加工加工，更换几个景物写下去，就是一篇非常优美的散文。由此可见，散文并不难写，只要我们在写作时消除畏难情绪，能灵活处理好自己的语言，让自己的语言在该简练处惜墨如金，该展开处泼墨如水，那么，我们的语言，就都能够生出飞翔的翅膀。

如果课堂上不开展这样的读写转换活动，也或许有学生依旧能依照"从实出发，由实到虚，由实走向修辞"的语言结构形式，写出文辞优美的文章。但那只会是个案，而非共性化的认知与应用。有了这样的活动，则所有的参与者便都建立起了相对理性的理解，假以时日，勤加练习，便能群体性提升语言表达能力和散文写作能力。

其他各类的课堂活动的设计与运用，如口语交际活动、辩论研讨活动、主题竞赛活动等，限于篇幅不再一一举例阐释。此类型的课例在实际教学中几乎随时可见，只要语文教师是个有心人，能够在课堂上经常性开展各种类型的学习活动，语文课便有理由告别"少、慢、差、费"，走向"温度"和"深度"。

第六章

必修课：
培养思维理性

教师的一切作为，最终均是为了实现"教是为了不教"的目标。如何才能"不教"呢？唯一的路径就是引导学生学会自主学习。与"教是为了不教"相对应的，绝不是"学是为了不学"，而是"学是为了更好地学"。

最浅层意义上的"更好地学"，体现为学习的效益。高效益的学习必然建立在合理的学习方法、良好的学习习惯、科学的学习计划、持之以恒的行动的基础之上。语文教师在引领学生学习语文的过程中，能时刻关注这四方面的引导、督促与践行，则能够帮助学生有效提升学习效率。

深一层意义上的"更好地学"，体现为学习思维的理性与科学。好的语文课，应始终抓住"思维训练"这根线而组织教学活动。语文教师须尽力改变直接告知的教学陋习，努力创设有效的问题情境，让学生始终处于思考与探究的状态中。当学习者能够养成良好的追问意识，能够在阅读与写作中借助理性的思考而养成主动探究、多元发现的学习能力后，"思考着学"便成为一种学习文化。

更深一层意义上的"更好地学"，指向学习过程中的主动发现、主动思考、主动探求，核心是"我要学"。"我要学"的关键在于学习兴趣的激活，激活的关键又在于学习者能够从学习过程中获得成就感和愉悦感。当下的语文教学，恰恰很难满足学生的成就感和愉悦感。要改变此种状况，需要彻底颠覆"以教为主"的学习方式，建立起"以学为主"的学习新秩序。具体到每一节课的语文学习活动中，即体现为课堂学习的核心任务需来自学生的学习困惑。语文教师只有引导学生学出"问题"，才能激活学生的探究欲，才能把思维训练落到实处，才能最终让学生在"疑虑—困惑—思索—寻找—发现—顿悟"的思维过程中收获成就感和愉悦感。

内核意义上的"更好地学"，指向学习群体的共同追求。优秀的语文教师，一定是善于打造优秀的学习共同体的人。一般而言，形成学习共同体的基本条件是共同的价值诉求，如升学需求、荣誉需求、知识需求、能力需求、成长需求等。优秀的学习共同体，则应该建立在去功利的学习需求之上，如共同的兴趣爱好、共同的审美情趣、共同的价值主张、共同的好奇心和探究欲等。要打造出这样的学习共同体，离不开师生间的共读共写，离不开轻松民主的学习氛围，离不开学习过程中充满创造性的各种活动，离不开一个又一个精妙的"问题"以及解决"问题"的思维理性。

要想让这四个层级的"更好地学"渐次成为现实，真正的难题不在学生，而在语文教师。语文教师只有率先成为学习者、思考者，成为"目中有人"的人，教学中的一切美好才能发生。

本节必修课关注的，正是语文教师自身的思维磨砺。

第一节

走出教参的思维束缚

2008年，在苏教版高中语文教材必修五配套的教学参考书中，收录了我的《每一道斑纹，都有存在的理由》。这篇文章，是我应一家杂志社的约稿，为周晓枫的散文《斑纹》写的个性化解读。当我这样名不见经传的普通一线教师的文字，也能堂而皇之地走进曾经神圣无比的教学参考书中时，我知道，教学参考书必然是脱下了它象征绝对权威的长袍，穿起了和普通民众并无二样的服饰。对于教学参考书，再也不必仰视，也不必迷信。教学参考书，终于回归了它的教学参考的身份。

现在的教学参考书，多以同时呈现若干种不同的解读为主要表现形式。书中收录的观点，有些可以相辅相成，有些则是相反相对。教师个体在研读文本时，这些观点都只提供一种思维路径，并不像多年前的教学参考书，从篇章结构、主题思想、写作特点，到课后练习题的答案，全都用阐释性的文章予以高度的统一。

当然，当下的教学参考书依旧存在着各种各样的局限。比如，课后思考题的答案，多还是趋向于某种既定思维模式，在多元思考方面缺乏足够的智力引领。再如，收录的有些文章，年代过于久远，思维方式中还残留着相当数量的阶级对立的观念，总是以人物的阶级属性作为分析人物形象的前提条件，未能将作品中的人物还原成自然属性的人。凡此种种，都还在一定程度上影响着一线教师对文本的深度理解。

完全相信教参中的文本解读和完全不相信教参中的文本解读，都不足取。语文教师无论是以自然人的身份研读作为文学文本、文化文本的课文，还是以教师的身份研读作为课程教学文本的课文，在充分信任自身的解读能力、充分激活自身的解读经验的前提下，都有必要合理借鉴他人的研究成果。通过对他人的研究成果的咀嚼消化，吸纳能够为己所用的营养物质。语文教师需要像研读课文一样地研读教参，同教参中的各种观点对话，才能发现教参列举的各种观点中的认知局限，并以这样的发现，完善自身的个性化文本解读。

一、敢于质疑教参观点

在新中国七十多年的语文教学实践中，以教学参考书的解读为唯一答案的时代约四十年。这样的影响过于强大，强大到尽管现在的教学参考书早已呈现出多元思维的特性，许多教师还是只将最先阅读的那篇文本阐释文字视作正解，而将用作比较分析的其他文字视为误读。当然，也有少部分教师，则只将和自己观念相同的解读文章当作正解，而将与自己观点相悖的解读文章视作错读。这两种利用教参的态度，其实基本一致，都是乐于顺从教参中的某种观点，并被这样的观点遮蔽了双眼，从而失去了独立思考探究的能力。

课堂教学中的研读，目的正是在于剔除这样的遮蔽，尽量还原文本的本真意义。语文教师必须要能够沉入文本内核之中，慢慢品味感悟，和词句对话，和形象对话，和背景对话，和作者对话，才不至于被他人的认知左右了自己的思想。

　　比如，很长时间以来，《木兰诗》都是初中学段的经典课文。关于《木兰诗》的主题意义，教学参考书中这样定位："《木兰诗》塑造了木兰这个不朽的人物形象。木兰是一个少女，又是一个金戈铁马的英雄。在国家需要的时候，她挺身而出，驰骋沙场，立下汗马功劳；胜利归来以后，又谢绝高官，返回家园，重新从事和平劳动。她爱亲人也爱国家，把对国家对亲人的责任感融合到了一起。木兰的形象，集中体现了中华民族勤劳、善良、机智、勇敢、刚毅、淳朴的优秀品质。""诗的重点不在于讴歌主人公驰骋沙场、建功立业的英雄行为，而在于颂扬她勇于献身、不图荣华的高尚情操。""写木兰还朝辞官，用夸张的语言写木兰功劳之大、天子赏赐之多，由此再说到辞官不就，才更突出她不图功名利禄的高尚品格。""描写木兰的从军与还乡，表现了作者的进步的思想倾向。"

　　这样的解读，影响了几代教师；又由这几代教师，影响了几代中国人。

　　这样的解读是否正确呢？如果结合诗歌形成阶段特定的时代背景，就会有新的思考与发现。

　　下面这篇文章，是我对《木兰诗》的主题意义进行的个性化解读。我当然不会荒谬地认为我的解读就是唯一的正解。我只是想以我的解读为例，提供一种研读文本、深入探究文本细节的路径与方法。

一曲不朽的"女德"颂歌

——《木兰诗》主题意义赏鉴与解读（节选）

首先，从民族文化、地域文化两方面看，我认为《木兰诗》中是不存在"爱国"主题的。诗歌所确立的主题意义，是对传统孝道的颂扬。

我们无法确切判断木兰所从属的民族。单凭诗歌中"可汗"这个首领名称，或许可以将其假定为某个游牧部落。不过，从诗歌中"旦辞爷娘去，暮宿黄河边"及"旦辞黄河去，暮至黑山头"两句，我们可以知晓，《木兰诗》所依托的地域文化，是介于黄河与长江之间的中原地区华夏文明。

翻阅关于六朝历史的著作，可以发现，从公元265年西晋王朝建立起，到公元589年隋统一止，324年的历史沿革中，中原大地上，似乎从来就没有停歇过战火硝烟。东晋时期的"五胡十六国"，北朝时期的北魏、东魏、西魏、北齐、北周，强权统治集团走马灯般上演着"你方唱罢我登场"的政治闹剧。

在这种乱世中，城头大王旗朝立夕废，"爱国"显然成了一个无法确立意义的词汇。我们知道，国家是和政权紧密相连的，政权丧失，国家也就消亡。乱世中的木兰，哪里有一个稳定的政权可以依附，哪里有一个稳定的国家可以供她热爱呢？在这样的时代中，"苟全性命于乱世，不求闻达于诸侯"自然就成为安身立命的信条。

然而，中原地区无论政局如何动荡，民风中的伦理孝道，依旧是评判人的价值的一个重要尺码。中原，毕竟是数百年的文化中心。从西汉开始强力推行的孝道政治，通过"举孝廉"等有效的吏制选拔举措及大量流传民间的孝子、孝女故事，早已深入了民众的骨髓深处。正是在此背景下，木兰才不惜以女儿之身，毅然走上替父从军的道路。替父，只因为父亲年老力衰，只为了不使老父抛尸荒野，只为了尽一个女儿应该尽的孝道。在木兰看来，这样的尽孝，是一种理所当然。

木兰从孝道出发，替父从军，结果，不但保全了年高的老父，而且建立了盖世功勋，获得了丰厚奖赏，赢得了千古美名。这，显然为后世确立了一个孝道的典范。想一想，后世该有多少父母，会用木兰作为典型材料，对自己的子女进行正面的孝道宣传啊。

其次，从社会伦理规范与受众心理角度看，《木兰诗》的另一个主题意义，应该是对"女德"的赞美。

东汉史学家班固之妹班昭，在《女诫》中对女子的言行提出了"四德"的要求。班昭认为，女子不要求特别有才智，但要谦恭、腼腆、殷勤快活、纯洁坚贞、整洁干净，有无可指责的品行和完美无缺的举止。此即"女德"。女子不要求有雄辩的口才或才华横溢的谈吐，不过要仔细小心地琢磨用词，不能使用粗鲁的语言，并知道什么时候当讲，什么时候该住嘴。此即"女言"。女子不必要求有太漂亮或太美丽的容貌，但必须收拾得整齐干净、穿着打扮恰到好处，不能让人背后指指点点。此即"女容"。女子不必有什么专门的技能，只要求她们勤快而专心致志于纺织，不把时间浪费在嬉笑之上。要做好厨房里的事情，把厨房收拾干净，并准备好食物。此即"女工"。

且不论班昭的"四德"在多大程度上限制了女性的发展，单从

"四德"的形成、流传并逐渐成为漫长封建时代女子的道德规范这一事实出发，我们可以发现，木兰所生存的南北朝时期，是无法摆脱"男主外、女主内"的农耕文化道德约束的。无论是在社会伦理规范中，还是在大众心理中，女子不论多么有才干，其应该拥有的位置，都只能是家庭。光宗耀祖，不是女子的职责；治国齐家平天下，更非女子的权利。

所以，《木兰诗》在开篇强调木兰在机杼前的纺织，突出其作为女性应该拥有的生存位置后，尽管花费一定笔墨描绘了她的英雄行为，却还是要借一个男性形象的包装来完成，而非圣女贞德那样，直接以女子的形象塑造出只属于女子的光彩。因为，疆场驰骋，毕竟是男人的专利，是大丈夫"赢得生前身后名"的特权。

至于《木兰诗》后半部分，写木兰得胜返朝，辞却一切功名富贵，只愿意本本分分地做回平凡女子的细节，自然是顺应了封建时代的社会伦理规范和社会受众心态要求的"合礼"举措。

"木兰不用尚书郎"，是一种自然的回归。攻城拔地，固然是木兰所为，却是以男儿形象完成的壮举。但硝烟散尽、兵革入库之后，木兰首先需要的，不是功名不是富贵，而是"回归"——女性角色的回归，女性品德的回归。所以，木兰无须接受什么"尚书郎"的职位，而是只需要"驰千里足"，返回故乡。回乡，则可以返回本真，可以返回女性的"天性"与"天职"。

至于"开我东阁门，坐我西阁床。脱我战时袍，著我旧时裳。当窗理云鬓，对镜帖花黄"的描写，更是突出了"女德"的精髓。一切的功勋，原本仅仅是迫不得已而为之的产物，并非女儿本愿。那么，当战争终于消弭，岁月重归平凡之后，身为女子的木兰，又有什么理由不回归女儿本色之中呢？这种回归，或许符合木兰本愿，也或许和她心中的企盼存在着出入。但无论如何，这个生存的时代，都要求她、约束她必须回归本质。世界毕竟是男人的，女子再强大，终归要臣服于男人的统辖。这是一种可怕的、无可规避的力量，这样的力量，即使是英勇无比的木兰，也只能屈服，或者认同。

由此，女强人型的木兰，当战袍脱下后，顺理成章地回归到具备"四德"的女性形象中。她重归"谦恭、腼腆、殷勤快活、纯洁坚贞、整洁干净，有无可指责的品行和完美无缺的举止"的标本式女性角色中，将赫赫战功、万千赏赐、功名富贵一起交还给了历史舞台上的主角——男人。这样的回归，对女人，可能是一种亵渎；对男人，尤其是长期以来呼风唤雨的男人，则是一种平衡、一种自慰。因为正是这样的"女德"回归，才使得男人找回了尊严，重拾起世界主宰的面罩。

漫长的封建时代，男权，终归是永恒的权利。木兰型的女强人，无论在史实中到底是一种什么样的生存状况，进入文学作品中，她都只能成为男性世界的一种点缀。而作为点缀，她只能是"温良恭俭让"，只能是隐退到男性的阴影背后，收敛起一切的恢宏壮阔，去扮演她应该扮演的乖乖巧巧的女孩儿形象。

更为可怕的是，这样的回归，竟然是木兰的企盼。以木兰这样的英雄，也只能接受回归的事实。在木兰的心目中，女人，终归还是女人，还是应该坐在织布机旁，活跃在灶台边上。回归，是天经地义；不回归，反而是大逆不道。

"雄兔脚扑朔，雌兔眼迷离，双兔傍地走，安能辨我是雄雌？"当刀光剑影黯淡、鼓角铮鸣远去，傍地飞奔，也就成了往昔的记忆。和平来临了，雄兔与雌兔，也就应该回归到各自的本性之中。

木兰，属于她的，依旧是机杼，而非疆场。

我的这种解读，是以自然人的身份对独立存在的文学文本所做的个性化阐释。引导学生研读《木兰诗》时，当然不会将这些解读无选择地"兜售"给学生。然而，当《木兰诗》的主题意义探究从属于该文本的学习目标时，就必须引导学生针对教学参考书中归结出的"爱国爱家"的主题进行深入细致的分析，因为，这是课时学习目标的需要，更是学生健康成长的需要。借助于这样的研读，可以将大胆质疑、小心求证的严谨治学精神传递给学生，有利于学生形成健康的价值观。

二、对教参信息进行筛选、综合与再创造

走出教参的思维束缚，还体现在对教参中相关信息的筛选、综合与再创造的过程中。

比如，多年前的教学参考书中，谈及《荷塘月色》开篇处的"这几天心里颇不宁静"时，总是依照朱自清先生《一封信》里的陈述，将朱自清先生内心不宁静的根源归结为1927年"蒋介石叛变革命"的"黑暗"现实。进入20世纪80年代后，人们开始将《荷塘月色》的写作，和朱自清先生在特定时间内面临的社会生活、家庭生活与内心情感观照结合起来，从朱自清先生1927年时自由知识分子的思想认知能力与情感价值取向这一思维基础出发，全方位探究其内心不宁静的真实缘由。于是，便有了钱理群先生的"性格与时代矛盾说"

和孙绍振先生的"伦理性自由说"等各具特色的观点。

　　语文教师在组织学生研读文本时，显然没必要将这么多的观点全部传递给学生。毕竟，开篇处的这个句子，在各种版本的教材中，很少作为学习目标而要求学生仔细研读。然而，要理解《荷塘月色》中的情感，又绕不开这"不宁静"的基调。因此，教师便有必要将来自教参中的若干种观点整合起来，将朱自清还原为生活在若干矛盾中的普通"人"，而不是直接将其定位为"诗人、学者与民主战士"。这样，便能够让学生更好地理解年仅二十多岁的朱自清教授的内心情感波澜。

　　当然，无论是对教学参考书中相关观点的大胆质疑，还是对诸多观点的筛选、综合与再创造，目的都不在于标新立异、哗众取宠，而是语文教师个体治学和教学的必需，是语文教师传承文化和滋养学生生命的必需。语文教师的责任，不是充当时代的传声筒和吹鼓手，而是担任文化的传承者与心灵的播火人。要将体现了人类共性的进步思想的优秀文化传递给学生，在学生的心灵中播撒真善美的种子，语文教师当然应该对教学内容进行仔细认真的推敲研读。试想，如果语文教师只将一种非此即彼的一元思维模式植入学生的心灵，又如何期待学生能够运用变化的、发展的、多元的眼光看待这个日趋缤纷的世界。

第二节

换一个角度学课文

任何时候，文本都是一种客观的存在。这个客观存在的文本，却是作者主观意志的产物。

前面章节的文字中曾经提及文本的作者意义与作品意义。相对于作者意义而言，文本的作品意义更为广阔、深刻，更具探究价值。语文教师引导学生学习课文，很大程度上就是对文本的作品意义进行多角度的审视。在此过程中，语文教师和学生同时又生成出只属于自己的读者意义。

三种意义间，没有哪一种意义一定居于主导地位。很多时候，人的主观认知中以为是作者意义或作品意义的那种理解，其实只是自身的读者意义。而读者意义，也并非一定不能贴近文本的真实意义，只要思维路径正确，思维角度多元，思维推论合情合理，就有可能形成最佳解读。

在语文教学中开展自主阅读、合作探究等活动的目的，正是要在合理探究文本的作者意义、作品意义以及编者意义的同时，建立起学生心目中的读者意义。此种读者意义，并不一定和作者意义、作品意义、编者意义相吻合，而是要和学生的人生观、价值观以及成长需要相一致。课堂教学中的文本研究，依旧需要服从于终极课程目标，需要服务于学生的终身发展。

受这样的观念支配，语文教师在自身研读课文和组织学生学习课文时，都需要突破非此即彼的一元思维模式的桎梏，代之以多角度审视、多层面思考。只有经历过"横看成岭侧成峰"的立体化探究，文本意义才能最接近本真。

长期以来，受单一思维模式的影响，很多人早已习惯了"非好即坏"的简单价值判断方式，在品评人物性格时，往往忽略了人性的多变性，只将人物简单区分为好人或坏人。这样的认知，也影响到对文学作品中人物形象的分析与鉴赏。比如，在二十世纪六七十年代的文学作品和电影作品中，坏人便从头到脚没有一个善的细胞，好人又从头到脚没有一丁点恶的杂念。

以这样的思维阅读文学作品，形成的读者意义一定有失公允。同样，用这样的思维学习课文，收获的认知也必然幼稚偏狭。遗憾的是，我们确实有过一段时间，就是用这样的思维看待世间万物，这样的误读，给几代人带来了心灵的伤痛和认知的局限。

于是，从20世纪90年代起，语文教师的责任与使命中多了一个为课文和学生"去蔽"的任务。"去蔽"，就是祛除一元思维的局限，就是剔除各种附加，还原事物的本真，就是立体地呈现事物的全貌。具体到语文教学中，就是走出阶级与时代的小圈子，从整个人类历史和人类公有美德的高度，全方位审视人与事。只有确立了这样的阅读理念，才能在静态化的文字中读出鲜活的、有血有肉的"人"，而不是抽象的、平面的"脸谱"。

正是基于这样的认识，语文教师组织学生开展各类学习活动时，必须以"换一个角度学课文"为思维着力点。

一、突破既往集体意识中的阶级论局限，代之以"人"的视角

自20世纪50年代起，《项链》中的玛蒂尔德便被视作资产阶级腐朽社会中爱慕虚荣的反面典型；《我的叔叔于勒》中的菲利普夫妇则是资本主义社会人与人之间赤裸裸金钱关系的最佳代表。这样的认知，直至20世纪80年代中后期才开始扭转。那时，人们开始学会从人情、人性层面分析这两部作品中的人物形象，开始发现他们身上拥有的那些美好的一面，同时正视他们身上的性格缺陷。于是，人们才惊奇地发现，玛蒂尔德和菲利普夫妇，其实和我们身边的很多人并没有什么差别，他们有七情六欲，有生活的磨难和对理想的憧憬，他们的性格中，虽有值得批判的地方，但更多却是值得同情与原谅的地方……

以"人"的视角观察《雷雨》中的周朴园、《祝福》中的鲁四老爷、《廉颇蔺相如列传》中的蔺相如、《长亭送别》中的崔莺莺等形象时，能够形成的主观认知也都会发生一定程度的变化。周朴园和鲁四老爷，就不再只是一个抽象的、邪恶的脸谱，而是具有独特个性的"人"。蔺相如和崔莺莺，也并非一些解读中认为的那样高大完美，而是存在许多缺陷。

我在教《雷雨》（节选）这篇课文时，喜欢组织学生思考这样一个问题：三十年前的周朴园，是一个什么样的形象？这样的问题，对全面认识周朴园、深刻理解《雷雨》的主题意义十分重要。每一次，在问题提出之初，总有为数不少的学生，误以为三十年前

的周朴园就是一个邪恶凶残的人。这样的理解显然错误，也削减了《雷雨》的思想深度。

我便常常引领着学生，进行这样的深度解读：

三十多年前，他必然也是位热血青年。当他在德意志大地上行走时，心中装着的，未必不是实业救国或者科技救国的崇高理想。他绝非庸才，也绝不会像其他纨绔子弟一样终日沉浸在寻花问柳之中。西方世界的观念，虽然未必能彻底涤荡他大脑中先期注入的孔孟之道，但肯定在一定程度上修正了他观察这个世界的视角，让他年轻的心，能够超越门阀观念的尊卑，而将人的意识放在一个很重要的位置。

所以，当他重新回到锦绣江南的无锡，当他遇见了水一般温柔美丽的梅侍萍时，他那年轻的心，便如浸入了甘醇的米酒。风流倜傥的他，冰清玉洁的她，注定了无法逃避一场古已有之的风花雪月的故事。

他必然遭遇了许多的挫折。梅侍萍不会那么轻易相信一个富家公子的一见钟情，梅妈不会轻易允许女儿和主家少爷的交往，周家的老太太、老太爷更不会容忍锦绣前程的儿子迷恋上一个佣工家的女儿，这么多的"不"，竟然没有挡得住他爱的步伐，他竟能够以更加出格的同居方式，让梅侍萍心甘情愿跟随了他，并为他生下两个孩子。这其中隐藏的，绝不是欺瞒与凌辱，而应该是年轻人的两情相悦，应该是对那个时代许许多多既定规则的挑战。

而既然是挑战，他便注定要遭遇镇压，注定要以单个的力量，去应对来自方方面面的重压。这一点，和《家》里的觉新和觉慧何其相似。这两个接受了"五四"新精神的青年，尚且无法和自己心爱的人共同生活，比他俩早了二十年的周朴园，要实现和爱人一起生活的愿望，该付出多大的努力、做出多大的抗争。

也或许是无锡这块土地很早就接受了西方观念的影响，周公馆的老爷和太太，虽不愿意儿子娶一个女佣的女儿，却不反对业已成年的儿子，将一个漂亮女孩收归自家房中。不过这样的可能性总是不大。周朴园毕竟不是高衙内，在他身上，承担着一个家族的发达重任，周家老太爷、老太太又怎么会容忍儿子耽溺于女色之中而不思进取呢？

所以，三十年前的周朴园，应该是一个斗士，一个敢于反对礼教的束缚、为了自己的爱情幸福而反抗父母之命、媒妁之言的斗士。他在投入战斗时，应该比觉新、觉慧更勇猛，或者更有策略。他终是喝过洋墨水的人，想来应该从西洋人那里学会了更多争取爱情自由的好方法。他能用这些方法，迫使严厉的父母同意自己接纳梅侍萍，这不能不说很了不起。

…………

这样的解读，并非为了美化周朴园，而是对一种可能的存在予以分析探究。比较"周朴园一以贯之的坏"和"周朴园曾经是个反封建的斗士，现在却成了封建家长的代表"这两种可能，可以发现，后者更具时代批判性。如果周朴园只是一以贯之的坏，那么，他的坏只是个人人品问题；而倘若他曾经是反封建斗士，现在却成了封建家长的代表，这便是社会的病变。扭曲的时代，才会让人性发生这么大的变化。如此，《雷雨》的主题意义，便有了更为宽阔、深刻的意义。

对周朴园这一形象的再认知，我主要借助了纵向比较的方法，将当下的周朴园，和三十年前的他进行比较。在这比较中，我又插入了《家》中的觉新和觉慧，这却又是横向比较。正是借助这样的比较分析，我带领着学生读出了一般人不曾注意到的文本意义与价值。这样的解读，对课时教学目标的落实和课程终极目标的贯彻，都有积极意义。

二、指向于对自身认知经验的突破，代之以"真"的视角

真、善、美三者间，真是基础。唯有真，才有可能实现善与美。因而，解读文本时，对文本内容的真伪进行辨析，也是教学活动中一项很有价值的学习任务。

比如，相当数量的作品，尤其是经典性的文学作品，在选入教材时，编者都进行了一定量的删节与修改。这种经过编者再加工的文字，和文本的原始意义相比，有时存在很大的差异。而这差异，往往决定了文本的意义走向。

举个例子，《我的叔叔于勒》在教材中是这样开头的：

我小时候，家在勒阿弗尔，并不是有钱的人家，也就是刚刚够生活罢了。我父亲做着事，很晚才从办公室回来，挣的钱不多。我有两个姐姐。

我母亲对我们的拮据生活感到非常痛苦。那时家里样样都要节省，有人请吃饭是从来不敢答应的，以免回请；买日用品也是常常买减价的，买拍卖的底货；姐姐的长袍是自己做的，买十五个铜子一米的花边，常常要在价钱上计较半天。

在同样内容的表述上，原作的开头，却比这多了很多内容：

我小时候，家在勒阿弗尔，并不是有钱的人家，也就是刚刚够

生活罢了。我父亲做着事,很晚才从办公室回来,挣的钱不多。我有两个姐姐。

我母亲对我们的拮据生活感到非常痛苦,时常找着好些尖刻的话,好些遮遮掩掩的和不顾信义的闲话去对付我的父亲。这位可怜的丈夫当时有一个教我伤心的手势。他每每张开手掌搁在额头上,俨然是去擦汗一般,可是汗呢,并没有,而且他绝不答辩。我感到他的懦弱的痛苦了。大家尤其注意节约,有人请吃饭是从来不敢答应的,以免回请;买日用品也是常常买减价的,买拍卖的底货;姐姐的长袍是自己做的,买十五个铜子一米的花边,常常要在价钱上计较半天。我们通常的食品仅仅是浓汤和牛肉杂烩。那仿佛是有益卫生的和滋补的,不过我宁愿吃旁的东西。

课文删除的内容,对作品中的菲利普夫妇的形象认知有无影响?答案是肯定的。只读教材节选后的内容,无法读出菲利普一家生活的极度拮据,更无法了解因为生活的贫寒而带来的菲利普太太性格的扭曲。清贫的生活,养成了菲利普太太尖刻、不顾信义的性格,使其对丈夫、对孩子都缺乏应有的爱心与耐心。一个对自己的丈夫和孩子都习惯了冷言相对的人,骂于勒几句,自然很正常。

课文少了这些内容,问题就来了。菲利普太太对于勒的恶劣态度,变成了针对于勒一个人。为什么只针对他呢?因为他没有钱。如此,自然也就能够解读出亲情大不过金钱的结论。

类似《我的叔叔于勒》这一类因为编者删节文字而造成误读的课文并非只此一篇,断章取义的背后,势必隐藏着意义的曲解。语文教师只有意识到还原原作的必要性,才能引领学生,真正走进文本的真实意义。

第三节

目中有"人"

上一节文字中，已经提及目中有"人"，但意犹未尽。再用一个独立的章节继续探讨这个话题。

语文学习中的"目中有人"，通常被理解为三种意义：第一是把作品中的人物看作"人"，而非阶级或者身份地位的符号；第二是读出文字背后隐藏着的作者这个"人"，深刻感受作者的喜怒哀乐；第三是心中装着学生，为了学生的健康成长需要而开展研读活动。

还有一个更具重要价值的"人"，往往为多数语文教师所忽视。这个"人"，是语文教师自身。文本研究活动中的目中有"人"，其实第一需要的，便是目中有语文教师这个真实的自我。

一、目中有自我

阅读与教学，对语文教师而言，从来都是个性化的活动。这样的活动，必然建立在语文教师个性化的生活体验、情感体验以及价值追求的基础之上。语文教师只有乐于感知文本意义，乐于追求文本深度研读中的审美愉悦，乐于将自己的研读成果与学生一起分享，乐于享受课堂中的一切活动，才能真正进入文本材料的反复探究之中。事实上，所有了无情趣的语文课，一定建立在语文教师自身的了无情趣之上。语文教师如果从未想过在语文教学活动中发现快乐、提升自我，就无法在教学活动中创造精彩。

见识过太多节语文教师心灵缺位的语文课。在这样的课堂上，老师也依照教学流程组织教学活动。只是，这一类老师的课堂教学，通常只呈现为从他人的教案中抄袭几个思考题，提问几个学生，公布几个所谓的标准答案。表面上看，课堂也不乏思考与探究，实际情况却是，教师对这些问题并未展开真正的研读，无法真正打开自身以及学生的思维之门。师生一起在门外做运动，热闹固然有了，却没有实际意义。

也见识过少量的在课堂上手舞足蹈、喜怒哀乐溢于言表的语文教师。这样的语文教师，为了作品中人物的情感起伏而或喜或悲，为了作品语言的优美婉转而陶醉痴迷。这一类语文教师的课堂教学，总能够用自己的心灵感知别人的心灵，用自身的情感体察他人的情感。这一类语文教师，便是善于在语文教学中发现自我、感受自我、创造自我的人。

在这两类语文教师中，能够在语文教学领域做出一番成就的，当然是后者。能够在工作中感受到思考、发现、创造的快乐，这样的工作，便有了无穷的动力。对于这种类型的语文教师来说，沉浸到文本材料中，推敲字词，揣摩意义，设计教学流程，组织课堂上的各种活动，是一件充满了积极意义的行为。这样的行为，足以抵消一切时间的消耗和身心的疲乏。

此种类型的语文教师，在组织学生开展各种形式的学习活动时，对自身的价值总有一个合理的定位。什么时候，该隐藏起自己，放手发动学生思考探究；什么时候，该走上讲台，对关键问题适时点拨；什么时候，该引出新的思考角度，呈现出用以比较分析的新材料……种种思考，种种探究，无不体现出一种合理的规划和积极的行动。这样的语文教师，属于语文教学中的明白人。既明白自己需要什么以及如何实现这样的需要，也明白学生需要什么以及如何实现这样的需要。

二、目中有作品人物

语文书中的人物，绝大多数来自文学作品。作为社会生活的折射者，这些人物身上，往往聚集了过于复杂的性格，以至于他们的一句话、一个动作，常常都被附加了一些特定的内涵。要在有限的课时内，通过学生的"自主、合作、探究"，辅之以教师的专业引领，拨开纷杂的表象，把握其"人"的性格与价值，就需要课堂学习活动能够切实沉入文本的细节研磨之中，把握主线，剔除枝蔓，关注文字中的情感脉络。

比如，《西厢记》中的崔莺莺这一文学形象，无疑是极具个性魅力的多元性格的统一体。研读这样的形象，仅凭教学参考书上的脸谱化介绍，当然无法满足学生的学习需要。所以，必须从"人"的视角观察分析崔莺莺的言行举止及其背后的性格特点与思想支撑。只有充分认识到崔莺莺性格的多元性，认识到崔莺莺身上体现出的恪守与叛逆、柔弱与勇敢、克己与纵情等对立情感的冲突，才能更深刻地理解礼教的束缚与青春的萌动的不可调和性。

进入教材的《西厢记》故事，是节选后的《长亭送别》，这个片段的背景，是一对热恋中的情人，因崔莺莺母亲"不招白衣婿"的苛刻条件而不得不暂时分离。在此前的故事中，相府千金崔莺莺因为在寺庙中偶遇张生，一见钟情后，私订终身，不料最终被老夫人发现了隐情，逼着张生赴京考取功名。

二十一世纪的中学生，很难走进这类古老的爱情故事中，他们无法理解崔莺莺的细腻情感，更无法理解崔莺莺身上的所谓反封建礼教的战斗精神。要让这样的作品，走进学生的心灵，成为他们人生路上的一份营养品，就必须在教学中将崔莺莺视作和学生一样的正处于青春期的"人"。这是唤起学生情感共鸣的基础。

在课堂活动中，我主要组织学生分析探究崔莺莺行为背后的逻辑事理。通过对一见钟情、私订终身、长亭送别等情节的梳理，学生可以发现，崔莺莺的所作所为，其实像极了现代生活中的任性女孩。崔莺莺不过是依照自己的情感喜好，做自己认为可以做、应该做的事情，哪里会从反封建礼教的精神高度，为自己戴上一顶斗士的帽子。

通过文本研读，学生开始明白，《西厢记》的巧妙在于将崔莺莺领出了相府闺阁，将其置身到了三教九流会聚的寺庙中。正如摆脱了官府高墙深院的约束一样，莺莺也由此而获得了自由呈现自己思想和个性的机会。外界世界的精彩、内在青春的萌动，在这样一个特定的时空氛围中，势必要催生出一股无法抑制的青春浪潮。这股浪潮，正如进入了汛期的江河，因大量新鲜事物的纳入而无法避免地开始一段极具破坏性的流程。

于是，长久蛰伏在莺莺躯体内的某种东西觉醒了，并且在觉醒之后就立刻迸发出超乎想象的力量。一个在世代书香熏陶下循规蹈矩的年轻女孩，似乎突然间完全变了个人，不但敢于在"热孝"中大胆表达对一见倾心的男子的爱慕，而且敢于在随后的日子里通过红娘传书递简，与张生墙角联诗、月下听琴，直至借探病为名，到张生房中与他幽会，做出越轨之事。

探究崔莺莺的行为动机，并不是文本解读的目标，该文本的真正价值，在于崔莺莺的形象定性。将崔莺莺定性为反封建礼教的勇士，其实是对这一形象背后更深层次意义的削弱。必须明白的是，崔莺莺的这一系列行为，并不是一种积极意义上对封建礼教的挑战，崔莺莺本人也并不因此就成为一名主动离经叛道的反封建斗士。她的举动，仅仅是搏动的青春激情无法控制的结果。崔莺莺仅仅是在自己也不知道应该如何处置这"礼"与"情"的纠葛与冲突的情况下，让本能的青春冲动战胜了礼教的束缚。只要注意这一切都是在背着老夫人偷偷去做的这个事实，就可以明了其中的道理。

通过上面这个例子，可以形成这样的结论：要真正读懂形象背后隐藏着的文学意义和思想意义，就必须先剥离附加在他们身上的各种标签，将其还原成一个个具体的人。只有将其视作普通的"人"，才能发现他们的优点和缺点，感受他们的坚强和软弱，才不会只将他们看成是答案唯一的平面脸谱。表面看来，这样的认知弱化了人物形象的思想意义，实际上，却因为对人性中本能的认同而深化了作品的价值。仍旧以崔莺莺的形象为例，试想，青春期的男女相识相爱，原本不过是自然界最自然的本能属性，就如花儿在春天开放，麦子在夏天成熟一般。这样的本能，都要遭受到礼教的种种约束，都要被以老夫人为代表的礼教执行者强行干预，并最终不得不回归到礼教划定的圈子内，通过考取功名来实现大圆满的结局。这不就是彻底揭露了封建礼教的反人性本质了吗？

三、目中有作者

每一个文本，都是作者特定的情感、态度、价值观的真实反映。语文学习就是要借助文字的表象，挖掘出思想的真实。

1. 读出立体的作者形象

要在文本中读出立体的作者形象，既需要紧扣文本推敲词句，又需要跳出文本，在更广阔的社会文化背景下感受作者的所作所为。

例如，《指南录后序》这篇课文，连用了22个"死"字，连同那和"死"紧密关联的种种危险与绝境，不但成功描绘出文天祥的形单影只、狼狈不堪、左冲右突，更塑造出一个顶天立地的英雄形象。这个英雄，向来被史家看作忠君爱国的典范。

然而，文天祥真的会愚昧到对一个无法挽救的小朝廷效死尽忠的程度吗？倘若他只是一个没有独特思想的愚忠之人，又为何不在第一次受辱时便以死明志？

文天祥是从不畏惧死亡的。在儒家文化的长期熏陶下，文天祥早已将舍生取义的理念和身体内流淌的血液融为一体。当他于赣州毁家纾难、起兵勤王的第一天，他就将一个文弱书生所能付出的一切，交给了风雨飘摇的局势。他是熟读司马迁"人固有一死，或重于泰山，或轻于鸿毛"成长起来的，他清楚地知晓，死亡，其实也是儒生实现人生不朽目标的一条路径。只要这死亡，是为了国家民族的大义；只要这死亡，是公众意识中的"死得其所"。

然而，文天祥却不能死。他必须抓住一切机会奔逃，即使这样的奔逃，很大程度上令他感受到了一种苟活的羞辱。他必须活着，为了大宋的安危而活，为了书生"兼济天下"的宏愿而活，为了他心灵深处那种"九死而尤不悔"的人生追求而活。正是这些，成了他肩头和心头都无法放下的一副重担，这重担压迫得他连选择死亡的权利都无法拥有。

在处处皆可能死亡的时空中，他必须活着回到南方。这种奔逃中的回归，在彼时或许已经成了一种义不容辞的使命，就如他当初义不容辞地出使北营。"臣心一片磁针石，不指南方不肯休。"不只因为南方有他的祖国，有他的朝廷，有他为之效忠的皇上；更因为南方有他潜意识中必须效忠的一种思想，一种令他遭逢千难万险也令他名垂青史的精神。

文天祥其实是在为一种精神而奔逃，为一种精神而置生死于度外，为一种精神而苟活。

以文天祥的聪明才智，他当然知晓，国势的衰败已成定局，力量过于悬殊的对垒，已提前将故事的结局写在了史册之上。他明知自己的一切努力，既不会阻挡蒙古大军势如破竹的攻势，也无法挽救偏安一隅醉生梦死的南宋小朝廷。

他却还是要用自己的力量去做这最后的挣扎，这个挣扎的背后，其实，应该已经丧失了那种狭隘意义上对一个具体王朝的效忠，而是在更广阔的文化思想空间上，效忠于自身追随了几十年的人生信念，效忠于骨子深处浇铸的那份儒家"知其不可为而为之"的执着精神。正是这样的精神，为文天祥在层层黑暗中劈出一道狭长的光亮，让他得以在逃生路上依旧坚持着完成了这不朽的《指南录》。

对学生的健康成长而言，将文天祥的忠诚，升华至对人生信念的忠诚的高度，具有极大的教育意义。这样的解读，关注的重心是"人"的言行的心理基础。借助这样的解读，学生便能够明白，古今中外历史上的所有忠臣良将，其忠于的其实都是自己的良心。将这样的结论推广到学生未来的人生中，便可以发现，无论他们将来如何生活，他们的人生观与价值观，都是决定其一切行动的根本。人生观与价值观的崇高或渺小，也就决定着人生的成就与高度。

2. 避免把作者脸谱化

课堂教学实践中，读出文字背后隐藏着的作者这个"人"，还存在着一个不得不探究的问题。

不知从何时起，课堂教学环节中，有了作者简介这个步骤。很多老师，介绍作者总是依照"名、时、地、评、作"这五字真经，在各节起始课的导入阶段，便迫不及待地将这些老陈货搬弄出来，传家宝一般精心传授给学生。这样的介绍，和文本的学习以及教学目标的贯彻大体毫无关联，属于"经典性"的课堂败笔。

学习课文当然需要研读作者。语文学习中的作者研究，绝不是户口簿上那些内容的简单罗列，而是对作者生命情怀的独特观照。所以，真正意义上的作者介绍，就是本节文字中所强调的——读出文字背后隐藏着的作者这个"人"。在"人"上加引号，只为了突出作者的自然人和社会人的属性，防止将"人"误作为特定的身份标签。

语文教学中，常常会犯将作者视作标签的错误。比如，在对鲁迅、毛泽东等众多杰出人物的认知上，就常常会忘记了他们都是具有七情六欲的"人"，而只将其当作思想与主义的象征。这样的认知错位，不是影响到对他们的文章解读中，就是将他们的每一句话都视作亘古不变的绝对真理，极少从人情人性之美的角度来鉴赏他们的文字。正是这样的人为拔高，最终招致了学生对此类作者文章的本能拒绝。

我的语文课堂，多数情况下，将对作者的研究放在文本细读之后。我将这个环节命名为"走进作者"，用以区别于此前文本研读中的"走进文本"。我认为，要真正读懂一篇文章，没有这两个"走进"，便只能是隔了一层玻璃看风景，看得到，却感受不到。

四、目中有学生

我在组织课堂活动时，"走进文本"与"走进作者"都只是一种手段，目的在于"走进生活""走进文化""走进心灵"。只有当课堂所学的内容，和学生的生活、文化以及心灵紧密相关时，这样的学习活动才能发挥真正的效用。所以，无论课堂上开展了多少次有温度、有宽度、有深度的探究，归根结底，都还是为了滋养学生的灵魂与生命。

教学活动中的"心中装着学生"，当然不是知冷知热的生活关爱，也不是分数的变化、排名的起伏，而是他们的健康成长需要。也就是说，教学活动中学什么、如何学，都只能由学生的成长需要而决定。课堂中，花费一定量的时间解读周朴园，是因为周朴园的身上具有人性的复杂性，而认知人性的复杂，就是学生在成长中必须养成的一种能力。同样地，解读崔莺莺是为了彰显青春的价值，为了传递"爱不可耻"的成长理念。解读《作为偶像》是为了确立正确的偶像观，为了培养对幕后英雄的尊崇与敬仰，而不是为了成名成家。学习这些课文，如果没有这些解读，就不能最大限度地发挥这些文本的育人功能。

总之，追寻目中有"人"的语文学习，就是要从学习活动中感知并理解一个个的鲜活生命，这样的生命，属于作品中的典型形象，属于作者，属于同样拥有鲜活生命的学生，也属于语文教师自身。语文教师将在目中有"人"的阅读中，更好地确立起自身"人"的形象，并进而将"人"的旗帜，插满学生的精神山岭。

第四节

驯养与滋养

驯养，从字面上解释很简单：饲养并使其驯服。

滋养，从字面上解释同样很简单：滋补养育，提供营养。

一、驯养与滋养的关系

驯养与滋养，是生命成长中无法绕过的两条河。即使只是在语文学科教学的文本研读中，也同样激荡着各自的浪花。但这又是两条较少合流的河，前者流淌的，是支配与改造；后者流淌的，是自主与自得。前者多体现为教材意义、作者意义、编者意义、教师意义的强制性灌输，后者多侧重于学生的自我主动吸纳、积极消化、生成养分、润泽生命。前者是外在知识、能力等因素对学生成长元素的一种"入侵"，学生处于不得不接纳的地位，没有过多的自我选择权利；后者是外在知识、能力等因素在学生成长过程中的一种"自得"，学生处于自主选择的地位，可以依照自身的需要而决定取舍。前者犹如吃派饭，就餐者自己无权选择饮食，只有消极等候别人的安排；后者犹如吃自助餐，可以依凭自身的口味和食量，自主挑选适宜的食品。

在常态化的语文学习活动中，驯养与滋养具有不同的目标指向。驯养关注的是结果。驯养中的一切活动，都是为了获得"驯服"的结果。体现在常态化的语文学习活动中，就是无论采用什么样的方法开展学习活动，其目标都只是为了传授知识与方法，使学生最终学会学习。滋养强调的是过程。滋养中的一切活动，都是为了创设成长情境，为积累知识、提升能力、滋养生命服务。活动的过程，就是生命被滋养的过程。活动的宽度、深度，影响着生命的宽度、深度。

通过这样的对比可以看出，滋养的优点明显远胜于驯养。然而，这却不意味着，教学活动就一定要全部驱除驯养。事实上，在教育教学活动中，驯养无处不在，甚至，宏观意义上的教育，本身就是一种驯养。因为，教育，就是要通过"教"这个手段，达成"育"的目的。"育"什么呢？使原本自然意义上的人，成为社会意义上的人，帮助他接纳各种社会公有道德，形成与社会法律法规相适应的言行等。这样的过程，其实就是"使其驯服"的过程。

而滋养本身，也隐藏了一种自我的驯养。这样的驯养，是自我内心情感、精神、智慧等元素自觉适应外部社会各种规范的产物。滋养一方面从外界主动吸收各种养分，另一方面又凭借情感、精神、智慧等元素的共同作用，形成自身的人生观、价值观。二者又反过来支配滋养行为，促使其有选择地吸收新的养分。

反之，驯养之中也隐藏着一定量的滋养。因为，作为学习的真正主体，每一个学生，都是有个性、有思想的人。这就决定了他们必然能够以自己的思想与意志，反作用于驯养这种行为。他们能够在一定程度上从驯养中分析判断哪些元素真正适宜于自身的健康成长，也能够在一定程度上辨析出哪些元素对自身的健康成长不利。然后，他们便会将那些有利的元素主动接受下来，使其成为生命的滋养品；也会对那些不利的元素自动摒弃，使其成为废弃物。

今天，我们依旧是将学生的终身成长需要视作终极课程目标，而不是将顺应学生的天性自由发展视作终极课程目标。在这样的目标定位中，同样存在着驯养的成分。毕竟，终身成长需要的各种元素中，学会遵纪守法，就是最基本的要求。

二、常态化的语文学习活动是否需要"驯养"

辨析清楚这一对概念，对于更好地探究常态化的语文学习活动有着十分重要的理论意义。因为，在"自主、合作、探究"成为主流学习方法时，常态化的语文学习活动是否还需要教师的专业引领，是否还需要教师预设一定量的思考题，是否还需要借助教师的层层追问、反复启发，引导学生一步步接近答案等问题，都正经历着来自方方面面的考验。

于是，这样的一些思考，就必须时常出现在语文教师的意识中：我们到底需要什么样的学习活动？如何在各种形态的学习活动中尽可能多地减少驯养的成分，代之以滋养的元素？学习活动的成果，在指向多元意义的同时，是否也需要达成临时性的共识？当学生的理解力总是达不到应有的高度时，是尊重学生的理解，还是由教师将更具价值的解读成果灌输给学生？这样的思考，直接影响着课堂的目标与行动，影响着学生的能力养成与心灵成长。

最高境界的语文学习活动，当然应该完全建立在学生心灵的自我滋养之上。在此种课堂活动中，一切问题都来自学生的发现与思考。学生能够依照精准的课程目标，确立自主学习的重点与难点，能够借助各种资料对自主学习过程中的发现与思考展开独立的探究。当思维遭遇阻滞时，又能够及时和同学、老师展开合作探究。在整个活动过程中，所有学生都思维活跃，发言踊跃，教师只成为学习队伍中的一员。

这样的学习活动，当然超越于驯养之上。这样的课堂，一切都是成长的养分。学生沉浸其中，就是接受知识、情感与精神的滋养。这样的滋养，让生命日趋丰盈、崇高。

遗憾的是，这样的语文学习活动，只能存在于我们的理想中。现实环境下，学生虽然能够在自主学习中发现问题、思考探究问题，但往往并不能够围绕课程目标展开这样的思考与探究。多数学生也未能养成借助各种资料独立探究问题的意识与能力。当思维遭遇阻滞时，还有为数不少的学生，只消极等候着教师公布所谓的标准答案，并不积极地与他人展开合作探究。在课堂活动中，也还有一定量的学生，思维处于非活跃状态，融入不到学习情境中。

现实的不尽如人意，便让完全自主的滋养成为一种奢望。退而求其次，就需要发挥教师的教育功能，借助教师的驯养，帮助学生达成应有的学习目标。教师的驯养，只是朝向滋养迈进的一个台阶。目的当然还是最终实现学生自主学习中的自我滋养。

三、如何在常态化的语文学习活动中进行"驯养"

如何理解语文学习活动中的驯养呢？

1. 教师作为"驯养"者

（1）最蹩脚的驯养者。只会站在讲台上，依照从网络上或者教学参考书中获取的认知经验，自我陶醉式地完成相应学习任务的语文教师，属于最蹩脚的驯养者。这样的驯养，其实既无"驯"，也无"养"。驯，就需要教给方法；养，就要形成能力。只会唱独角戏的教师，无论其宣读的文本解读文字如何深刻、新颖，都无法将其中的思路与方法转教给学生。这样的教学行为，毫无"学"的特质，形成不了任何能力。

（2）较高水平的驯养者。能够有效创设真实的学习情境和具体的学习任务，并在不断的启发诱导下，引导学生层层深入地思考问题、一步步走进文本内核之中的语文教师，属于较高水平的驯养者。这样的驯养，开始关注必要的技法，关注技法在考试中的应用效果。日常所见的众多公开课、展示课，多属于此种类型。

（3）更高水准的驯养者。能够在学习活动中尽量地隐藏自我，只依照一定的预设，将学生带入特定的学习情境之中，帮助学生自主学习、自主发现问题、自主探究问题，并适时引领学生在合作中更好地探究相关问题的语文教师，属于更高水准的驯养者。这样的驯养，已很少显露"驯"的痕迹，更重要的是，除了关注"驯"的结果，也开始关注在"驯"的过程中对学生情感的培养，重视学生在"驯"的过程中的思考与发现。这样的"驯"，已具有相当程度的滋养的成分。只是，教育的功利性，决定了它依旧属于驯养。

在暂且无法实现学习活动中的自我滋养的大背景下，第三种类型的驯养，便是语文教师的努力方向。语文教师在组织课堂学习活动时，应尽量弱化驯养的目标，把注意力尽可能多地投放到对学习过程本身的关注中。关注学习活动中学生的思维表现形式，关注学习活动中学生的思维发展过程，关注学习活动中学生交流表达时体现出的情感、态度与价值观，关注学习活动中问题设计的思维走向与价值取舍。如此，语文学习活动才能实现其独特的课程价值。

2. 学生作为被"驯养"者

还有一个问题，值得语文教师思考。

驯养与滋养，和学生的生理年龄、心理年龄具有十分密切的关联。学段越低，学生的年龄越小，在课堂教学活动中，就越多体现为驯养关系。反之，学段越高，学生的年龄越大，其依照课文内容发现问题、思考探究问题的能力也就越强，在课堂活动中的驯养成分也就越弱。语文教师在组织常态化的语文学习活动时，必须充分考虑到具体的学情，以顺应学生身心成长需要的方式，有效组织课堂教学。

当下，有些语文教师在组织高学段的学生开展各类学习活动时，课堂的目标定位往往不能和学生的心理年龄以及理解力相适应，其预设的情境或问题，常常是要么低于学生的认知水准，要么只关注文本中最低层级的知识积累，漠视对文本中的情感、精神等元素的思考探究。这样的活动，效果便打了很多的折扣。主要表现在四个方面：

（1）思维训练低幼化，缺乏挑战性，教学内容缺少张力。此种学习活动，只从课堂表象上看，学生发言积极，课堂气氛活跃，几乎所有的问题，都能够在课堂上解决。倘若再进行反馈性检测，学生对相关问题的理解也很到位。

（2）思维训练缺乏梯度，随意性过大。一个问题呈现出来后，后续的跟进问题依旧在同一平面上滑动。教师以为这些问题可以帮助学生获取必要的成长养分，学生却对这些问题无法形成探究欲望，活动成了脚踩西瓜皮的行为，滑到哪儿是哪儿。

（3）教师的"驯养"目的过于强烈，将多元化的学习活动弱化为简单的解题思维训练。教师只关注命题和答题技巧，只从这两方面对学生进行无数次的反复训练。结果，任何一篇内涵丰富的文章，进入这样的课堂，就成了几道可以依照固定模式进行宰割切分的"试验品"，再不是有血有肉有情感的复杂意义集合体。

（4）教师出于奇特的"驯养"目标，对需要学习的文本材料中的所谓敏感问题——比如爱情问题——故意绕开。教师不敢在学习活动中和学生一起公开探讨爱情这个永恒的话题，唯恐深入的探究会将学生"引入歧路"。此种"不为"，驯养的痕迹过重。

这种种有违教学规律的教学活动行为，很好地体现出了驯养式教学行为的先天不足。这样的不足，也直接导致了课堂教学效果的难如人意。我们常常在课余时间听到学生抱怨某个老师只关心学生的成绩，不关心学生的心灵。学生抱怨的，其实正是教学中的驯养行为。

第七章

必修课:
把握课改动向

本书的自序中，我曾提及面对当下课程改革而生发的焦灼和疑虑。《普通高中语文课程标准（2017年版）》带给高中语文教学的，是一场真正意义上的"革命"，而非传统认知上的"改良"。新一轮的课改，为语文教学重新设定了课程目标、课程内容、课程任务、教学方法、学习形式，以及评价标准与评价体系，在"教什么""为什么教""怎么样教"三个方面都进行了颠覆性的变革。常态化的语文课堂，不再是教师引领着学生鉴赏文本的各种精妙，也不再是教师预设几个问题、学生围绕这些问题进行讨论探究，而是教师创设符合学习需要的"真实的语言运用情境"，将学生引入"自主的语言实践活动"之中，使其自主积累言语经验，自主理解语言文字的相关特点和运用规律。面对这样的大变革，几乎所有的语文教师都不得不动用大脑中的"一键删除"，将若干年来积累的旧认知、旧技能彻底清除，然后新建一套教学运作程序，用以适应新形势下的教育发展需要。

大变革难免大动荡。近三年的语文教学实践中，虽不乏先行者披荆斩棘开辟新的道路，但终究还未能形成一条禁得住课程标准多方位检测的教学信息高速公路。更有甚者，有些探索或许还存在着南辕北辙的问题，钻之弥深，离课改精神便越遥远。比如以虚假的学习情境引导浅层次的阅读活动，以随心所欲的文本组合建构缺乏明晰任务指向的学习任务群，以低思维含量的热闹取代文本深度品鉴中的涵泳咀嚼等。即使是在一些大型的教学竞赛活动中，也有相当数量的语文教师在干着"买椟还珠"的事，把精力放在教学形式的雕琢上，对学习者思维品质的培养与提升缺乏足够丰富的关注。

如何才能透过表象的繁杂而坚守教学的本真，让语文教学既跟得上教育改革的节奏，又更好地服务学习者的多元成长需要呢？这便需要修炼语文教师自身的"火眼金睛"，一方面通过大量的阅读拓宽自身的知识视野，提升自身的理论水平，另一方面在教学实践中小心求证，逐步积累"真认识""真经验""真方法"。当然，没有人能够一口吃成胖子，在修炼课改新经验的过程中，所有的语文教师都应该以学习任务群为最根本的研究对象，以现有教材为最基础的教学素材，先琢磨明白如何在大单元框架内创设情境，预设任务，再探究一课一文和一课多文的教学差异性，然后探究整本书阅读教学的应有技法，探究当代文化参与的活动开展策略，探究跨媒介阅读与交流的路径与方法，探究思辨性阅读与表达等。

有人说，课改永远在路上。这句话，既是强调课改的必然性，也是强调教师课改实践的恒常性。身为语文教师，既然不得不行走于这条充满变化的道路之上，那就放开眼光、认准目标、集中精力攻坚克难。

第一节

群文阅读教学中的"课程"迷失

当下，群文阅读教学以其课堂信息量大、内涵丰厚和课程结构的反常规性而渐成某些大型教学观摩活动课的新宠。在这样的语文舞台上，名师们依仗自身的丰厚学养，或抓住某篇课文的某一段文字甚至某一句作纵深分析，在旁征博引中编织成一张无限绵密的信息大网，把课堂上的学生生拉硬拽至文学、哲学甚至整个人类文化的浩瀚海洋中，令其在目瞪口呆之余，不得不紧跟名师的思维而一路狂奔；或罗列一组在内容或者形式上具有相同点的作品，以某个预设的线索为纲要，在一节课的时间内，"驱赶"着学生"欣赏""探究"并归结出某些需要的信息资源；或将一组文章交给学生，限定时间完成阅读任务，并提出阅读中的困惑，然后以学习小组为单位进行"合作探究"活动，解决这些"困惑"……

凡此种种，皆有"乱花渐欲迷人眼"之嫌。而这被迷了眼的人，不只是怀揣了虔诚的朝圣之心前来取经的全国各地的语文教师，更有课堂上被充作道具的学生。学生当然并非不该接受这样的信息或接受这样的训练，而是因为这些信息与训练太集中、太深奥、太超越其常态化的心理认知能力，便无法真正进入语文学习的应有思维状态中。用我主张的"三度语文"的观点来评述，就是这样的课堂活动并非真正的"走心"，学生的"生命在场"难以落实到位。

当然，这并不等于群文阅读教学缺乏其课堂存在的价值。事实上，在日常教学中只要教师舍得把课堂活动的主动权真正还给学生，让学生自己去寻找相关的群文，并在自主阅读和合作研修中发现问题，形成思考，然后在课堂之上进行生本之间、生生之间、师生之间的对话交流，则群文阅读教学便能真正体现其教学的课程特征，真正落实"整体大于部分之和"的群文阅读的优越性。

具体而言，群文阅读教学在实施过程中，尤其应该把文本还给课程，落实语文学科教学的课程属性。

研读关于"群文阅读教学"的相关论文时，发现有相当数量的文章无法准确界定"群文阅读教学"和业已存在多年的单元教学的内在学理差异。比如，题为《群文阅读——语文课堂静悄悄的革命》的论文中，作者将"群文阅读教学"定义为"围绕着一个或多个议题选择一组文章，而后教师和学生围绕议题展开阅读和集体构建，最终达成共识的过程"。此种定义，与很多年前便有教师开展的"单元整体阅读教学"并无多少差别。从实际教学行为上观察，两者间的差异只表现为"单元整体阅读教学"的教学文本全部取自教材，且各单元间存在着特定的知识梯度或思维发展梯度。"群文阅读教学"的教学文本则大多取自教材之外的各类作品，在独立的"群文"组合中拥有明晰的教学任务，此"群文"与彼"群文"间基于课程建设需要的知识结构梯度、能力养成梯度，则具有极强的不确定性。

比较这样的差异，还会发现一个必须关注的问题：教材中各单元的课文，无论以何种体系进行编排，都是编者在很长时间内精挑细选的成果，大多体现着特定历史时期的国家意志；一般性的公开教学活动中的"群文"，则是授课教师短时间内个性化选择的产物，体现着授课教师个体的价值主张。绝大多数情况下，前者更具课程意义上的规范性，其选文更贴近学生的特定心理发展需求。后者更有利于凸显教师的教学主张，更有利于展示教师个体的学养。

　　基于上述分析可以发现，大多数语文教师正在进行着的"群文阅读教学"，其本质只是教学过程中的教材重组，而非成体系的课程重构。当然，一定会有少量的优秀语文教师，在长期的教学实践中已经建构起属于自己的群文阅读教学的完整课程。但这样的课程，也只能属于特定学情和教师特定学养下的个性化课程，对于其他教师不具备可复制性。就是此种课程的创造者，学情出现了变化，自身的知识积淀有了变化，其群文阅读教学各模块间的目标确立也会发生变化。

　　故而，大多数教师在日常教学中开展"群文阅读教学"活动时，最需要解决的问题便是"群文"课程属性的定位与落实。教师在备课时"围绕着一个或多个议题选择一组文章"，必须想清楚此种选择的合理性，绝不能够故意舍弃现有单元的课文，一味追求认知的深刻性或独特性。语文教师必须具有这样一种认识：学生只是第一次接触这篇课文或者这个单元的课文，他们需要从该文本或该单元中汲取的，既有相关的语文知识，也有相关的语文技能，还有相关的思想情感。如果舍弃了其中的两点，只在另一个点上引入"群文"开展阅读教学活动，便都算不得真正意义的语文教学。

　　比如，一位老师在教《荷塘月色》这篇课文时，围绕着"这几天心里颇不宁静"这一个句子，先后引入了朱自清在同一时期创作的若干篇文章，引导学生进行"群文阅读"。这样的"群文阅读教学"便缺乏相应的课程价值。因为，《荷塘月色》中的"这几天心里颇不宁静"仅是文章的写作缘起，与文章的内容并无太大关联。就算在一节课的群文阅读中获得了某种结论，这样的考据本身也仅能够作为一种推测，不能用推测的原因判断客观的行为。更重要的是，《荷塘月色》这篇课文的最大化课程价值，绝非培养学生的考据能力。倘若学生学完了《荷塘月色》，不了解写景状物的相关技法，不懂得景物与情感的关联，不知晓荷塘、月色和江南的文学关联，又怎么能够说是学习了《荷塘月色》。

由此例可知，群文阅读教学中的"群文阅读"，其着眼点必须是若干文本中共同拥有的某种语文知识、语文技能或思想情感。语文教师切勿舍弃了文本的课程价值而剑走偏锋，去追逐教师在阅读文本时感悟到的"或许有"的可能性意义。教师个体当然有权利借助群文阅读对任意文本进行个性化的分析阐释，却不能用这样的个性阐释牵扯着学生学习语文课程。须知，无论是传统型的单篇课文教学，还是单元整合教学或群文阅读教学，提供给学生学习的文本，都是构成课程的必要元素。课程的价值，则在于拥有相对完善的体系。

第二节

任务群教学中的关系定位

新一轮课程改革把任务群教学推到了教学实践的最前沿，但任务群教学具体该如何操作，却还处于摸索阶段。面对此种新生事物，不同的教学实践者从各自的思考与认知出发，进行了各种形式的探究，也形成了形式众多的教学案例。然而，大多数的案例缺乏经得住推敲的课程依据，甚至丢弃了"语文"这一根本。比如，在既有教材之外另选若干篇文章，依照随意设置的主题组合成群，用以引导学生探究该主题的价值意义，而不是探究如何形象生动或者合乎逻辑地表现此种价值意义。这样的任务群教学，完成的往往是伦理道德或情感的建构任务，而非"语言建构与运用、思维发展与提升、审美鉴赏与创造、文化传承与理解"这一语文学科核心素养的建构任务。

基于现阶段高中语文任务群教学中的纷乱局面，我认为有必要厘清一些基本性的概念与方法，让任务群教学切实发挥应有的育人效能。

一、"任务"的确立与"群"的建构

任务群教学中，最先需要解决的是"任务"与"群"的关系定位。理论上而言，建"群"是为了完成特定的学习任务。"群"是学习的载体，"任务"是预设的学习目标。但在实际教学中，受语文教材文选式结构的制约，当若干篇非连续性的文本被组合为一个特定的群组时，其"任务"并非一览无余地呈现给学习者，而是各种信息交错缠绕，似乎从任意一个视角都能生成出某些有价值的学习任务，且这些任务都能对学生的当下成长与未来发展形成一定的影响。这便必然带来一种教学行为上的混乱：任务群教学中，"任务"成了可以随意确立的配角，而"群"成了主角。

真正意义上的"任务群"学习当然不是这样，任务群学习的本质在于依照特定的、成体系的学习任务而组群。"群"不是文章与文章的拼盘，而是此任务与彼任务间的协作与共建。《普通高中语文课程标准（2017年版）》在界定"任务群"这一概念时，就明确指出："'语文学习任务群'以任务为导向，以学习项目为载体，整合学习情境、学习内容、学习方法和学习资源，引导学生在运用语言的过程中提升语文素养。"该定义首先强调"以任务为导向"，然后主张"以学习项目为载体"，便是规范了"任务"与"群"间的目标与内容的主次关系。

例如，《普通高中语文课程标准（2017年版）》围绕"语言建构与运用、思维发展与提升、审美鉴赏与创造、文化传承与理解"设定18个学习任务群时，这18个群的共同性学习任务，只能是四大核心素养。至于其中的"语言积累、梳理与探究""实用性阅读与

259

交流""汉字汉语专题研讨""跨媒介阅读与交流",不过是"语言建构与运用"这一"任务"的学习项目,即课程载体。同理,"文学阅读与写作""整本书阅读与研讨""中国现当代作家作品研习""外国作家作品研习""中国现当代作家作品专题研讨"不过是"审美鉴赏与创造"这一"任务"的课程载体。从《普通高中语文课程标准(2017年版)》的设定而言,必须是先有此宏观性质的课程标准,后有落实此标准的具体化学习项目。至于依照这些学习项目而编订的"小群"——具体教科书、具体教学单元和具体的一篇篇课文,其地位则又低于这18个大群。

二、"大群"的价值定位与"小群"的目标分解

任务群之"任务"并非无穷无尽,而是需要依凭特定的文本载体和特定的学习课时分解为不同层级的子任务。一个学习任务群便如一棵枝繁叶茂的大树,主干上生出几个主枝杈,主枝杈又各自生出若干个分枝杈,分枝杈又生出更细更小的枝杈……至于文本,只是为这棵任务之树提供成长生存之需的土壤、水分、阳光等"他物",而非"树"——"任务"本身。

如此,18个任务群便是18棵大树,这18棵大树生长在一起,构成了名为"高中语文"的小树林。这片小树林又紧邻着"初中语文"的小树林,"初中语文"的小树林又紧邻着"小学语文"的小树林。如此不断汇集,便构成了"语文"的森林。

18个"大群"的宏观教学价值不难确立,绝大多数的一线教师只需依照课程设计者预设的任务循序渐进地落实。真正的难点在于"小群"的任务分解,群的层级越低,教学任务越容易出现偏离。

这便如同一棵树的树根，很难控制一片树叶的摇动。

比如，由"审美鉴赏与创造"这一"大群"而分解出的"中国现当代作家作品研习"，其任务定位注定以培养学生的审美鉴赏能力与发现创造能力为核心。此任务中的"审美鉴赏与创造"，必须始终围绕"中国现当代作家作品"这一载体而展开，着力于引导学生通过具体的文本了解并掌握"中国现当代作家作品"的鉴赏技能，并在此基础上培养结合当下现实生活来创造性理解文本内容、感知文本价值意义的能力。该任务群的学习任务，必须体现出与"中国古代作家作品""外国作家作品研习"的差异，否则便无须细分。而将"中国现当代作家作品"再作分解时，则现有必修教材与选修教材中的所有中国现当代作家作品又都必须在该"群任务"的管辖下，继续分解出新的成体系的小"群任务"。如此层层分解至具体的课时化学习任务群时，则无论该任务群选择的是一位现当代作家的系列化作品，还是不同风格的现当代作家的同一体裁的作品，或者同一风格的现当代作家的不同体裁的作品，其"群任务"都绝不是一种独立的存在，而是整个大群的网络体系中不可缺少的一个部件。此部件不但要拥有鲜明的"小群"的载体特征，而且要体现与逐层分解出的若干"小群"间彼此独立却又互为联系的体系化任务特征。

当下任务群阅读教学中最大的问题正在于此。大多数的一线教师缺乏任务群阅读教学的体系化建构意识，习惯于"只见树叶不见树"，仅依据自身的感性阅读体验而随意界定相关群文的学习任务，致使课堂教学或是不断出现"任务"叠加，或是不断出现"任务"隔断，或是不断出现"任务"游离，无法构建完整的审美鉴赏认知体系与创造性能力体系。

三、"互文性阅读"与"单元式教学"

任务群教学中的"大群群主",绝大多数为教材编写者。以现行部编高中语文教材为例,其18个任务群的建构以及每个任务群中的单元组建与意义确立,都由教材编写者依照预设的课程知识体系或能力培养体系而设定,各单元分别承担不同的主题感知任务和能力养成任务。此种"指定型群主"大多具有多年的教材编写经验,对课程论也拥有一定程度的理解,对课程编写中的国家意志领悟相对透彻。

也有一些语文教师偏好于自己担任"群主"。此种"自封型群主",往往热衷于在既有教材之外重新选择相应的一组文章,构建起在主题意义、文体特征或时代背景等方面具有"互见"特性的"互文性阅读"模式。从示范教学的角度而言,这样的任务群教学往往因为选文内容的视角多元而获得同行的青睐,被当作一种难得的教学创意。而从学生学习的角度而言,却常常体现为对体系化教学内容的人为割断,以局部的精彩侵损了整体的完整。

有能力在国家课程之外重构一套合乎教育教学规律、顺应学生成长需要和时代发展需要的自主化课程的教师或许有,但绝非多数。大部分的一线教师并不具有完整建构一套语文课程的才华。因而当下高中语文任务群教学中无论是"群"的组建还是"任务"的确立,均应以部编版教科书为最主要的教学载体。需要强调的是,部编版教科书在单元组建上虽然还是采用文选式结构形式,但引导学生学习单篇文本时绝不能只作孤立的鉴赏探究,而是要立足整个单元的教学任务，将同一单元的四五篇文章彻底打通，使每一个独立文本都充当起特定教学任务的"样本"或者"用件"，而非全部用作"定篇"或"例文"。

例如，当我们把《祝福》《林黛玉进贾府》等作品组合为一个特定的单元学习任务群时（现行苏教版教科书中，这两篇文章被编排在同一个主题单元），并非要求教师和学生将两篇文章揉碎了细细品读，而是用两篇文章中相关知识信息的相互支撑，完成某些特定学习任务。

以这两篇文章为任务群教学的载体时，每篇课文均安排三个至四个课时进行地毯式知识信息梳理显然毫无必要。基于任务群阅读教学的模式，应该是先依照上一层级的群任务而渐次分解出该单元的群任务和具体各课时的学习任务，然后依照不同的任务组织不同的学习活动。

不妨作这样的假设——该单元的群任务姑且被确立为：

1.通过对比，掌握正面描绘人物与侧面塑造形象的价值差异。

2.环境描绘对丰富作品主题意义的价值剖析。

3.古典小说与现代小说结构设计的差异。

以这三个学习任务安排该单元的学习内容时，应该采用的任务群阅读教学模式为：在通读两篇小说的基础上，第一课时围绕任务1组织研讨活动，分别从两部作品中找寻相关材料进行对比或类比分析，然后提炼观点，形成结论；第二课时围绕任务2组织教学活动，依旧将两篇课文结合在一起；第三课时探究任务3，同样采用两个文本对比阅读的方式呈现。此种单元文本利用的方式，才属于任务群阅读教学的应然之法。反之，舍弃了此种方法，却先是以

《林黛玉进贾府》为母本，再从古今中外的文学作品中寻找相关作品作为互文性阅读的资料，用来探究上述三个学习任务。待完成此文的学习后，再以《祝福》为母本，依旧从古今中外的文学作品中寻找相关作品作为互文性阅读的资料，再次探究上述三个学习任务。这样的学习法，就彻底违背了任务群阅读教学的本质。

四、"基于应试的任务"与"基于生命成长的任务"

界定任务群阅读教学的"任务"时，短时间内还存在着一个绕不过去的坎——应试。理论上而言，应试能力包含于生命成长所需的诸多能力之中，与生命成长并无冲突。事实上，高中阶段为数众多的教学活动，普遍存在片面追求应试技能的认知偏差。凡与应试无关的知识或技能，一概被剥离出常态性的学习活动。

鉴于此种现实，当下的高中语文任务群阅读教学实践便必然需要正确区分小标题中的两个概念，将"基于应试的任务"纳入"基于生命成长的任务"体系，让核心素养真正落实到每一课时的学习活动全过程。

依旧以《祝福》《林黛玉进贾府》等作品组合成的单元学习任务群为例，前文假设的三个"群任务"落实到具体的教学活动时，如果教师能够在提前布置了学习任务之后，把学习的主动权完全交给学生，让他们课余或者课堂上利用平板电脑查阅各种解读文章，主动了解各任务中包含的相关知识信息，再通过自主学习和个性化思考形成相关的价值认知，然后利用合作探究的方式交流各自的学习成果，最后经由教师的点拨开启而形成新的认知，发现新的问题，形成新的探究欲望与行动，则这样的任务群阅读教学便属于有效落实了"基于生命成长的任务"的教学目标。如果教师只是把上述三个"群任务"依照高考文学作品阅读命题的方式转化为三个具体的试题，再把历年高考中类似的题目一一列举出来，供学生比较分析，提炼答题的得分点，归结答题的步骤，研究如何避免丢分。则这样的任务群阅读教学所追求的，便只是完成"基于应试的任务"。

日常的教学实践中，只完成"基于应试的任务"的任务群教学行为通常不但不被同行们批评，反而会被认定为简约高效。其教学用时更少，目标指向更明确，方法更具体，短时间内的收益也或许更明显。此种"短平快"更容易获得功利化评价方式的认同。也正因为如此，在所谓的家常课中，此种任务群教学方式被广泛采用。只有在需要某种特定光环包裹的公开课上，授课者才会尽量寻觅不同的教学活动方式，偶尔落实"基于生命成长的任务"。

问题的关键在于，只完成"基于应试的任务"的任务群教学真的"高效"？仅从每一年的高考各小题的得分情况看，得分率最低的几道题目都是阅读鉴赏类试题。不是因为考生这方面的题目做得少，而是他们缺乏读懂一篇文本的必要能力。也就是说，绝大多数考生在高中阶段的学习过程中，普遍缺乏"基于生命成长需要"的"审美鉴赏与创造"能力的体系化训练，极少甚至从未开展过基于特定学习任务的自主性群文阅读探究活动。如此，就算每天都在研究应试技巧，也无法真正获取成功。

五、单文本中的任务群建构

在"任务群阅读教学"风生水起的大环境下，单文本教学还有生命力吗？

回答此问题之前，需要先纠正一个认知偏差：单文本无法构建任务群。正如前面的分析所言，文本只是落实"群任务"的客观载体，此载体可以是几本书，可以是一册课本，可以是一个主题单元或知识单元，可以是几篇不同主题不同文体的文章，也可以是一篇独立文本（单文本），条件是只要此独立文本具备依照某个特定学习任务而组群的内容要素。

《祝福》或《林黛玉进贾府》这类的长文本，其内在的各种信息远超三五篇微型小说。如果三五篇微型小说拥有足够充分的资格组建起一个阅读任务群，那么比该组合内涵更丰厚的《祝福》或《林黛玉进贾府》为什么不能够组建阅读任务群？

以《林黛玉进贾府》的教学为例。只将《林黛玉进贾府》视作《红楼梦》的一个文学片段而开展常态化学习活动时，很多教师习惯于先介绍曹雪芹与《红楼梦》，再介绍《红楼梦》的前五回，然后介绍贾宝玉、林黛玉和薛宝钗的情感纠葛，最后才研究《林黛玉进贾府》这个文本。而在研究《林黛玉进贾府》时，也无外乎一是抓行文线索，依照线索画出贾府结构图，或者厘清贾府人物关系；二是简要分析王熙凤、贾宝玉和林黛玉的形象特征；三是鉴赏作品中的几处细节。此种教学设计，与任务群教学无关。

倘若以《林黛玉进贾府》为特定的"群"载体，该如何设定此任务群的学习任务呢？不妨作这样的预设：

1. 小说中的人物形象塑造有几种方法？这样的方法各有何种特点？

2. 如何通过人物的语言来探究人物的独特性格？

3.形成人物独特性格的因素有哪些?

依照此三种学习任务在《林黛玉进贾府》中寻找相关的内容时,不难发现,每一种任务都指向多个故事片段。比如任务1就涉及王熙凤出场的几段文字、贾宝玉出场的几段文字,连带着侧面写林黛玉的分散性文字。将这三方面的文字抽取出来,组合成一个临时性的学习任务群,则该任务群中包含了正面描写和侧面描写两种宏观性的人物形象塑造方法。其中,正面描写又包含了写王熙凤时的"未见其人,先闻其声",写其容貌衣着时的写实与适度夸张,写其语言时的一句多意、八面玲珑;写贾宝玉和林黛玉时的虚写容貌、实写动作语言等。侧面描写又包含了贾宝玉和林黛玉彼此眼中的互为观照,诗词中的反面表达等。教师只要在教学中依照此种任务组织学生利用文本和网络资源展开自主分析探究,其收获的知识、养成的能力并不少于对三五篇微型小说的群文阅读。

同样的道理,预设的任务2和任务3,也都完全可以借助《林黛玉进贾府》这一文本而完成相关探究任务。

需要强调的是,依托单一的文本而构建学习任务群时,此单一文本必须容量大,形象众多,情节复杂,内涵丰厚,意蕴深远。较小篇幅的文本必须和其他文本一起组合成群,才有资格充当特定学习任务的群载体。是否能够依照特定的学习任务而筛选出组合成群的集团性信息,是决定单一文本可否落实任务群阅读教学的关键因素。

第三节

整本书阅读的教学表达

　　思考"整本书阅读"这一话题时，大脑中始终纠缠着几组概念："单文本阅读"与"整本书阅读"，"休闲式阅读"与"探究式阅读"，"基于应试需要的整本书阅读"与"基于生命成长的整本书阅读"，"整本书阅读"与"整本书阅读教学"……我无意厘清这些概念的内涵差异，只是努力寻觅语文课程这一特殊语境中的"整本书阅读"的独特的教学表达方式。我认为，植根于语文课程这片沃土之上的"整本书阅读"，其教学表达至少应该是不以休闲娱乐为目的、不以单纯应试的任务驱动为手段，不以阅读者的个体浅表性感悟为落脚点的综合性学习活动。此种活动，以精选的、切合学情的作品为载体，以预设的阅读任务为抓手，经由个体阅读、形成感悟、发现困惑、合作探究、点拨开启、消化吸收的研读路径，走向阅读理性和觉解深度。

　　当下，如火如荼的"整本书阅读"教学活动中，绝大多数的探索指向作品的内容概括、情节提炼、人物赏析、细节探究，缺乏对特定时代思想、政治、文化等因素的有效关注。也就是说，"整本书阅读"教学往往停留在作品"写了什么""怎么样写"的相关信息的筛选、提炼与表达中，而对作者"为什么写"未能展开深入钻研。事实上，作家创作一部长篇作品，多是为了借助特定的故事来展示自身对社会与生活的个性化认知，为了用作品"干预生活""教化世人"。

下面，我将围绕"为何读""如何读""如何教"三个核心话题，谈谈我对整本书阅读的教学表达的个性化认知。

一、为何读：体验、感悟与提纯

在我读中学和大学的十年间，翻阅了两千余部著作。其中，精读的作品少之又少，绝大多数书籍只是快速浏览，有些作品更是只随手翻翻便归还给图书馆。那时的阅读，没有任何功利性目标，只是想读，喜欢读，于是便读。此种"自由式"阅读带给我的，是成年之后对文字的敏感、对写作的偏好、对诗意人生的不懈追求。

现在的中学生已极少拥有这份阅读的闲情逸致。我在写作《书香浸润生命》这部作品时，对所在学校高一年级新生做过一个问卷调查，其中半数以上的学生，整个义务教育阶段阅读的长篇小说低于5部。由于阅读量的整体性匮乏，中学阶段的阅读和写作能力较之于20世纪80年代呈现为群体性下降趋势。

影响阅读的因素或许很多，其中最重要的一条是"严禁看闲书"，非但家长严禁，学校中的大多数教师亦不允许。普遍性的观点是：看闲书能让你考上名校？作业都做不完，哪来的时间看闲书！

新一轮的课程改革显然意识到了阅读对于成长、对于灵魂滋养的重要价值，故而，整本书阅读成了语文教学中不得不认真审视的课程要素，成了关乎学生终身发展需求的教研课题。

　　只是，宏观认知上的"需要读"，在转化为课程目标中的"为何读"时，还有很长一段路程要走。从语文课程建设层面看，"为何读"不再是纯粹的个体价值诉求，而是语文知识积淀、语文能力养成，以及综合性审美与表达的应然，是传承先进思想与先进文化、雕塑高尚灵魂的必然。

　　具体而言，"为何读"的首要理由在于体验。莎士比亚说："书籍是全世界的营养品。生活里没有书籍，就好像大地没有阳光；智慧里没有书籍，就好像鸟儿没有翅膀。"营养品、阳光与翅膀，如果不与阅读者的体验建立关联，则永远无法让生命强健、精神飞翔。整本书阅读中的体验，就是要借助语文课程这一载体，用书中的营养滋补学生的精神，用书中的阳光温暖学生的灵魂，用书中的翅膀带着学生畅游人类文明史。

　　中学生在自由阅读中收获的体验因人而异，其中，大多数阅读者只关注情节的发展变化，并不会从语文学习的角度进行思考探究。因此，语文学习活动中的体验，是建立在特定学习任务之上的体验，是经由同伴合作探究和教师点拨开启而朝向纵深发展的体验。

　　"为何读"的第二理由在于感悟。感悟是思维参与阅读而生成的果实，其精髓体现为阅读中的由此及彼、举一反三。语文学习中的阅读，从不拘泥于内容的简单识记，而是致力于由个性中发现共性、由具体中发现抽象。比如，阅读《边城》是为了感知作品中的人情美、人性美、风物美与生活美，进而感知这些美好的背后隐藏着的对惨淡现实的否定，对古典的、田园牧歌式的生活的向往；

阅读《呐喊》是为了理解先驱者的奋斗价值，了解国民劣根性对于社会发展的损伤，警醒自身克服人性的多种弱点，努力成为先进思想的呐喊者与行动者。倘若缺乏了这样的阅读感悟，仅知晓每部作品写了什么样的故事，则那样的阅读，算不得语文教学中"整本书阅读"。

"为何读"的第三理由在于提纯。学习本身就是一种功利性行为，语文学习中的"整本书阅读"注定离不开特定的功利目标。无论是为了培养阅读鉴赏能力、提升辨识探究能力，还是为了拓展人生阅历、丰富生命体验，都离不开感悟之后的提纯。语文教学中的提纯首先表现为"把书读薄"，即通过必要的训练，帮助学生学会快速而准确地提炼相关信息；其次体现为"把书读厚"，即借助于系列性活动，帮助学生学会将作品中提炼出的信息运用到社会生活之中，以一叶而观天下秋色。

二、如何读：任务、方法与表达

和一位小学语文特级教师聊天时，言及整本书阅读的方法，他说，整本书阅读只有一个方法，就是从第一个字读到最后一个字。

此种回答颇有禅意，因为，同样是从第一个字读到最后一个字，阅读收获却差别巨大。有的人读完了最后一个字，只在大脑中留下一些并不清晰的印痕；有的人读完了最后一个字，收获的感悟比这本书还要丰富。毕竟，"读"是一种建立在复杂思维基础上的智力活动。

作为特殊学习方式的整本书阅读，其阅读不能仅凭学习者的自身悟性，而是要依循预设的目标任务渐次推进。整本书阅读中的任务，包含读前任务、读中任务、读后任务三类，均应以"阅读任务清单"的方式发到学生手中。"读前任务"中至少应该包含这样一些信息：整本书阅读的时间安排，分章节或分模块的内容提炼、形象简析、意义归纳或细节鉴赏，阅读中的困惑，阅读中触发的感悟。仅从阅读的时间安排而言，《老人与海》在教学时间内需提前两周将"阅读任务清单"发给学生，《红楼梦》《三国演义》等作品则需在寒暑假中布置阅读任务。"读中任务"指向整本书阅读中必须借助课堂活动而合作探究的问题，以"读前任务"中呈现出的阅读中的困惑为主体，辅之以教师预设的相关问题，旨在通过合作探究或教师点析帮助学生获取新的认知。"读后任务"以二次阅读整本书为主，强调运用阅读和合作探究中获取的知识与技能，发现初读时未曾关注的信息。

任务是整本书阅读的学习抓手。在未能形成有效的阅读能力之前，通过"阅读任务清单"中相关阅读指令的引导而完成整本书阅读，是让阅读真正实现的关键。各项阅读任务汇集成阅读一本书的基础性阅读技法，依照这些任务而长期阅读，不但有利于培养多种能力，而且有利于养成探究式阅读的习惯。

整本书阅读中的方法，从学生个体依照阅读任务清单而完成相关学习指令而言，主要体现为粗读、细读、研读三种类型。粗读以浏览为主，粗线条把握作品的情节、内容、主题；细读以任务清单中的指令为对象，对相关章节进行咀嚼推敲；研读以课堂活动中呈现的阅读难点以及在合作探究中形成的新认知为对象，在初步理解的基础上做深入探究。粗读与细读以作品为主，研读需跳出作品，将相关评论或鉴赏的论文、相关时代背景的阐释性资料等纳入阅读之中。

从教师的教学组织与活动开展而言，整本书阅读中的方法，重在创设有效问题情境，赋予寻常内容以"陌生化"的认知体验。教师对阅读任务清单的设计，要超越浅层的信息筛选与归纳，指向分析与鉴赏中的综合性思维活动。比如，在指导学生阅读话剧《雷雨》时，就不但要从作品中读出周朴园的个性，而且要透过表象信息，挖掘出三十年前的周朴园的性格特征。如果教学时间允许，还可以将三十年前的周朴园和《家》中的觉新、觉民、觉慧作对比分析。如此，才能更全面地认知人物，更深刻地感知作品的主题意义。

此外，整本书阅读的教学活动应以学生的合作探究以及成果展示为主，教师只在学生思维困顿处，或者学生思维力达不到的高度予以精要点拨。"陌生化"的问题，其形成的探究成果要能够切合学生的理解力，不必强行灌输。

表达也是整本书阅读的基本方法。整本书阅读的教学表达，主要体现为四种形式：阅读中的批注或评析，合作探究中的发言或辩论，主题演讲或课本剧表演，读后感或者短评。四种表达具有逻辑事理上的先后关系，后者以前者的有效完成为基础。比如，只有在自主阅读中养成随时批注评析的习惯，才能在合作探究中有的放矢地发言，然后才能将其转化为主题演讲或者课本剧演出，最后才能形成相对理性的感悟或评价。整本书阅读的教学表达，必须思维在场，杜绝信口开河。

三、如何教：设疑、激活与开启

书刊或网络上可见的教学设计或课堂实录中，整本书阅读的教学内容多呈现为对作品显性信息的筛选、提炼与展示。这样的整本书阅读教学，不利于培养真正的阅读能力，反而有利于打造阅读中的懒汉。中学生的整本书阅读，各类显性信息的归纳整理均应作为阅读任务而自主完成。有限的课堂教学时间，需用来解决阅读中的疑难问题。

也有少量的名师，为了给学生提供更丰富的信息，在有限的45分钟之内引入了多部作品充当比照材料，此种整本书阅读教学法也值得商榷。读懂一本书尚且困难，再引入一些陌生的作品，只会让学生更加困惑。当然，这样的拓展对于表现教师的学养确有价值，只是，课堂教学不是写文本解读的论文，课堂的精彩不在于教师的丰厚，而在于学生的精思妙悟。

理想的整本书阅读教学应始终指向阅读兴趣的点燃、阅读能力的养成和阅读理性的确立。要达成这些目标，就需要"设疑"。"设疑"时，应先从学生的阅读困惑中选取"问题"。只有在学生思维力暂未达到、但又属于应该掌握的内容上，才由教师预设少量的核心问题。教师的"问题"需由教师从作品中读出，而非从其他资料中随意选取。教师需将来自学生自主阅读和来自自身阅读感悟的"问题"设计成由浅入深的"问题串"，依照阅读的序时进度编入阅读任务清单中，用以不断激活学习思维，使整本书阅读成为依照预设的路径探幽访胜的过程。

整本书阅读教学中的"问题串"，需以程序性问题和策略性问题为主，少用陈述性问题。缺乏思维含量的陈述性问题，只会削减中学生的阅读兴趣，使其误以为整本书阅读是一件十分简单的事。在其以为全部读懂的地方，设计出若干个超出其预料的"问题"，才能有效培养学生在整本书阅读中的好奇心、探究欲和好胜心，让漫不经心的阅读转化为刨根问底的探寻。

日常的教学实践中，往往存在这样一种现象：学生们在分析探究教师预设的问题时，习惯于从各种教辅资料中获取答案，并以之作为自己的观点。这样的问题探究，只能属于"伪思考""伪探究"。要想在整本书阅读教学中避免此种现象的出现，就需要语文教师借助自身的深度阅读设计出"意料之外"的"问题"。比如，当学生读完《西厢记》并通过课堂上的合作探究一致认为崔莺莺属于反封建礼教的代表性形象时，我就让学生再探讨两个问题：当崔莺莺没有遇到张生之前，若是邻家的女孩背着父母和其他男子幽会，她会为之鼓掌吗？二十年后，崔莺莺和张生成家并有了女儿，她的女儿又像她一样想要嫁给一个落魄书生，已成为宰相夫人的崔莺莺会全力支持吗？这两个问题，学生们读完了整本书也未曾想过。有了这样的问题，思考就可以深入，人物形象的认知也更加立体。创设这样的问题并组织起有效的合作探究，就是整本书阅读中的"激活"。激活，以"问题串"为载体，以对话交流为手段。

"开启"是整本书阅读教学的终极任务。整本书阅读教学中共有四扇思维之门有待"开启"。第一扇是知识之门，包括作品中的各类知识和语文学习中应该掌握的知识两大类。开启这扇门的钥匙，是"学习任务清单"。第二扇是能力之门，包括归纳提炼能力、分析比较能力、鉴赏评价能力、合作探究能力等。开启这扇门的钥匙，是"问题串"与"对话"。第三扇是思想之门，包括对作品主题的深度认知、对作品中隐含的社会文化的价值剖析、对作者在作品中呈现的价值观念的多元审视、对自身成长所需养分的综合吸收等。开启这扇门的钥匙，是"拓展性阅读"。教师要在完成整本书阅读教学的相关探究之后，引导学生研读一定量的学术性文章，借专家学者的深度解析，修正学生在阅读中存在的肤浅和偏差。第四扇是习惯之门，包括整本书阅读的习惯、辩证思考的习惯、读完之后的写作习惯等。开启这扇门的钥匙，是"实践"。

第四节

问题：将整本书阅读引向思考最深处

在当下无限红火的整本书阅读教学实践中，为数不少的教师习惯于带领学生整合作品中的各种显性信息，如概述情节、分析人物、识记背景、提炼主题等，较少关注隐藏在文字缝隙处的人情与人性，更极少关注个体生命在时代大潮中挣扎浮沉背后的伤痛与反思。此类整本书阅读便终难走出浅阅读的泥淖，只是以形式上的热闹遮蔽思想上的苍白。

形成此种教学病症的原因或许很多，最根本的一点，在于缺乏阅读中的"问题"。教师在阅读整部作品时读不出真正的"问题"，自然也就无法在教学中为学生搭建引导思考走向深度的思维阶梯，更无法借助有效的"问题"引导学生和作品中的人物、主题展开对话，进而让作品中的思想、文化与情感，转化为读者生命成长所必需的营养品。

"问题"从何处来？对特定作品的反复咀嚼，仅仅是生成"问题"的最基本条件。大量地阅读围绕该作品而形成的各种鉴赏与评价性学术论著，辅之以对相关哲学、历史等通识性知识的学习与思考，才是走进文本内核的关键。教师只有潜入文本的深处，与作者以及作品中人物深度对话，才能真切感受到他们的喜怒哀乐，才能发现浅阅读中永远也无法发现的"问题"。

下面，我将以《家》的整本书阅读教学设计为例，具体阐释整本书阅读教学中的"问题"营造技法。

一、在自主阅读中发现"问题"

整本书阅读教学得以实现的前提，首先是教师的自主阅读，然后才是学生的自主阅读。自主阅读不是随便翻翻、浅尝辄止，更不是猎奇或获取谈资，而是基于明晰的目标指向、具体的学习任务和相对规范的思维路径的"阅读旅行"或"阅读探险"。在此种"旅行"或"探险"中，阅读者（教师与学生）均应持有"生命在场"的态度，从"语言建构与运用、思维发展与提升、审美鉴赏与创造、文化传承与理解"四个角度鉴赏和探究作品中的若干"问题"。

受知识积淀、生活阅历以及专业素养的影响，语文教师的自主阅读较之学生的自主阅读，具有目标相对清晰、认知相对全面、理解相对深刻、评价相对理性等特点。因而，语文教师在引导学生进行整本书阅读之前，必须将自身沉浸到作品的文字海洋中，依托自身的文学素养和专业素养，发现并设计出各种不同类型的"问题"。一般而言，语文教师发现并设计出的"问题"，应区分为"自身和学生都能读懂，但信息相对零碎，需要重新整合加工的问题""自身拥有清晰的认知，但估计大多数学生难以理解的问题""自身有一定的阅读困惑，但借助各种评论性资料可以理解的问题""自身短时间内无法理解或者理解不透彻的问题"四大类。

整本书阅读教学中，最后一类问题不宜引入课堂，第三类问题也需充分考虑学生的认知能力而有选择地应用于课堂。

学生的自主阅读，在未进行专业化训练之初，必然体现出休闲式阅读的特性。大多数学生往往只会关注感兴趣的情节与人物，极少关注作品的思想、情感、审美趣味、艺术手法，更少有人会从专业研究的视角对作品中不同类型的内容进行筛选、整合、比较、解构。故而，学生在自主阅读中能够发现的"问题"，更多具备碎片化、非学术化的特征。语文教师在引导学生完成整本书阅读任务清单时，要善于带领学生逐步走向理性阅读，发现真问题，探究真问题，让问题成为理性阅读的出发点。

自主阅读巴金先生的长篇小说《家》时，半数以上的高中生并不喜爱这部作品，其在自主阅读中发现的所谓"问题"，也就带有极为明显的敷衍色彩。比如，很多人对觉新这一形象无法理解，但又不做思考和探究，便提出下列各种问题：

觉新为什么要采取作揖主义？

觉新、瑞珏和梅的三角恋想要表现什么？

觉新对瑞珏的死应该承担很大的责任，因为这时祖父已死，觉新是他们这一房的老大，已有权决定瑞珏是否一定要到外面生小孩。

作者为什么要塑造觉新这一形象？

…………

这些问题，虽在一定程度上展示了学生的认知困顿，但或是大而笼统，或是理解出现偏差，或是稍加检索便能发现相关解读文字。在整本书阅读教学中，如果把太多精力投入解决这些"问题"

之上，阅读便算不得"真正发生"。

语文教师从整本书阅读教学需要的角度而自主阅读《家》时，发现的"问题"便更多指向学习能力的养成训练。语文教师在阅读中应始终思考这样几个问题：这些内容学生能读懂吗？这段文字需要和另外的哪些文字进行整合，才能在比较中有效开启学生的学习思维？这处细节看似寻常但其实隐藏了极其深刻的内涵，学生们能理解到什么程度？……

基于这样的思考，语文教师在整合自身阅读体验和学生阅读困惑的诸多信息之后，便可设计出这样一些"问题"：

《家》是一本展示高尚的作品吗？如果是，它展示的是何种高尚？如果不是，那它是一本呈现何种价值的作品？

《家》中，谁是男一号？根据是什么？

如果用鲁迅的"哀其不幸，怒其不争"的观点衡量觉新，你会为他的哪些遭遇而悲哀，又会为他的哪些行为而恼怒？

觉民这一形象可否删除，他对《家》的情节发展和主题表达具有什么样的价值？

…………

这些"问题"，大多具有统领整部作品的价值。要探究其中任何一个问题，都需要跳出简单的是非对错，从文本的细读中思考与发现可能的答案。其实，答案是否科学规范并不重要，重要的是由这些问题而营造出的整本书阅读教学中的"陌生化"学习情境。有了好的学习情境，才能更好地激活阅读与探究的欲望。经过这样的训练，学生们在自主阅读时才会一点点转化问题意识，把阅读注意力转移到真正的鉴赏与探究之上。

二、在归纳提炼中生成"问题"

受客观教学情境的制约，中学阶段的整本书阅读教学大多采用"跳读"的形式，在有限的几节课中，"一课一专题"地展开探究。此种学习法固然要求学生在自主阅读中对作品进行深入的细读，亦要求学生能够从具体的故事中走出来，依照特定主题统观整部作品，更要求语文教师能够通过对自主阅读中获取的认知经验的有效提炼，分课时设计出具有归纳统领性的核心教学内容。此种核心教学内容，依旧来自"问题"。

二十余万字的《家》，整本书阅读教学的课时可安排为七节。依照"一课一专题"的教学思路，七节课可依次完成如下教学任务：

第一课时：用准确、简明、连贯的语言，口头陈述《家》的主要内容；通过课堂活动与交流，整体性感知作品的宏观性信息，包括《家》的内容梗概、主要人物、核心矛盾与冲突。

第二课时：借助合作探究，丰富对觉新、觉慧、觉民三个形象的认知；初步理解成长环境与人物性格形成的关系，探究性格与命运之间的逻辑关联。

第三课时：依照一定的分类标准，对高府中的其他男性进行归类，分析这些形象在作品中的存在价值；探究高府之外的其他男性形象的存在意义；归纳整理配角在小说中的作用。

第四课时：对《家》中涉及的女性形象进行分类，按类别分析其形象意义；选择一个女性形象进行鉴赏，合作交流。

第五课时：梳理《家》中的"爱情"故事，辨析其中的差异；

探究觉新与梅、觉新与瑞珏、觉民与琴、觉慧与鸣凤的情感。

第六课时：整理《家》中有关"死亡"的内容，探究"死亡"在作品中的作用；探究《家》的时代特征与美学价值分析。

第七课时：辨析有关《家》的不同声音，了解时代价值取向对文学作品解读的影响，学会理性研读学术论文；站在21世纪的平台看《家》。

要保证七个课时的学习活动得以有效开展，离不开相关信息归纳提炼中的"问题"生成。唯有值得思考与探究的"问题"，才能把学生的学习注意力集中到课堂活动之中，才能"以纲带目"，把思维逐步引向深入。

归纳提炼中如何生成相关"问题"呢？下面以第五课时的专题研讨为例进行阐释——

《家》中描述青年男女情感纠葛的内容很多，仔细辨析后才会发现，很多看似"爱情"的情感，其实并非真正的爱情。基于这样的阅读认知，该课时的"主问题"便可确立为"《家》中是否有真正的爱情"。

具体教学中，"主问题"可分解为下述若干"子问题"：

读《家》，绕不开其中的情感纠葛。小说中，涉及哪几对青年男女的情感故事？

你如何理解觉新对梅的情感？这样的情感是否属于爱情？

第十章中，有一段关于觉新吹箫的侧面描绘。觉民说，我想他大概晓得梅表姐回到省城来了……除了"爱"还有什么？你觉得觉新的箫声中寄托的是爱情吗？

觉新与瑞珏之间有爱情吗？证据是什么？

觉民为什么而爱琴，琴又为什么而爱觉民？请从作品中发现证据。

觉民与琴的情感，与觉新和梅的情感，存在哪些方面的差异？

觉慧对鸣凤的情感，是爱，还是其他？鸣凤对觉慧的情感，是爱，还是其他？

第二十八章的后部分，写了觉慧的一个很长的梦，你觉得这个梦中隐含了哪些信息？

…………

这些问题，全部围绕"爱情"这一专题而设计，来自对作品相关内容的归纳提炼，又反过来引导学生立足于整本书而探究人物、情感与情节。问题，让教学走出了"简单告知"的肤浅而走进了"思考探究"的深刻。

三、在细节比照中呈现"问题"

整本书阅读过程中，孤立地鉴赏某一细节固然也能获取一定量的信息，但这些信息可能只是片面的、表象的、非理性的。整本书阅读教学过程中，语文教师要善于将相关联的细节通过归纳提炼而聚合在一起，在细节比照中呈现"问题"，帮助学生更好地理解作品。

依旧以《家》第五课时的教学为例。在探究了上述几对青年男女的情感纠葛的基础上，细心的阅读者还会发现，《家》中还较为隐蔽地描绘了陈剑云与觉慧二人对琴的情感。陈剑云对琴的情感是爱情吗？觉慧对琴的情感是爱情吗？这两个人对琴的情感，与觉民对琴的情感存在着什么样的异同？两个人的情感正常吗？……当学生们在语文教师的问题引领下开始探究这类原本未曾重视的细节性"问题"时，其获取的就不只是对作品中人物形象的认识与理解，更多的是对青春、异性、单相思等若干问题的觉解与释然。

《家》中，觉慧对鸣凤的情感是理解的难点。要把这一难点梳理清楚，就必须从作品中筛选细节展开对比。一是对比觉慧在小说不同章节中对鸣凤表达出的情感，二是对比觉慧对琴、对鸣凤的情感差异，三是对比觉慧与鸣凤在情感纠葛中的自我身份定位，四是对比觉慧在鸣凤投湖自尽前后的言行举止与情感变化。有了这些对比，才能发现"问题"，才能从更深层面思考——

为什么觉慧"经过了一夜的思索之后，他准备把那个少女放弃了……他觉得他能够忍受而且也有理由忍受"？

为什么在鸣凤死后的第七天，一个小丫鬟给鸣凤烧纸钱时觉慧已经忘记了鸣凤？他对小丫鬟行为的认可以及他所说的那些话，能够体现他什么样的心理与情感？

以学生的生活阅历和认知体验而言，这些问题很难形成有深度的解答，这便形成了整本书阅读中的思维困顿，也形成了让阅读走向深度的活动契机。这时，教师便可引入针对《家》中的情感问题而分析探究的不同声音，引领学生阅读一定量的学术论文（片段），帮助其提升认知力与理解力。例如，可在上述细节对比的基础上，引入北京语言大学李玲教授2004年在中央电视台科教频道"百家讲坛"栏目所做的《想象女性——男权视角下的女性形象》中的部分文字——

当觉慧第一次得知鸣凤和婉儿中的一个要被送去当姨太太时，他首先想到的不是如何去帮助鸣凤逃脱这可能的厄运，也不是"我们"这一相爱的共同体如何去面对可能的封建压迫，而是急于再一次确认女性对自己的忠贞程度。所以，他"激动地"问鸣凤："你不要骗我。假使有一天人家当真把你选去了，你怎么办？"这里是"你怎么办"，而不是"我们怎么办""我怎么办"。得到鸣凤坚决不去的承诺时，觉慧只是放心地说："我相信你，我不要你赌咒！"这里，觉慧关心的只是他对鸣凤的所有权，而不是鸣凤的命运、鸣凤的生存境遇。觉慧在鸣凤承诺反抗时也不承诺自己作为同盟者的任何责任。所以说鸣凤投湖、以死抗争，正是以恰如其分的刚烈在精神、肉体双方面都为觉慧保持了贞节，同时又让觉慧获得了不抗争甚至不同情的自由。这个情节的设置，正是以女性生命为代价，最大限度地成全了男性全面占有女性的虚荣和男性可以不为爱情负责的自由。

此种引入并非为了让学生全盘接受李玲教授的观点，而是为了形成有思维挑战的新"问题"，借以引导学生思考并探索特定文字背后隐藏的不曾发现的秘密。借助于这些对比与拓展中呈现出的"问题"，学生便会明白，整本书阅读不是只了解情节、分析形象，还需要对各种细节进行分析品鉴，才能慢慢抵近作品的真实意义。

四、在文化平台上剖析"问题"

经典性作品皆是特定文化的优秀载体，阅读这些作品，永远也绕不开字里行间无处不在的文化信息。但作品中的文化又极少通过直接告知的方式生硬地传递给读者，更多借助于精要的概述和具体生动的描写，将无限丰厚的内涵附着于感性、直观、偶然的生活事件之中，以点带面、以小见大地进行艺术呈现。此种特性，决定了整本书阅读教学必须远离"一叶障目不见泰山"的狭隘，要引领学生"见一叶而知秋"，把阅读教学中的思考与探究置于特定的时代文化背景下。

善于阅读和思考的读者或许会留意到这样一个事实：中国现当代小说中，新民主主义革命时期的作品擅长写"死亡"；新中国前十七年的作品擅长写"理想"；"文革"后十多年的作品擅长写"幻灭"与"变革"；近二十年的作品擅长写"人性"。不同时期的作品之所以会选择某种共性化的主题，是因为作者所处的时代需要对这类主题展开深入的思考，需要借助于这样的思考与表达而唤醒民众。以新民主主义革命时期的小说而言，新文化运动时期写"死亡"，旨在暴露封建文化的各种罪恶，以此为新文化摇旗呐喊，用鲁迅先生在《〈呐喊〉自序》中的表述，即为"听将令"；抗战时期写"死亡"，则一是用以揭露战争的罪恶，二是用以倡导全民抗战中不可或缺的牺牲精神。

《家》属于新文化运动时期的作品，虽然它的诞生比《呐喊》要晚了近十年，但它依旧在揭露封建文化、封建势力与封建制度的罪恶。此种预置的主题，决定了《家》的阅读鉴赏必须始终以"新文化运动"追求的民主、自由的思想为文化背景，既致力于理解并鉴赏作品中各类人物的人情、人性，又理性认知隐藏在特定时代人情、人性背后的时代局限性。

要在整本书阅读教学中培养上述理性阅读能力，依旧离不开特定的"问题"。有"问题"，学生才会主动思考探究，而不是被动接纳。以《家》第六课时的学习活动为例，为了从文化层面给予学生更多的思考，就可以设置如下"问题"：

《家》中写了哪几个人的死亡？作品中还有没有其他形式的死亡？

与鸣凤、梅、祖父和瑞珏四个人的死亡相关的故事情节，在小说中占据了六分之一的篇幅。作者为什么花费这么多的笔墨描绘死亡以及相关的故事？

同样是死亡，这四个人的死，分别具有何种意义？或者说，作者为何要让这四个人物死亡，而不是其他的人物？

小说中的祖父，代表着专制、腐朽。这样的人物的死亡，按照常情而言，应该是令人开心的事儿。你在阅读到祖父死亡的文字时，是一种什么样的心情？你为什么会有这样的心情？

巴金曾说："我把我大哥作为小说的一个主人公。他是《家》里面两个真实人物中的一个。"这个"真实人物"在生活中自杀了，就在巴金写到《家》的第六章时。小说中，作者为何没安排觉新自杀，而是让瑞珏死去？

《家》第二十章描绘了军阀混战带来的死亡和死亡恐惧，这些内容有何价值？

死亡属于悲剧，而悲剧可以区分为社会悲剧、性格悲剧和命运悲剧三种类型。你觉得鸣凤、梅、祖父和瑞珏的死亡，分别属于哪一种或哪几种悲剧？请结合具体内容阐释。

这一组问题，都无法在作品中寻找到直接构成答案的文字，但所有的答案又都藏在作品中。借助于这些问题的思考与探究，学生才能透过具体的情节而品味到作者的思想之痛、作品的时代之痛，才能以悲悯之情审视个体生命在时代大潮中的挣扎浮沉，才能从阅读中感受到时代的发展变化。有了这些阅读体验，整本书阅读才能真正落实"语言建构与运用、思维发展与提升、审美鉴赏与创造、文化传承与理解"的核心素养。

第八章

必修课：
践行"真我"写作

本章文字，无意于探究具体的写作技巧和写作指导方法，对写作教学而言，这些内容，足以写成若干部专著。

我只希望从语文教师的视角出发，对写作素材的提炼、写作兴趣的养成、写作思维的培养、教师下水作文的价值等相对宏观的问题进行探究。我的目的，只在于为阅读本书的语文同行提供一种可以在教学实践中接受检验的思路。这样的思路，只具备必要的参考价值，并无绝对的指导意义。

我始终认为，学生的写作思维能力，需要借助教师的培养而形成并发展。而培养的过程，又必须遵循一定的规律而进行。语文教师必须要建立起较为完善的思维能力培养训练体系，并依照这个体系开展持久的写作训练活动，学生才能够获得成体系的写作学知识，养成较强的写作能力。在此过程中，教师要帮助学生学会"写真事，抒真情，说真话，析真理"，学会立足生活的本真面貌而发现素材，创作文章，表达情感。

有一点可以肯定，作文的好坏，首先体现为作者的心是否受到了真正的触动。情郁于中、不能自已时，提起笔来，流淌出的多是他人愿意阅读的文字。因为，这样的文字背后，站立着一个鲜活的生命。而当作者对将要叙述的事情尚未厘清头绪、对将要描写的景象未能用心观察体验、与将要塑造的人物缺乏心与心的碰撞交流时，便难以写出让阅读者满意的文章。毕竟，没有心的颤动，文字就会在技巧上多事雕琢。华美的外表下，却是假大空的真面目，自然不会秀外慧中。

在养成一定写作兴趣的前提之下，写作思维的培养，便显得十分重要。陈词滥调固然招人厌倦，过分标新立异，也往往让阅读者无法消化。因而，语文教师在进行写作教学活动时，就必须在思维能力的培养上多下功夫。教师要善于在培养学生的创新思维能力的同时，也着力于培养学生的常规思维能力。要帮助学生学会从"人"的视角观察并感悟生活，用"人"的情感态度体察天地万物。这里的"人"，既非自然状况下的人，亦非阶级意识形态中的人，而是能够置身于普世价值观的精神层面之上，以人本精神为思想根基的社会的人。

此外，教师自身还要勇于写作下水作文，以亲身体验感知写作中的思维延伸状况，同时给学生提供参考示例。

语文教师还应该明白，对学生这一写作主体而言，写作，就是他们放飞青春之心的过程。教师不能用成人的思想过多干预学生的思想，而是要接纳并包容学生作文中体现出的各种奇异观念，并依照其特性，予以适当的疏导。

第一节

让写作成为真正的课程

当下，高中阶段的作文教学普遍存在着"投高考所好"的坏习性。高考考话题作文，作文教学的重点便定为话题作文研究；高考考材料作文，话题作文便立刻由"公主"而沦为"灰姑娘"。偏偏高考又是个极爱折腾的角儿，隔三岔五地便改头换面一番，招惹得高中作文教学永远如追赶花季的蜜蜂，始终居无定所、行无定规。

此种过于功利性的作文教学形态，一方面体现着现实教学生活的过分功利化特征，另一方面也反映了目前高中作文教学内容的课程化元素的缺失。当作文教学不能形成完善的课程体系时，头痛医头、脚痛医脚便成为必然。

现实的残酷在于，这样的作文教学永远只能是后知后觉。如果我们把上一个年份的高考作文比作好细腰的楚王，则极有可能下一个年份的高考作文就摇身一变，成了好剑客的吴王。考生们费了九牛二虎之力，终于依照上一个年份楚王的审美标准练出了盈盈一握的小蛮腰，进了考场却发现今年需比试的是刀剑功夫。如此，除了一声叹息，只剩下匆匆上阵、殊死一搏了。

显然，此种荒诞情节绝非作文教学的应有剧情。高中生的听

292

说读写能力的培养，必须以成体系的课程资源为载体。在这个载体中，写作课程理应与阅读课程居于同等重要的地位。高考中的写作能力考查，只应是对高中阶段写作课程内容的运用能力的检测，不能脱离课程这一根本而随意命题。

要建构这一写作课程体系，需要课程专家、教材编写者、高考作文命题人、一线教师的共同努力。在前三者缺位的情况下，一线教师亦可最大限度地利用既有课程资源，结合特定的学情，建设属于自己的写作课程。"真我"写作便是此种性质的写作教学探索。

一、"真我"写作的概念阐释与课程定位

"真我"写作，包含下述四层意义：

1. 真。即"写真话，言真事，抒真情，析真理"。这是"真我"写作的基本主张。真，要求一切写作活动都本着"我手写我心"的写作原则，摒弃虚假叙事、空洞抒情、唱高调、说套话等写作陋习，从写作者自身的真切感受出发，真实且艺术地呈现对特定内容的个性化理解。

2. 我。"真我"写作中的"我"，既是写作者这一独特的个体，又是特定群体的代表。"我"对人、对事、对物的认知与感悟，一方面必须具备鲜明的个性化的情感特征，另一方面又必须符合"我"所隶属的特定群体应该具备的共性化的价值认知。

3. 写作。包含被动写作与主动写作两种形态。被动写作一是指日常教学活动中由教师指定题目或内容的写作，二是指各种形式的考试作文。主动写作一是指完全出于个体写作兴趣而创作的日记、博客文章、QQ空间中的文字、公众号文字，二是指受教师课堂教

学的思维"激活"而临时性生成表达欲望而写作的文字。

4. "真我"写作。即"以真实的生活为素材库，以真实的情感体验为情感触发点，以合乎逻辑的个性化思考为依托，以规范化的表现形式为载体，不无病呻吟、不卖弄学识、不强词夺理"的写作。"真我"写作的主张既适用于主动写作，也适用于被动写作。

四层意义中，前三个层次为基本意义，第四个层次为核心意义。其中，第四个层次所强调的"真实的情感体验"和"合乎逻辑的个性化思考"，又具有随着生理年龄和心理年龄的增长而不断修正完善的特性。"规范化的表现形式"也具有表现形式由简单到复杂的渐变性特征。也就是说，虽然同样强调"以真实的生活为素材库，以真实的情感体验为情感触发点，以合乎逻辑的个性化思考为依托，以规范化的表现形式为载体"，高中一年级学生的"真我"写作实践中呈现出的生活素材、情感体验、个性化思考、规范化表现形式，和高中三年级学生在这几个方面的呈现形态必然存在较大的差异。

承认这样的差异，是建构"真我"写作课程的学理起点。植根于课程的"真我"写作，虽同为"写真话，言真事，抒真情，析真理"，但在不同的学年有不同的侧重，即使同一个训练点，不同学年也有不同的要求。从文体训练而言，高一年级以叙事类作文为主，论述类作文为辅；高二年级则倒过来，更多突出论述类作文；高三年级的学生心智更加成熟，加之高考的功利性需求，则可在时事评述和散文化呈现的方面多下功夫。从"真我"的呈现而言，高一年级的作文侧重写实，强调真实而艺术地叙事；高二年级的作文突出论述中的真实思考，杜绝大话、空话、套话；高三年级则强调"真我"中的鲜明个性。

二、"真我"写作的课程建构

现行教材中的作文训练，多只是主题阅读单元的附庸，不利于"真我"写作中的思维体系建构和课程建构。更有问题的是，现行教材中的作文训练，与单元学习内容之间往往只存在主题的一致性，却不拥有写作形式的一致性。比如苏教版必修一第一单元"向青春举杯"收录的全部是诗歌，但作文训练却并不要求学生围绕"青春"这一主题创作诗歌，反而要求写作一篇记叙文。

受教材的主题单元结构形式的制约，在建构"真我"写作的课程体系时，就需要跳出教材另寻可作写作示范的优秀文章，用作写作教学的样本。此类样本，应尽可能贴近学生的生活，能够充分展示特定年龄段的特定心理状态，最好是学生作文中的精品文章。如果所选的样本和学生存在着时代差异、年龄差异或认知差异，就难以真正激活写作者的情感体验，难以真正落实"真我"写作的目的。

由于高中阶段的作文训练和考试作文均强调文体特征，而"真我"写作的课程建构又必须在一定程度上满足此种学习要求，这就决定了"真我"写作的课程设置，应依循高一年级强化叙事类文本、高二年级强化论述类文本、高三年级自由写作的文体训练要求，在既定写作知识体系内渐次展开。以高一年级为例，"真我"写作可围绕下述训练点而展开：

第一阶段训练点为选材与组材。为数众多的学生在初三阶段的一次次考试中养成了套作和编故事的坏习惯，缺乏从现实生活中精选写作素材的能力。因而，"真我"写作第一阶段需从选材开始训练，从自身或者身边的人与事中选择寻常素材。该阶段的训练可分解为四个步骤：第一步是限定选材范围，只允许学生用身边的人与事写作记叙文；第二步是进一步限定选材范围，只允许用当下发生的身边之事写作记叙文；第三步是限定叙事的详略，不得在起因上浪费过多文字，必须迅速入题，写活材料中的细节；第四步是"有我"，把"我"纳入故事之中，且能够对情节发展和主题表现发挥真正的作用。四个步骤可作为四次作文训练的重点，每一次突破一个点。

第二阶段训练点为抒情与立意。"真我"写作侧重于体现细节中的感悟，而这感悟又必须来自真实的情感体验。一般情况下，"真我"写作致力于引导学生从平凡甚至琐屑的事件中感悟亲情、友情，体察人性的善良与真诚，反对虚假的赞美和人为的道德拔高。该阶段也可分解为四个步骤：第一步，文中有真情；第二步，将情感藏在细节中，不做或少做直接抒情；第三步，注重呈现真实、真诚、美好的情感与道德主张，学会借作品中人物的语言或心理活动点明题旨；第四步，学习"大题小作"，把相对厚重的主题藏到日常生活故事之中。这四个步骤，也可以作为四次作文的训练重点，每一次突破一个点。

第三阶段训练点为巧与美。指向应试的"真我"写作拥有特定的读者，这个读者就是批阅作文的语文教师。要想让写出来的记叙文得到阅卷教师的认可，除了写出真实的人生体验、抒发出真实的情感之外，还需要在文章的起承转合以及语言锤炼等方面进行专项训练，让"真我"拥有巧且美的语言载体。该阶段同样可以分解为四个步骤：第一步，巧设情节。教师可借助精选的范文，教给学生特定的写作技巧，如悬念法、抑扬法、翻转法、欧亨利式结尾等。第二步，锤炼语言。该步骤需立足于学生不同的语言风格而有针对性地进行辅导，不可作统一要求。锤炼语言的关键，是引导学生学会运用文学的语言。第三步，学会点缀。侧重于引导学生运用景物描写来渲染烘托，对"以景结情"等手法进行一定量的训练。第四步，作文升格。侧重于综合运用已学的十一个步骤的写作知识，对此前的作文进行综合性升格。该步骤可分两三次进行，在升格中分析归纳，发现新问题，解决新问题。

这三个阶段的训练，支撑起整个高一的"真我"写作课程。高二和高三阶段的"真我"写作课程，也同样可以参照高一的方式分阶段、分步骤予以设计和实施。差别在于高二阶段的议论文需重点突出"合乎逻辑的个性化思考"，高三阶段的综合性写作需突出说理散文和时事评论等文体特征。限于篇幅，不再细述。

三、"真我"写作的内容预设

日常作文训练中，"真我"写作不倡导宏大叙事。"真我"写作的内容，即使是依照教学单元的主题而设定，也需要"大题小作""虚题实写"，要把学生引导至"与我有关"的思维路径之上，发现并表达出"我"的真实心理、真实情感。

"真我"写作的训练内容，整体上可区分为四大板块："我"之见，"我"之情，"我"之思，"我"之悟。四个板块之间，属于递进关系。

"'我'之见"主要采用叙事类文本进行表达。"我"之所见，先侧重于各种琐屑平凡之事，如教室内课间休息时的场景、两个同学发生争执时的片段、教师讲解一道例题时的动作神态、家庭饭桌上的一次对话等。教师要利用这些素材，引导学生从平常中发现意义，然后通过典型细节的描写展示此种意义。当学生们已经能够熟练写作这些内容之后，再侧重于复杂叙事的训练，安排学生从较长时间跨度的事件中选材组材，构建独特的意义，如寒假记事、"我"的高一时光等。最后侧重于塑造形象，以身边之人为写作对象，通过精选事例和详略组合，揭示人物性格。

"'我'之情"继续采用叙事类文本进行表达，但加大描写的训练力度。"我"之情主要围绕亲情、同学情、师生情而展开，适量关注家国之情，田园之爱。该板块的训练，需在进一步强化一般意义上的写人、记事类文章的基础上，逐步引入写景、状物类的内容。也就是说，"我"之情中包含的不仅有情，还有景和物。作文中的情、景、物，需用描写的方式呈现。

"'我'之思"侧重于论述类文本的写作训练。理论上而言，天下万事，但入我心，便可激发"我"的思考。但零散的思考并无价值，"真我"写作需要强化训练的，是"合乎逻辑的个性化思考"。这样的思考需要有思维的宽度和思想的深度。纳入"真我"写作课程体系中的"我"之思，主要围绕两方面问题进行写作思维训练：对身边之事的思考，对社会热点时事的思考。其中后者尤其重要。

"'我'之悟"采用不限文体的方式进行"真我"写作训练。前三个板块的"见""情""思"，均包含于"悟"之中。更重要的是，"悟"侧重于挖掘现象背后的本源，把学生的写作引向哲思与文化的层面。"悟"要致力于展示"真我"写作的思考深度。

此四个板块的内容预设，自高一年级第一篇作文起，至高三年级作文训练课结束止，贯穿高中三年的"真我"写作课程全过程。其内容安排与课程建构配套展开，日常写作训练以课程预设为主、临时生成为辅。

四、"真我"写作的"我在"

"真我"写作中，"我"是基础，"真"是根本。"真我"之"我"，需建立在祛除自私、狭隘与偏见的前提之下，代表着同龄人应该共同拥有的价值认知。也就是说，"我"之见、情、思、悟，均应符合特定时代的价值主张，甚至应该超越时代与阶层的局限，进入普世价值的境界。这样的"真我"才符合"真我"写作课程建构的价值需求。

"真我"写作中，"我在"是写作的关键。"我在"包含了六个角度的写作意义："我"在文中，"情"在文中，"思"在文中，"悟"在文中，时代在文中，合理的价值主张在文中。

"我"在文中。"真我"写作不提倡虚构，更反对无厘头的穿越或故事新编。无论写作何种主题、何种体裁的作文，皆提倡写自身的所见所思所感。只有将"我"所经历的事件与场景带入作文之中，才能生动再现过程中的细节，才能把情感、思想准确表达出来。无"我"的作文，或者虽有"我"但明显属于编造的内容，都属于不合格的"真我"写作作文。

"情"在文中。文贵有情，但"情"只能是"我"之情，是"我"面对特定事件而生发出的合乎常态的情感体验。"真我"写作强调融情于事，反对虚假抒情。"真我"作文中的情感，要符合学生的年龄特点，符合特定群体共性化的价值主张，反对运用直抒胸臆的手法或第二人称手法喊口号、表决心。"真我"作文可以表达对他人、他事或者社会现象的不理解，却不允许借作文宣泄负面情绪，比如在作文中对父母、老师、同学或社会现象进行缺乏逻辑分析的语言诋毁或攻击。

"思"在文中。没有思想的文章注定缺乏价值，只是，作文中的"思"一不能脱离写作要求而放野马，二不能超越写作者的知识储备和价值认知。"思"在文中，是说作文中的思想必须如河水中的鱼，不能脱离了作文这条河而存在。我思故我在，我在故我思。思，是"我"建立在自身思维逻辑基础上的个性化觉悟，不是他人观点的罗列。

"悟"在文中。面对一件事、一个人、一份景、一件物、一种观点、一种现象时，如果不能从中"悟"出一定量的价值意义，不能从具体中发现抽象，则不必动手写作。"真我"写作不是如实记录的拍照片，而是必须经过艺术加工的拍电影。这艺术加工的过程，即写作者对所写内容拥有切身体悟之后创造出新的内容、新的语言、新的形式的过程。绝大多数情况下，"悟"不必通过议论点题的方式呈现，而是要通过对材料的详略安排、对情感的准确表达、对语言的灵活运用而体现。

时代在文中。"我"永远无法离开群体与社会而独自存在，"真我"写作中的任何内容，都必须放置在具体的时代背景下，虽不一定以小见大、借个体而展示时代风云变幻，但也不能把时代弃置一旁。"真我"写作需学习短篇小说的立意策略，以最小的横截面展示时代，让"我"成为特定时代、特定思想文化背景下的

"真我"。

合理的价值主张在文中。"真我"写作中的"真我",并非原生态的作者,而是特定文化熏陶下的拥有合理的价值观的作者。"我"在日常生活中基于个人欲望未能满足而滋生的各种负面情绪,均不宜作为写作中的"情"与"思"。有些高中生只因为父母不允许他玩手机或者打游戏,便在作文中抱怨父母不了解他的苦恼,这样的"情"与"思"虽是"我"的真实情感,却与青少年应有的价值主张相背离。

五、"真我"写作的"他在"

"真我"写作不是一个人的独角戏。要真实展示"我"的所见所思所悟,就必须把"我"放置在特定的社会文化时空之中。如此,作文中也就必然要出现他人、他事、他物。"真我"写作中的"他",也应该是"真他",是拥有真实情感、能够真实表达思想的"他",是能够展示出丰厚的信息、呈现出精致的情感体验的"他"。优秀的作文,应该是"我在"与"他在"的结合体。

"他在"需注意以下四个方面的要求:

其一,"他"不是一个抽象的符号,而是一种情感、文化或思想的代表。"他"与"我"一样,要个性鲜明、血肉丰满。"真我"写作不鼓励以"他"的崇高来反衬"我"的渺小,亦不鼓励以"他"的离经叛道来暴露社会病症。"他"应该就是身边的普通人,有缺点也有优点。

其二,"他"可以是一种泛化的形象,可以超越人类的意义范畴,指向"我"之外的万事万物。"真我"写作中的"他在",倡导以客观公平的视角看待天地万物。也就是说，无论我们在作文中写什么，都需要建立在尊重理解的前提之下，不把"我"的情感与价值强加到"他"的身上。

其三，作文中的"他在"，是一种经过筛选与加工之后的存在。"他"可以是"杂取众人"而聚合成的形象，也可以是基于某一原型而加工的形象，但必须是符合生活真实的形象，是"可以有"或者"应该有"的形象。在作文中展示这样的形象，往往代表着一种价值主张。能够塑造好这样的形象，也是让作文朝向文学发展的一个必要路径。

其四，"他在"之"在"，需借助少量的概述和大量的描写而呈现。而这概述与描写，又都必须经过"我"的情感审视与心灵过滤，是经过"我"的认知加工之后的"他"。在作文过程中，写作者要尽量把自己的主观性评价隐藏起来，少用具有明显情感倾向的词汇或语句，多用客观描述的方式。

此四个方面的写作要求，同样需要落实到由高一至高三的体系化"真我"写作课程之中。高一年级的"他在"，可突出作为人物形象的"他"在作文中的存在形式；高二年级的"他在"，侧重于论述类文字中的事理与论据；高三年级的"他在"，则可以将上述四个方面全部纳入。

第二节

永不过时的"真情""真性"

"真我"之"真"，指向真话、真事、真情、真理，具有"真实且艺术地呈现"的特性。也就是说，"真我"写作，永远离不开对真实人生中的真实事件、真实情感、真实思考的有效关注，是对真实人生的艺术提纯。

现实的作文教学与写作实践中，有关"真"的理解往往存在或大或小的偏差。为数不少的学生被浅层次的、纷繁杂乱的"原生态"的生活遮蔽了发现美好的慧眼，误判了"真"的存在价值，视"虚构"为作文的不二法宝。另一类型的学生却又走向另一个极端，在作文中过多关注真实人生中的"一地鸡毛"，视写作为生活的纯客观展示。此两种认知与行为，均不符合"真我"写作的选材要求。"真我"写作以"永不过时的真情真性"为选材与立意的基础，倡导在寻常生活中发现真实且美好的瞬间、真实且合乎逻辑的思考，再运用特定的艺术表现手法呈现出这些瞬间或思考。

"真我"写作呈现真情真性的方法很多，最基本的技法为下述四点——

一、慧眼寻美：在寻常中发现真切的触动

中学阶段的叙事类作文，普遍存在着情节雷同、形象脸谱化、情感成人化的缺憾。究其根源，在于很多中学生不懂得从寻常生活中发现真切的触动。面对一篇命题作文时，大脑中生成的第一念头，往往不是从真实生活中寻觅素材，而是想着编造一个看起来更加"高大上"的心灵鸡汤类感人故事。于是，充满智慧的卖烧饼的老王、阅尽人生而善良睿智的小吃店老板、街角转弯处那平凡而灵魂高贵的修车人……常常集中出现在相关主题的作文中。面对这类作文时，语文教师只能一边感叹"贫贱者最聪明、最高贵"，一边痛下杀手，给作文贴上"抄袭""套作"或"虚假"的标签。

"真我"写作的价值，正在于疗救此等病症。"真我"写作在日常写作训练中，作文命题必须以学生的真实生活为出发点，引导学生观察身边人、身边事，从司空见惯中发现不一样的价值意义。在各类考场作文的写作中，同样要求学生从熟悉的生活中寻找真正触动过灵魂的人与事，将其打造成"小中见大""平中见奇"的应试佳作。

下面两个片段，来自学生的随笔。

其一：《猫的琐碎》

大多数时候，小霜是非常高贵冷艳的。它不屑赏给除我和弟弟外的任何人一个温驯的姿态。而我一看到小霜端庄地坐在那儿定定地瞧着我，很慢很慢地眨着眼睛时，我便不由自主地慢了下来，即使内心号叫着要把小霜抱起来亲个够，也不敢对它动手动脚——嗯，小霜就像个女王。当我终于知道当猫慢慢地盯着你眨眼睛是在

"亲吻"你时，我嗷嗷怪叫着问弟弟：嘿，小霜没亲过你吧。

其二：《骑车看日出》

"你们看，太阳已经出来一半了！"顺着曹婕手指的方向，我们看见了——喷薄欲出的太阳，正欲挣脱云层的束缚，即使只露出了半张脸，那灿烂、炽热的火焰颜色，依旧让我们如痴如醉。看着太阳慢慢升起，我们不约而同地下了车，在马路边驻足。——既然太阳快要出来了，就让我们细细观赏它吧，不带匆忙，不带急躁，只有神圣的憧憬和希望。

很快，圆如车轮的太阳展现在我们面前，它的光芒把整片天空映得更加瞩目、辉煌。洋红色，桃红色，火红色，太阳仿佛是善于变幻的神灵，从躯体到血肉，再到灵魂，都是红色铸就。生命的红主宰了整片天空，预示着新的一天、新的生命——这就是太阳想告诉我们的吧。

下面这段文字，则来自考场作文《遇见那一抹朝阳》。

期末考试像个满脸褶皱的巫婆，拿着她的魔杖在十几天后的某个十字路口准备伏击我。而我本应加班加点全力打造好强大的装备以迎战，然而，现实中的我却像一台生锈的老机器，发不出一丝力。可能是刚步入高中吧，快节奏、高强度的学习一次又一次带给我伤痕，双眼蒙眬，我仿佛看见了明天那个被击垮的我。

这三段文字，分别属于三个届别的学生。我之所以会在电脑文件夹中保存这几篇作文，是因为它们均很好地落实了高一阶段叙事类作文"真我"写作的主张。这些片段以及其所属的整篇作文，全部建立在对寻常生活的细致观察之上，切入点小，主题意义也不追求宏大，但生活味浓郁，青春气息扑面而来。此类文字中的

"我"，便是"真我"；此类型的选材与立意，便是"真我"写作的选材与立意。

需要强调的是，"真我"写作的选材不拒绝同质素材的多样化呈现。比如，同样是表达母爱，就完全可以每天都从生活中发现两三个典型的镜头而组合成一篇随笔。如果能够连续写作十篇以上同主题的随笔或作文，每篇中选择的生活镜头又各有特色，则"真我"写作便成为一种自觉表达。

二、慧心体察：用细节呈现情感的丰厚

走过了"真我"写作"从生活中选材"这一起始环节之后，紧随其后的是学会"艺术地呈现"。八百字的作文，最多只能称得上是寻常生活的一个横截面，要让其具有较强的可读性，就必须合理裁剪，淡化无关紧要的信息，突出重要细节。

高一年级的学生，没有人不知晓叙事类作文中详略得当的重要价值。然而，"知其然而不知其所以然"却是大多数人的通病。以"真情""真性"为着力点的"真我"写作，教学重点不是告知学生作文中需要详略得当，而是精选例文充当范本，一点点地演示给学生看，再引导学生参照范本进行仿写训练。如有可能，用作范本的例文最好是语文教师自身的下水作文。

例如，从小学到高中，"我的老师"之类以塑造人物为核心的作文写过若干篇，但每接手一届新高一都会发现，能够立足身边真实人物而选材组材的学生寥寥无几。为了引导学生观察生活、写活细节，我以我的老师们为"模特"，陆续写了多篇下水作文，给学生做示范。

示例：

他不是名师，也不是传统意义上的好教师。他的全部价值，只在于用自己独特的方式，为我和我的学友确立了一座为人的标杆。

他属于标本式的中国书生，内敛而克制，儒雅而从容。从我做他的学生，到做他的同事，三十年的时光中，我似乎从未见过他在十步之外唤人，也没见他步履匆匆地行走，更没见他因为各种名利上的事儿跟人脸红脖子粗地争论。他从不邋遢，从不落魄，任何时候，都是军人般挺直着腰杆，不卑不亢，认真而执着地生活、工作。

他有一种从骨子里溢出的文人气质，这种气质令站在讲台上的他，平添了一种无法言说的威严和尊严。做他学生时，我总疑心他和语文已经融合为一体，教文天祥时，他就是文天祥，教苏东坡时，他又是苏东坡。

这是我应一位编辑之约，为《教师月刊》创刊号所写的感念师恩的短文《心中的那座山》的第2～4段。当学生们知道这样的文字就可以在大型期刊上发表时，便迅速消解了写作的神秘感，懂得了立足真实人物而精选典型细节的意义与具体方法。我在这几段文字中展示的细节，并未展开描绘，而是一句话概述一个细节。但这些细节是这位老师身上特有的，是最令我心驰神往的，也是最能给读者留下深刻印象的。有了这样的示范，学生再写"我的老师"时，便不再虚构家访、雨天送伞、带病工作等看似高尚的行为，而是认认真真挖掘老师身上最独特的个性行为。

再如，要引导学生写活亲情故事，除了立足生活精选素材，还需要在作文中至少描绘出一处富含丰厚情感的细节。这样的细节，同样需要提炼和加工。我在进行这类作文的"真我"写作训练时，最常举的例子是朱自清的《背影》。作品中父亲攀爬月台的经典形象，就是来自生活又经过作者"艺术地呈现"的最佳写作示例。

下面这个片段，选自我写给学生阅读的下水作文《最美的月色》。该文后来发表在《异乡人》杂志上。

我便向着那硕大的月亮下继续走去，两只布底鞋依旧和沙石摩擦出沙沙的声响。不用回头，我也知道，祖父并没有往回走，而是站在那儿，静静地看着我走进风景中。我想，那会儿，月亮和烟囱一定也只成了朦胧的背景，在祖父的心中，月色中最美的风景，一定就是我奋力独行的身影。

在估计祖父的视力所不能清晰达到的距离上，我停下脚步，倏然转身，于是，我看见东方泛出鱼肚白的天空下，一个并不高大的影子，如一棵苍老的树，定位在沙石路边。我知道，在祖父站立的身影背后，一轮鲜红的太阳，正在地平线的下方酝酿着浓烈的情感，并即将喷薄而出。

这两段文字中的景象，是生活恩赐于我的最经典的画面。这样的画面，很多年间一直萦绕在我的脑海中。我在表达对祖父的思念之情时，首先想到的就是这样的画面。有了这样的细节，文章和情感都有了较强的内在张力。

当我把这类文字一步步展示给学生时，学生们内心中总会生成或大或小的触动，"真我"写作的意识便植入了心灵之中。

三、雕饰文辞：给文字镶一道秀美的花边

一般情况下，能够触发写作欲望、拥有真情真性的事件，即

使采用最平实的概述，也能够给读者带来特定的感动。只是，更多的时候，此种"郁积于心，不吐不快"的事件总是太少，生活赐予我们的更多是平常与琐屑。要将这平常与琐屑之事"经营"成有滋有味的、能够体现真情真性的好作文，就需要在语言表达上多下功夫，让文字拥有温度和色彩，使其尽可能丰富地展示出"美"与"善"的特质，否则，作文便难以得到读者的认同。

在强调"真我"写作的表达艺术时，我最喜欢说这样一句话："我坐在窗前"，属于客观陈述；"独坐窗前的我"，属于文学。要想让文章中的真情真性永不过时，就要让文字表达由客观陈述转化为文学表达。这是"艺术地呈现"生活的另一种表达形式。

雕饰文辞的最常见技法，是各类修辞。比如史铁生的《我与地坛》中的这段文字：

蜂儿如一朵小雾稳稳地停在半空；蚂蚁摇头晃脑捋着触须，猛然间想透了什么，转身疾行而去；瓢虫爬得不耐烦了，累了祈祷一回便支开翅膀，忽悠一下升空了；树干上留着一只蝉蜕，寂寞如一间空屋；露水在草叶上滚动，聚集，压弯了草叶轰然坠地摔开万道金光。

如果剥离了比拟、比喻、夸张与排比，只写成"蜜蜂在地坛的古木间寻找花朵，蚂蚁成群结队地在枯枝腐叶下爬行，瓢虫从草丛间突然飞向空中。树干上挂着干枯的蝉蜕，清晨的草地上满是露水"，则所有的情感与个性化的生命感悟便都荡然无存。而有了这些修辞的雕饰，则所有渺小而卑微的生命便都立刻拥有了与庞然大物们完全相同的存在价值，都能够展示出独特生命形态的美好。这样的认知，恰恰是地坛恩赐给史铁生的最好礼物。

藻饰文辞的第二种技法，是锤炼词句。具有古典美的骈散结合的语言，更有利于表达情感与个性。比如德富芦花《晚秋初冬》的开头段：

霜落，朔风乍起。庭中红叶、门前银杏不时飞舞着，白天看起来像掠过书窗的鸟影；晚间扑打着屋檐，虽是晴夜，却使人想起雨景。晨起一看，满庭皆落叶。举目仰望，枫树露出枯瘦的枝头，遍地如彩锦，树梢上还剩下被北风留下的两三片或三四片叶子，在朝阳里闪光。银杏树直到昨天还是一片金色的云，今晨却骨瘦形销了，那残叶好像晚春的黄蝶，这里那里点缀着。

如果把开篇处的第一句话写成"清早起床，发现气温下降了。北风开始吹拂，吹落了树上的黄叶。地面上也铺上了一层薄薄的霜"，则虽然景物依旧，但来自语言的那种神韵便减了很多。事实上，绝大多数学生写作叙事类作文时，其语言表达尚不及此处的改写。

雕饰文辞的第三种技法，是活用多种手法，在虚实相生、动静结合、多感官综合运用等方面着力。比如下面这段景物描写：

或许只有在这片土地上，才能感受到大自然破坏力的强大与无情：粗暴的撕裂、野蛮的扯断、无情的碾碎、冷漠的裸露，一起构成一种仅凭了想象力永远也无法感受到的景致。这里，深沟巨壑与陡崖绝壁，组合成一组极为粗犷又极为野蛮的本能性的剽悍；光秃荒芜与干旱风沙，合并为一幅无限贫瘠又无限闭塞的原始性的苍凉。倘若作为风景来欣赏，我还或许可以称这里有一种打破了和谐与安宁的残缺之美，或者称其为破坏之美。作为一种生存环境，则实在无法想象出此间生活的人们，该如何应对行动与饮食的艰难。

这是我在山西旅游时触景生情而信手写下的文字。为了把内心中的复杂情感表达清楚，我先作宏观描述，再化实为虚，以"剽悍"和"苍凉"两个形容词将具体景色转换为主观审美体验，然后又转换表达方式，由叙述转入议论。有了这样的语言安排，文字中的真情真性便较好地呈现给了读者。

由上述三例可见，日常作文之所以不能获得理想的分数，其错不在素材，而在于缺乏好的表达。如果能在平时多加强语言表达的训练，则即使面对的是萝卜或冬瓜，也能将其雕刻成龙凤呈祥的美好景致。

四、生命在场：用自己的大脑思考表达

上述三种技法，多适用于高一年级的叙事类作文的写作。升入高二年级之后，"真我"写作开始转向论述类作文的训练，其真情真性的表达便由从生活中选择真实素材、写活真实细节，转为抒写自身的真实且理性的思考。

受成长阅历的制约，中学生的论述分析难免存在逻辑不严密、以抒情、叙事替代阐释的不足，但越是如此，越需要在日常写作中强化表达真实思考。

如何引导学生在论述类作文的写作中表达真情真性呢？可采用"三步走"的方法：

第一步，"胸有成竹"。论述类作文想要写出认知的深度，需要借助特定的思维路径。最常见的路径是"引，议，联，结"。引，要求用最简约的语言引出论题或论点；议，对为什么能从命题材料中生成此种观点作简单解析；联，先由个别现象中提炼出一般

性规律，再将此种规律放到特定文化环境中进行分析，最后回归现实生活进行验证；结，回扣材料，升华主旨。

"真我"写作反对在论述类作文中堆砌各种素材，倡导深入细致地解析事理。为了养成此种写作习惯，教师需在高二年级的前几篇论述类作文的写作中"下水示范"，帮助学生"画"好心中的思维路径之"竹"。

下面这两段文字，来自2011年江苏高考满分作文。这是我最喜欢的一篇考场作文，一直以它充当"引"的经典范例：

不由得想起早上过来赶考时瞅见的一家小餐馆，名为"风沙渡"。独这三字，意境全出，那杂乱的店面也仿佛不嫌粗陋，而自有一种粗犷邈远的豪情在胸中激荡了。

只是一个招牌，却可以让这一家平凡的餐馆从一干"某氏餐馆""某某小吃"中脱颖而出，这就是超越了平庸的力量。

此种开头，由寻常之事自然引入，三言两语便凸显了写作主旨，"真我"特色鲜明。与铺天盖地的名言切入相比，生活气息浓郁，文字随意而率真，简约之中见思考之深刻。

第二步，多元论证。只从一个角度思考，形成的结论便难免偏颇。故而，引导学生阐释事理时，需培养其多元分析的能力。具体方法是"不违人情，不悖常识"。"不违人情"是指说理注意大多数人的价值认知，不把自己的观点强加在文章中；"不悖常识"是指所陈述的见解或主张禁得住推敲，不出现常识性错误。比如，要阐释"磨难在成长中的价值"这一论题，如果一味强调"逆境出人才"，无限夸大逆境对人才成长的正面激励功用，就属于典型的违反常识。如果既能看到逆境对一部分人的反作用力，又看到逆境对很多人的杀伤力，然后分析在逆境中应有的人生态势，倡导人们以相对坦然的心态应对逆境的折磨，则这样的分析才具备多元论证的价值，才是"真我"写作倡导的真情真性的思考与觉解。

第三步，"文化寻根"。所有的思考与认知，都需要以特定的社会文化为依托。中学作文中的文化，应以传统文化中的精华内容和当下文化中的正能量信息为基本元素，呈现出的思考需符合这两种文化的时代要求，禁得住这两种文化的检验。比如，要阐释读书学习的意义，则从传统文化着眼，就应探究读书人的家国情怀、功业意识；从当下文化着眼，便应阐释顺应科技发展变化、促进国家科技进步、丰富自身情怀与能力。倘若撇开这些不谈，而是去言说"书中自有黄金屋，书中自有千钟粟，书中自有颜如玉"，鼓吹"吃得苦中苦，方为人上人"，宣扬"做高官、娶美女"的低俗思想，便算不得真正的理性分析。

也许有人会说，这些所谓的低俗思想，不就是一部分人的真实想法吗？真实想法不就是"真我"思考？此种观点的后一问显然错误。"真我"写作不是纯自然状态下的生物属性的"我"的情感胡乱宣泄，而是特定社会文化教育下的社会属性的"我"的真情真性的理性表达。正因为如此，"真我"写作才永远离不开真情真性。

第三节

好作文是鼓励出来的

教毕业班时，我习惯于每天安排一位学生，为全班同学讲析一道作文题。题目由学生自定，没有任何的限制。这样的活动，总是从新学期的第一天便开始布置任务，提出要求。因而，留给学生的准备时间，十分充裕。

有趣的是，第一轮的讲解，总会有几个学生，站到讲台上的第一句话，是表达歉意，说自己的准备不够充分；也总会有几个学生，手中拿着一沓厚厚的稿纸，将自己围绕某个题目进行的诸多思考以及形成的若干篇文字逐一呈献给全体同学。这两类学生，前者多是写作能力匮乏者，后者多是热爱写作且具备较强的写作能力者。

这便形成了一种悖论，越是写作能力匮乏、应该提早准备、广泛收集材料的学生，反而越是以一种漫不经心的态度对待自己应该承担的任务。而越是已经拥有较好的写作功底、能够相对轻松地写出一篇优秀文章的学生，越乐意于精益求精，把自己的作品锤炼成真正的精品。

细究其原因，答案却很明显。对前一种学生而言，讲析作文的过程，往往就是露拙的过程。在此过程中，他们体会不到创作的快乐，感受不到成功的愉悦。对后一种学生而言，这样的过程，就变成了显示实力、展示才华、吸引眼球的过程。在此过程中，他们内心深处始终激荡着一种发现、创造与收获的快乐。

这种内在情感驱动的差异性，决定了前一种类型的学生，始终难以步入写作的门庭之中。这样的学生，就算老师每天布置他们写一篇作文，往往也难以收到理想的效果。过多的挫败，只会损伤了他们的写作热情，使他们视作文为洪水猛兽。要想唤醒他们的写作欲望，让他们由畏惧作文转化为喜爱作文、亲近作文，这其中的难度，可想而知。

但再难的事情，只要乐意去做，便总会找到改变的方法。对于这些畏惧写作的学生，改变他们的最佳方法，就是创造条件，满足他们的成就感，让他们感受到实现目标的快乐。具体而言，就是在点评时，先尽量放大他们作文中的优点，再有针对性地提出修改建议，然后抽出专门的时间，和他们一起研究原稿和修改稿的差异，让他们感受到自己的进步。如此，第二轮的讲解，他们便能够提早准备，并在讲析作文的前几天，就拿了讲稿来找我商讨，研究作文中的得与失，回去反复修改，直至达到自己满意的程度。有些学生，为了这一篇作文，能五易其稿。

一、让写作变成一件好玩的事情

在践行"真我写作"理念的三十余年教学时光中，我一直比较重视学生的随笔。每接手一届新生，都要在一开始就把课余随笔当作一件重要的任务来抓。但学生大多害怕写作，总认为写作是件痛苦的事情。为此，每届学生中，我都要进行这样的一个特殊训练：

"今天，我们要进行一次特殊的写作训练。说它特殊，是因为本次写作没有题目，没有主题，没有任何限制。唯一要求大家做的，就是速度，是单位时间内的数量。所写的内容，可以是个故事，也可以是并不连贯的一个个碎片，明白了吗？"我在讲台上宣布，"如果明白了要求，咱们就可以开始了，时间是15分钟。"

"你的意思是我们想写什么就写什么，只要是写字就可以了吗？"少数没有完全理解要求的学生问。

"你的问题提得很好。请大家注意，所写的东西虽然可以是一个个碎片，但要能让我们从中搜寻出你思想的轨迹才行啊。不能拿一个相同的数字重复写下去的。"我进一步强调。

"明白了，可以开始啦。"孩子们很性急，也许是想看看自己的实力。

"开始！"我一声令下，教室里立刻响起密集的沙沙声。

我不知同行们是否有我这样的幸运，可以有15分钟的闲暇来凝听笔尖和纸张摩擦所发出的奇妙的音响。这是天底下最神奇的旋律了，细腻而温馨，轻柔而凝重。它让我想起了陆定一在《老山界》一文中的精彩譬喻："像春蚕在咀嚼桑叶，像野马在平原上奔驰，像山泉在呜咽，像波涛在澎湃。"

5分钟后，有同学停下笔活动活动手腕，然后再继续奋笔疾书；10分钟后，一半的人放慢了速度；当15分钟终于到来时，所有的人，都如同经历了一场大战，个个表现出精疲力竭的神态。

"累吗？"我问。

"岂止是累，整个手都要断了！而且大脑高度紧张，要缺氧啦！"有喜欢说话的学生立刻接上了话茬。

"哈，幸好没有同学因为这个特殊作业而牺牲，否则，我的过错就大了。"我和学生调侃道，"不过，我可从来没有看见过大家在15分钟内写这么多的文字噢，请互相交换一下，数数看15分钟写了多少字，看看谁是咱班级的最快手啊！"

教室里立刻又响起了一片记数声。

很快统计结果出来了，大多数人是写了600～900字，少数超过900字的，最快的一个写了1100多字。这个数字引起了一片喧哗。

"恭喜各位，大家都创造了个人写作史上的奇迹啦！看看，写随笔并不是什么难事啊，15分钟不是就可以写出很多的内容吗？"

"可是，这个能算随笔吗？不过是随心所欲瞎写的罢了。"看来学生比我明白得多。

"是啊，这个不算随笔，但随笔也不是什么困难的事情，也不过是把心中的所思所想用文字表达出来。只要我们写作时不去想着是要写文章，而是想着要把自己心中的所思所想真实地表现出来，那就和咱们这次训练没有多大差别了。不过是把零碎的语言组织成完整的语言。我想我们每个人都是能整理好自己的思路的，是不是？"我鼓动道，"我相信我们每一个人都是具有无穷的潜力的。以前我们害怕写作文，那是因为我们没有看到自己的实力，不了解自己到底有多大的才能，今天，我们已经用自己的行动证明了自己，我们都是创奇者，当然也就能很好地完成随笔写作任务，而且，我相信我们还能在日常的随笔写作中不断提高，直至每个人都写出自己最好的文章。"

每次这样的游戏活动后，学生的随笔水平真的就上了一个台阶，不但数量符合了要求，质量也上去了。我想，游戏性的活动，确实让这些优秀的学生看到了自身的潜力，而一旦认识到了自身的这种力量后，学生们身上总是能激发出更大的能量来塑造更为完美的自己的。

以游戏的方式进行写作训练，最大的优势，在于消除了写作的神圣感，还文字以表情达意的真实功能。这样的方法，在起始年级时，不妨变换着花样使用。

学习鲁迅先生的小说《祝福》后，为了更好地把握作品中细腻传神的人物形象刻画手法，同时纠正作文中千人一面、千人一腔的弊病，我在课堂上安排了一次"人物速写"训练游戏。

我请了班级表情最为丰富的一个女同学走上讲台，征询了她的意见，搬了张凳子请她坐下后，便要求其他同学以该女生为模特，用描述性的语言传神地刻画出这位女同学的肖像、神态和动作。

这位女同学坐在凳子上，承受着五十多双眼睛的注视，神情自然是不太自然的。她在凳子上不断地变换着姿势，那大大的眼睛，时而忽闪忽闪地望向下面的同学，时而低垂了眼帘盯着自己的脚尖。她的两只手也找不到一个该放的位置，要么是拉了衣角在手中揉动，要么是摸摸脸颊理理头发。看她这尴尬样，我便在一边逗引她说话，通过说话来分散她的注意力。

5分钟后，学生陆续完成了作业。我让大家用热烈的掌声表达了对这位女同学的谢意，然后组织交流这次主题写作的内容。

一位女生是这样刻画的："她有一张表情特别丰富的脸。灵性的眼睛，无论是圆睁还是细眯着，都有一种特别的神韵。那眉毛就如同两片随时待命的有魔力的柳叶，只要接到了任何一个运动的指令，便立刻飞扬出一种年轻的活力，似乎这世界上，再没有任何烦恼和忧愁，可以让它枯萎。那脸庞是那样的可爱，细腻的皮肤，表达着属于青春的特有美丽……"

另一位男生这样来描绘："她是一只灵巧的小鹿，却被老师用魔咒给限制在了座位上。她的眼睛中流露着一种对重新获取自由的渴望，那每一次的顾盼，都似乎在传递着一种期盼解放的信息。她的双唇通常是紧抿着的，只有在她的视线和某位同学的视线碰撞时，她才会轻启朱唇，露出羞涩中又包含着尴尬的笑意……"

十多位学生发言后，我又组织了对发言学生描写的评论。充分肯定了大家细致入微的观察，表扬了文段描写中体现出来的个性化的特色。

这次活动，在游戏中强化了人物形象塑造的手法，巩固了常规肖像描写的技巧，为后来的记叙文写作奠定了基础。更重要的是，几乎没有学生觉得完成这样的片段练习是一件高难度的事情，写作中，学生的心态平和而愉悦。

二、制订合理的作文评价标准

当然，上面的游戏，终究无法取代严格而规范的作文体系化训练。在规范化的写作课教学活动中，教师又该如何激发学生的写作热情，使写作不成为望而生畏的学习任务呢？

有一件事，我印象很深。一次，集中阅卷时，一位同行对我打出的作文分数表示异议。因为，我总是放出许多的一类卷分数，而他，批改了一整天的试卷，70分的满分作文，打出的最高分只有58分。这位同行说，学生的作文怎么可能没有毛病，他们的思想和表达技巧，距离满分还有着太遥远的距离。

我哑然。我们评价学生的作文，不用学生的思维力做标尺，却以成年人的思想高度做标杆，这样的评价，如何能让学生更好地成长？这就好像如果有人总用雷锋的标准来衡量我们，总判我们为不合格的人一样，如何能够激发我们求真向善的进取心？

这便涉及作文评价标准的问题。我们知道，学生怕写作文的原因中，除了不知道该写什么内容、缺乏必要的表达技巧之外，更重要的是总是承受失败的打击。相当数量的语文教师，习惯于依照成人的标准要求中、小学生的作文，每每习惯于对学生的作文横挑鼻子竖挑眼，评语以批评为主，分数以及格线为主。在这样的评价标准下，学生自然难有写作的热情。

如果换一种思维，总是以发现优点、表扬成绩为主，同时不吝啬笔下的分数，效果就大不相同了。

教起始年级时，最初的作文训练，我习惯于先制订评分标准。我的评分标准，很低、很具体。比如，某次写作训练，只强化文章开头的凝练含蓄，则所有能够处理好文章的开头，落实了凝练含蓄的写作目标的作文，就一律是满分。而下一次作文，又强化训练结尾的干净利落，同时考查上一次训练中开头的技巧，两项都达标，依旧满分。如此，学生知道该往什么方向努力，写作的热情自然高涨。

评讲作文时，教师的适度表扬，同样能够起到激发写作兴趣的作用。对教师来说，表扬学生的理由可以无穷无尽，只要愿意采用，便能够在作文中发现闪光点。有些学生的作文，整篇精彩，那么，把学生请到讲台上，让他们诵读自己的文章；有些学生的作文，开头或结尾精彩，那就表扬他的开头和结尾。有的学生某个句子用得出神入化，有的学生某个词语使用得非常准确，有的学生选择的材料特别巧妙，有的学生文章中的情感很动人……凡此种种，多表扬一些，就多增添了一分写作的欲望。没有人会拒绝表扬，没有人不期望得到认同。

有些语文同行，对写作技巧的热爱，远大于对表扬学生的热爱，这样的情感导向，势必造成学生对写作的厌倦。事实上，不热爱写作的学生，再多的写作技巧，都不会内化为他们的写作动力和能力；而热爱写作的学生，即使不知道任何的写作技巧，有时也能够在自己的文章中精妙地运用这些技巧。

从语文教师的角度看，教给技巧，永远比不上养成兴趣。兴趣之花开处，文采才华的果实，才有可能成长、成熟。没有兴趣，写作的田野中，必将一片荒芜。

第四节

下水才知水深浅

时常会遇见这样一种类型的语文同人：大学毕业后，很少认认真真地写几篇像样的文学作品，也极少安安静静地读几本经典著作，可他们只要一登上讲台，讲解起写作之道，却能口若悬河，滔滔不绝，俨然便是写作学的专家。他们的大脑中，填装着若干套作文速成秘籍，能够在课堂上成串地列举出各种各样的写作技巧。他们希望学生能够将这些技巧和秘籍牢牢地刻入大脑中，一旦考试需要，随时从大脑中取出，短时间内便可组合成一篇文章。

我对他们传授给学生的这些秘籍和技巧，总是持怀疑态度。我始终觉得，大脑中能够想出来的各种秘籍和技巧，要想在转化为具体的文字时不打折扣或少打折扣，教师就应该先行实践一下。教师自己不对这些秘籍和技巧进行验证，直接就转卖给学生，就无法保证这些秘籍和技巧不是假冒伪劣产品。所谓"下水才知水深浅"，说的就是这个道理。

我这样的观点，很容易引发相当数量的语文同人的"众怒"。生活中，我就时常听到有同事抱怨：教练员难道一定要和运动员一同训练？不是有位游泳教练，培养出若干名游泳世界冠军，他自己却是标准的旱鸭子吗？这样的反驳，似乎很有力度，足够证明下水作文的无聊与无用。

但我依旧推崇教师的"下水"精神。我从不否认天才的存在，但也更相信，绝大多数语文同人都和我一样，绝非天才。体育世界里太多的事实，早已将"平庸的教练教不出一流的运动员"的论断定义成铁律。那些培养出世界冠军的教练中，毕竟还是以世界冠军的身份转而为教练员的居多。

当然，又会有同人反驳我。反驳的理由可以想象出来：我们读书时也写过很多的作文，那时我们是"运动员"；现在我们不再写下水作文，因为我们是"教练员"了。

这样的反驳，便存在明显的逻辑漏洞了。我们读书时的作文水平，已经能够达到指导现在的学生写出高水准的作文的高度了吗？如果我们那时的作文原本就很平庸，又如何用它来教当下的学生？正是在这一点上，我们比不了那些培养出世界冠军的教练员。毕竟，人家曾经创造过辉煌，我们却没有。

所以，我们只能在走上工作岗位之后，通过自身的努力来弥补这一缺憾。我们要教好书，不但要大量地阅读，而且要大量地写作。我们在进行作文写作指导时，必须阅读一定量的相关文字，同时动手写一写相关文字。这样的阅读和写作，就是我所倡导的"下水"。

有些人将教师的"下水"狭隘地理解为写一篇同题作文。这样的"下水"，虽然并无不可，却也缺乏太大的价值。我所倡导的"下水"，比写一篇同题作文的难度和工作量都要大许多。我认为，"下水"不是一个结果，而是一个过程。教师在作文教学中的

"下水"过程，就是从解题、立意、选材、谋篇到遣词造句的过程。最后形成的作文，只是这个过程的必然产物。

为了更好地阐释"下水"过程中教师思维的发展历程，下面，我以具体的"下水"作文活动为例进行论述。

假设，这一次的作文，是完成下面这道题目：

每一道绚烂的彩虹，都是天空从电闪雷鸣走向风和日丽的印痕；每一朵绽放的鲜花，都是大地从冰霜遮蔽走向春意盎然的印痕；每一串大胆的脚印，都是人类从愚昧走向文明留下的印痕。自然界的一切，都在各自前行的道路上留下各具特色的印痕，作为万物的灵长，我们的身后，又该留下什么样的人生痕迹？

请以"印痕"为题，写一篇文章。自定立意，自选文体，不少于800字。

一、"下水"第一步，审题

这样一些问题，教师必须思考：

1. 印痕是什么？

2. 导引材料中的印痕，真的是实实在在的印痕吗？为什么它们都是虚化的形象？为什么不从肉眼可见的实在印痕中列举材料？

3. 从导引材料的情感取向看，本次作文，应该突出什么样的情感？为什么要表达这样的情感？

4. 印痕这个意象中，可以寄托哪几种思想情感？这其中，哪一种思想情感最容易被读者接纳？哪一种情感容易形成误读？

……………

当语文教师面对作文题目开始了这样的系列思考时，他便开始了具体的"下水"行动，这里的1、2、3、4……就是"下水"时激荡起的哗啦啦的水声。

二、"下水"第二步，立意

1. 在过去的岁月，我留下了怎样的印痕？这给我的人生带来了哪些启发、警示或意义？

2. 他人的印痕是怎样形成的？有何意义？对我有何影响？

3. 在将来的人生路上，我准备怎么留下让自己最满意的印痕？

4. 在人生的道路上，怎样才能留下"可爱"的印痕？

…………

这些思考，都要流淌过教师的心头。教师在此时思考得越多，思维便越开放，能够传递给学生的写作信息便越丰富。我们常说要教给学生一碗水，教师就至少要有一桶水，体现在这"下水"过程中对文题可能确立的意义的推敲与斟酌上，正是这样的道理。

其实，这样的思考依旧不够充分。教师还需要对学生可能出现的错误立意进行必要的预测。这样的预测，是为了写作指导时的防患于未然。

三、"下水"第三步，选材

材料应该如何选，导引部分非常重要。本道文题中，导引材料的主要部分，只是列举了自然万物所留下的"印痕"，目的在于引出"自然界的一切，都在各自前行的道路上留下各具特色的印痕"这一结论性观点，并进而引出"该留下什么样的人生痕迹"的人生思考。相比较而言，最后这句话，才是导引材料的核心，也是命题人隐藏在导引材料中的写作意图。

厘清了这一点，在具体写作时，就无须在自然界挑选过多的写作素材，因为这些只能是引子，属于文学创作中的托物起兴。文章的真正落脚点，在于人生。人生应该留下什么样的痕迹，才是这篇作文的根本所在。一切材料都需要围绕这个根本而选择。

…………

教师在选材上这样构思时，在自己大脑中，便开始有了一个作文的影子了。

四、"下水"第四步，谋篇

谋篇时，只需注意两件事：选择自己擅长的文体，形成自己明晰的观点。

选用文体应从以下角度考虑：该文题最适合哪种体裁？自己有没有与该体裁相应的、足够的素材或生活经历？用这种体裁写能不能写出新意？是否适合自己发挥？

就"印痕"这个题目而言，上述四种立意中，前两个立意角度适合写记叙文，最好写自己或自己身边较熟悉的、平凡的人和事，使立意彰显真实，起到以小见大的艺术效果。其叙述角度可正可反，正面立意给人启迪，反面立意给人警示。但要避免选材的幼稚化，诸如写学车、做饭等给自己留下的痕迹。后两个立意角度适合写议论文，可按照"'可爱'的印痕是什么？为什么要留下这样的印痕？怎样才能留下？"的思路充分展开。在主体部分，可以采用正反对比、破立结合的结构形式，使论证更加充分，布局更加合理。

当然，最理想的文章结构，是从哲学思维出发，理性分析"印痕"这一概念所对应的虚与实的关系。文章要由浅入深，一步步厘清"印痕"的多元意义，同时厘清不同意义中的"印痕"所对应的人生意义。如此，文章才能跳出就事论事的肤浅与狭隘，使主题走向纵深。

五、"下水"第五步，写作

在"水"中行走了上述的四步后，语文教师对这个作文命题便从宏观到微观都有了系统的思考。这些思考，用来指导学生的作文写作，似乎已绰绰有余。然而，最让作文指导课陷入尴尬境地的事情是指导课上老师说得天花乱坠，学生听得兴高采烈，师生互动卓有成效，可一旦具体落实到作文本上，真实效果总难如人意。

所以，语文教师完全有必要将自己的这些思考落实到文字中，以这样的思考为依托，写一篇实实在在的作文。在这写作的过程中，语文教师便会发现原本设想的许多内容，很难组合到具体的文章内。而且，那些构想到的素材，在使用中也存在着或进一步补充完善、或删节调整、或舍弃不用的问题。这时，才会发现，原以为能够特别出彩的某些材料、某些构想，其实根本无法出彩。能够出彩的，反而是最初被忽视的一些内容。

至此，"下水"的第五步动手写作便不得不迈出。

下面，我就以上面针对"印痕"这个题目进行的思考为参照，开始写这篇"下水作文"：

印　痕

雪花，是寒临大地的印痕；落叶，是风过山林的印痕；笑容，是亲情呵护的印痕；白发，是岁月流逝的印痕。我们生活的这个世界，无论是有形的万物，还是无形的概念，一切，只要活着、活过，便总要留下深深浅浅的印痕。印痕，正是生活与生命恩赐给万物的成长见证。

印痕是一种物质的存在。每一个生命的诞生，都有各自的缘由。男人的存在总要留下搞动世界的印痕，女人的存在总要留下哺育后代的印痕；大人的存在是创造的印痕，幼童的存在是幻想的印痕；生机勃勃是植物生长的印痕，行走跳跃是动物存在的印痕……生命的印痕，总在看似缥缈虚幻中渗透着实实在在的身影。倒置的提线木偶，也用一个个貌似可笑的动作，在这个世界，虚构出一个个动人的故事。而这故事，何尝又不是木偶留下的永久印痕。每一个印痕的背后，永恒地站立着一个个形态各具的生命，无论它是一片叶一朵花，还是一个人一座山，只要真实地存在过一次，这世界，便会留下它独特的物质的印痕。

印痕是一种自然的洗礼。变幻莫测的自然握着神秘的操纵器，总是在无法察觉的时空中，将天地万物依照自己的心愿而随意排列。耸立的高山、奔腾的河流、东升西落的太阳，无一不在自然的手掌间接受着永不停歇的修改与重构。昨日的懵懂少年，身上还镌刻着乳臭未干的印痕，今日，却已经身强力壮，满身散发着青春的印迹。明日，他的印痕则又会转换为沉稳，转换为苍老，直至繁霜满头。印痕的变化，彰显着生命的成长。这样的成长，绝非个体的一厢情愿，而是自然乃至宇宙所赋予的方程式。在这样的成长中，每一个印痕，都是一个无法涂改的记录。印痕无法改变记录的过程，却能够用不同的生命力量丰富印痕的存在，让印痕因为自然的洗礼而绚烂多姿。

印痕是一种灵魂的车辙。生命因为时光而一路向前，在这无法停歇的前进中，并非所有的印痕，都具有值得赞美的价值。生命的印痕不是金钱、名誉、美貌砸在地上的坑洼，它是灵魂行走的轨迹。物质世界的丰富，无法创造灵魂世界的美妙。亲情、友情、爱情是我们共识的精神财富，殊不知却也只是浩瀚心灵中的沧海一粟。真正的精神财富，是无邪的心灵和透明的灵魂。灵魂的车辙是炎炎熔浆留下的烙印，无法磨灭。生命的印痕因为灵魂的车辙变得分外清晰。

印痕无处不在，无法规避。只要成长，只要行走，印痕便永远如影随形。印痕是每个人的历史见证，为了这份见证的光明磊落，每一个人，都必须行得正、走得直。如此，后世的人们，才会面对我们留下的印痕时，给出一个赞赏认同的评定。

六、"下水"最后一步，评分

文章写成后，教师的"下水"动作是否就结束了呢？且慢上岸，还有一步路，需要在"水"中继续走下去。

我这篇文章能得多少分？我无法预测。从我这个作者的内心愿望出发，我希望它是满分。因为，它凝聚了我的思考和劳作。如果谁给它打出很低的分数，我一定不会心悦诚服地接受。至少我会在心中腹诽一句：有本事你写一篇能够得满分的给我看看！

这个心理活动的过程，就是"水"中的最后一步路。写完了"下水作文"的教师所拥有的心态，学生难道不会同样拥有吗？将心比心时，语文教师还会轻易地将学生作文判出极低的分数吗？

后　记

2011 年秋至 2012 年春，我耗用了六个月时间写作出《语文教师的八节必修课》。六个月里，除了正常的工作，几乎所有的业余时间，都投入了阅读、思考与创作中，几近废寝忘食。

十年转瞬即逝。当我重新阅读这部书稿并将其修订再版时，突然发现我所热爱的语文已经发生了近乎翻天覆地的变化。原本作为"秘籍"而无比珍爱的"丈量文本的宽度，营造课堂的温度，拓展思维的深度"的"三度"语文理念，以及"走进文本，走进作者，走进生活，走进文化，走进心灵"的教学流程，在遭逢新一轮课程改革确立起的四大核心素养、十八个学习任务群，特别是"真实的语言运用情境"和"自主的语言实践活动"之后，已有相当一部分的理论需要重新建构，亦有相当数量的案例需要重新认知。我在短时间内陡生一种教学的幻灭感，想要将原书稿中的所有内容全部舍弃，另起炉灶写作一部新作品。

但我终究没有依照《普通高中语文课程标准（2017 年版）》的课程性质、课程目标、课程结构和课程内容而创作一部全新的教学著作。除了时间、精力以及能力等因素的制约之外，另一个很重要的原因在于我依稀觉得语文教学中必然还有一些东西并未改变，还有一些基本认知、基本理论和基本技法需要一以贯之地传承和发展。所以，我保留了原稿中有关教师备课、新课导入、文本研读、理性思维培养、有效活动开展等五个章节的主体结构，删除了有关课堂拓展、课堂总结两个环节的全部内容，修改了作文教学板块的理论阐释部分的两节文字，新增了指向《普通高中语文课程标准（2017年版）》理论认知和实践操作的两个环节：建构宏观认知，把握课改动向。粗略计算一下，应该是修订了三分之一的文字。

对原稿中援引的各类教学案例，我均依托当下的课改理念进行了重新审视。凡属已不符合新一轮课改精神的论据材料均做了替换，而能够经得住岁月考验的那些认知与实践则都予以保留。当然，存与废的标准取决于当下的我的语文学科教学认知水平，很有可能，我思考得并不完备，甚至并不精准。读者朋友们姑且以批判的态度对待这些文字吧。

原稿的"后记"部分，我针对当时的语文教学状态以及部分语文教师的教学质态表达了不认同的情绪。十年之后，我的不认同之情有增无减。很多时候我都无奈地感叹应试思维的无法撼动。就像当下的语文课改，理论研究上各类论文论著汗牛充栋，各类教学竞赛也基本做到了百花争艳，但真正落实到一线的语文课堂上，尤其是践行"县中"模式的各类学校的语文课堂上，却基本上属于"涛声依旧"。太多的语文课堂仍旧由教师占据绝对的主导位置，有限的变化也只是将粉笔黑板"升级"成了电子白板甚至智能纸笔终端。在极端功利化的教学语境下，学习情境、驱动型任务和学习任务群全部可有可无，只要拥有无止无休的考试，就足以应对没完没了的分数排名。

很多年前，我曾将自己定位为彻头彻尾的理想主义者。我无力改变疯狂的应试环境，但可以在我的三尺讲台上努力践行我自认为有价值的学科教学形式，甚至于，我还想用我的文字召唤更多的志同道合者，大家一起努力，让我们的语文教学多一点情趣，多一点思维含量，多一份生命润泽。我很少在意来自外部的各种评价，却极为在意语文教学中的成败得失。好在文字可以将分散在人海中的你我联系起来，让我们能够有一方逼仄的空间思考语文教学，感悟这份既可能只是养家糊口的职业，也可能是成就人生高度的事业的工作的独特韵味。当你捧着这部作品或若有所思、或咬牙切齿想要骂我一通时，你、我、文字、语文，四者便汇集成一个小而完整的世界。在这个世界中，没有各种数据、各种利益、各种烦忧，只有思考，只有文化的传承，只有生命的拔节和成长。

语文教学，还是需要一点儿诗和远方的，万一实现了呢？

刘 祥

2021 年 11 月 8 日

于江苏滨江小城仪征